Rafael Soares de Almeida

ALGORITMOS COM JAVASCRIPT PARA INICIANTES

EDITORA CIÊNCIA MODERNA

Algoritmos com JavaScript para Iniciantes

Editor: Paulo André P. Marques
Produção Editorial: Dilene Sandes Pessanha
Capa: Daniel Jara
Diagramação: Daniel Jara
Copidesque: Equipe Ciência Moderna

FICHA CATALOGRÁFICA

ALMEIDA, Rafael Soares de.

Algoritmos com JavaScript para Iniciantes

Rio de Janeiro: Editora Ciência Moderna Ltda., 2022.

1. Informática
I — Título

ISBN: 978-65-5842-160-3 CDD 001.642

Editora Ciência Moderna Ltda.
R. Alice Figueiredo, 46 – Riachuelo
Rio de Janeiro, RJ – Brasil CEP: 20.950-150
Tel: (21) 2201-6662/ Fax: (21) 2201-6896
E-MAIL: LCM@LCM.COM.BR
WWW.LCM.COM.BR **04/22**

Agradecimentos

À minha amada Mãe, dona Zezé, sem a qual nada disto teria sentido.

À minha amada esposa Gorete e à minha amada filha Ana Paula, que me ensinam todos os dias o verdadeiro sentido da vida.

Aos meus irmãos, pelo positivismo empregado.

Aos amigos Cláudio Alcântara, José Orlando, Profª Msc Maria Beatriz Sena Brignol, Profº Doutor Ailton Feitosa.

Em especial, à Editora Ciência Moderna, por ter acreditado no meu trabalho.

"O covarde nunca começa, O fracassado nunca termina, O vencedor nunca desiste."

Norman Vincent Peale

Sumário

Capítulo 01 – Algoritmos

CONCEITOS

Para resolver um problema no computador é necessário que seja, primeiramente, encontrado uma maneira de descrever este problema de uma forma clara e precisa. É preciso que encontremos uma sequência de passos que permitam que o problema possa ser resolvido de maneira automática e repetitiva. Além disto, é preciso definir como os dados que serão processados serão armazenados no computador. Portanto, a solução de um problema por computador é baseada em dois pontos: a sequência de passos e a forma como os dados serão armazenados no computador. Esta sequência de passos é chamada de algoritmo. Um exemplo simples e prosaico, de como um problema pode ser resolvido caso forneçamos uma sequência de passos que mostrem a solução, é uma receita para preparar um bolo.

A noção de algoritmo é central para toda a computação. A criação de algoritmos para resolver os problemas é uma das maiores dificuldades dos iniciantes em programação em computadores. Isto porque não existe um conjunto de regras, ou seja, um algoritmo, que nos permita criar algoritmos. Caso isto fosse possível, a função de criador de algoritmos desapareceria. Claro que existem linhas mestras e estruturas básicas, a partir das quais podemos criar algoritmos, mas a solução completa depende em grande parte do criador do algoritmo. Geralmente existem diversos algoritmos para resolver o mesmo problema, cada um segundo o ponto de vista do seu criador.

No seu livro Fundamental Algorithms vol. 1 Donald Knuth apresenta uma versão para a origem desta palavra. Ela seria derivada do nome de um famoso matemático persa chamado Abu Ja´far Maomé ibn Mûsâ al-Khowârism (825) que traduzido literalmente quer dizer Pai de Ja´far, Maomé, filho de Moisés, de Khowârizm. Khowârizm é hoje a cidade de Khiva, na ex União Soviética. Este autor escreveu um livro chamado *Kitab al jabr w´al-muqabala* (Regras de Restauração e Redução). O título do livro deu origem também à palavra Álgebra.

O significado da palavra é muito similar ao de uma receita, procedimento, técnica, rotina. Um algoritmo é um conjunto finito de regras que fornece uma sequência de operações para resolver um problema específico. Segundo o dicionário do prof. Aurélio Buarque de Holanda um algoritmo é um: Processo de cálculo, ou de resolução de um grupo de problemas semelhantes, em que se estipulam, com generalidade e sem restrições, regras formais para a obtenção de resultado ou de solução de problemas.

Um algoritmo opera sobre um conjunto de entradas (no caso de uma receita de bolo: farinha, ovos, fermento, etc.) de modo a gerar uma saída que seja útil (ou agradável) para o usuário (o bolo pronto). Um algoritmo tem cinco características importantes:

Finitude:
Um algoritmo deve sempre terminar após um número finito de passos.
Definição:
Cada passo de um algoritmo deve ser precisamente definido. As ações devem ser definidas rigorosamente e sem ambiguidades.
Entradas:
Um algoritmo deve ter zero ou mais entradas, isto é, quantidades que lhe são fornecidas antes do algoritmo iniciar.
Saídas:
Um algoritmo deve ter uma ou mais saídas, isto é, quantidades que têm uma relação específica com as entradas.
Efetividade:
Um algoritmo deve ser efetivo. Isto significa que todas as operações devem ser suficientemente básicas de modo que possam ser em princípio executadas com precisão em um tempo finito por um humano usando papel e lápis. É claro que todos nós sabemos construir algoritmos. Se isto não fosse verdade, não conseguiríamos sair de casa pela manhã, ir ao trabalho, decidir qual o melhor caminho para chegar a um lugar, voltar para casa, etc. Para que tudo isto seja feito é necessário uma série de entradas do tipo: a que hora acordar, que hora sair de casa, qual o melhor meio de transporte, etc.

Um fator importante é que pode haver mais de um algoritmo para resolver um determinado problema. Por exemplo, para ir de casa até o trabalho, posso escolher diversos meios de transporte em função do preço, conforto, rapidez, etc. A escolha será feita em função do critério que melhor se adequar as nossas necessidades.

Todos nós, no dia a dia, nos deparamos com vários problemas. Quantas vezes já vimos um algoritmo e não sabíamos que aquela sequência de passos se chamava algoritmo. Um exemplo bem frequente é quando queremos falar em algum telefone público. Aquilo que está escrito no telefone é um algoritmo. Veja a seguir um exemplo de um algoritmo do cotidiano ou algoritmo não computacional, conforme **figura 1**:

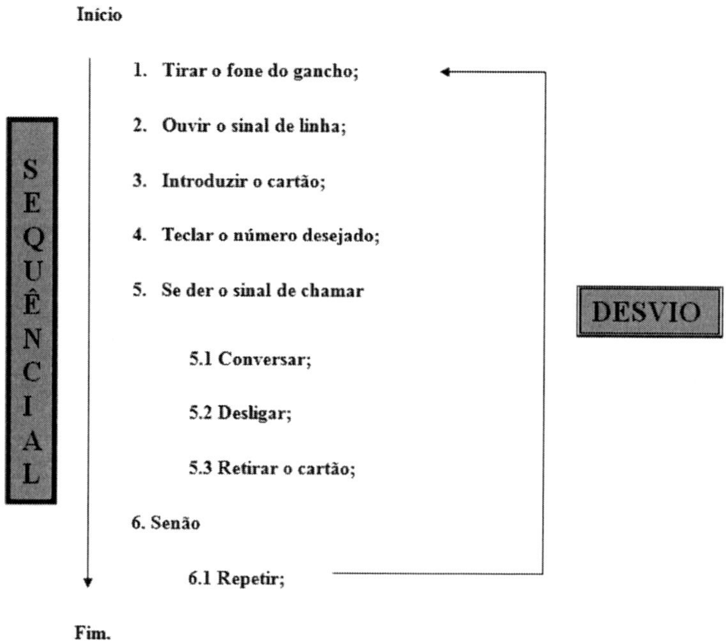

Figura 1

O algoritmo é exatamente esse conjunto de passos que resolveu o problema de uma pessoa falar ao telefone. E como se fôssemos ensinar uma máquina a fazer alguma tarefa específica. Outro exemplo clássico é um algoritmo para resolver o problema de fritar um ovo que poderia estar escrito em forma de uma receita. A receita é um algoritmo, pois é formada de ações que devem ser tomadas para fritar o ovo.

algoritmo 1

1 - Pegar frigideira, ovo, azeite e sal
2 - Colocar azeite na frigideira
3 - Acender o fogo
4 - Colocar a frigideira no fogo
5 - Esperar o azeite esquentar
6 - Colocar o ovo
7 - Retirar quando pronto

Cada linha do algoritmo podemos chamar de uma instrução, logo, podemos dizer que um algoritmo é um conjunto de instruções, onde uma **instrução** indica a um computador uma ação elementar a ser executada. Ao formularmos um algoritmo, temos de ter clareza a respeito do aspecto estático dessa sequência de ações escritas num pedaço de papel. O aspecto dinâmico só se evidencia ao executarmos essa sequência no computador e daí, poderemos ter certeza se conseguimos ou não resolver o problema.

DESENVOLVENDO ALGORITMOS

TIPOS DE ALGORITMOS

Como veremos existem diversos tipos de algoritmos, tais como: pseudocódigo, descrição narrativa, fluxograma ou diagrama de blocos, diagrama chapin entre outros.

O pseudocódigo: utiliza linguagem estruturada e se assemelha, na forma, a um programa escrito na linguagem de programação Pascal ou C. O pseudocódigo é também denominado por alguns autores como português estruturado, embora existam pequenas diferenças de metodologia entre ambos. É bastante utilizado para representação da resoluç**ão de problemas computacionais.**

A descrição narrativa: utiliza linguagem natural para especificar os passos para a realização das tarefas. Isso dá margem a más interpretações e ambiguidades. Não é muito utilizada.

O fluxograma: é uma forma universal de representação, pois se utiliza de figuras geométricas para ilustrar os passos a serem seguidos para a resolução dos problemas. Bastante utilizado, é também chamado por alguns autores de diagrama de blocos.

O diagrama de Chapin: também conhecido como diagrama Nassi-Shneiderman ou diagrama N-S, apresenta a solução do problema por meio de um diagrama de quadros com uma visão hierárquica e estruturada. Esse tipo de diagrama não é muito utilizado, pois é muito difícil representar recursividade, entre outros procedimentos. Neste livro vamos utilizar o pseudocódigo, que é tipo mais utilizado de representação de soluções para problemas computacionais.

DEFINIÇÕES DE PSEUDOCÓDIGO

Os algoritmos também são descritos em uma linguagem chamada **pseudocódigo**. Este nome é uma alusão à posterior implementação em uma linguagem de programação, ou seja, quando formos programar em uma linguagem, por exemplo, **JavaScript,** estaremos gerando código em **JavaScript**. Por isso os algoritmos são independentes das linguagens de programação. Ao contrário de uma linguagem de programação, não existe um formalismo rígido de como deve ser escrito o algoritmo. O algoritmo deve ser fácil de interpretar e fácil de codificar. Ou seja, ele deve ser o intermediário entre a linguagem falada e a linguagem de programação.

REGRAS PARA CONSTRUÇÃO DO ALGORITMO

Para escrever um algoritmo precisamos descrever a sequência de instruções, de maneira simples e objetiva. Para isso, utilizaremos algumas técnicas:

- Usar somente um verbo por frase;
- Imaginar que você está desenvolvendo um algoritmo para pessoas que não trabalham com informática;
- Usar frases curtas e simples;
- Ser objetivo;
- Procurar usar palavras que não tenham sentido dúbio;

FASES

Vimos que **ALGORITMO** é uma sequência lógica de instruções que podem ser executadas. É importante ressaltar que qualquer tarefa que siga determinado padrão pode ser descrita por um algoritmo, como por exemplo: **COMO FAZER ARROZ DOCE** ou então **CALCULAR O SALDO FINANCEIRO DE UM ESTOQUE,** entretanto, ao montar um algoritmo, precisamos, primeiro, dividir o problema apresentado em três fases fundamentais, que são:

ENTRADA: São os dados de entrada do algoritmo.

PROCESSAMENTO: São os procedimentos utilizados para chegar ao resultado.

SAÍDA: São os dados já processados.

ANALOGIA COM O HOMEM

Veja como, conforme **figura 2**:

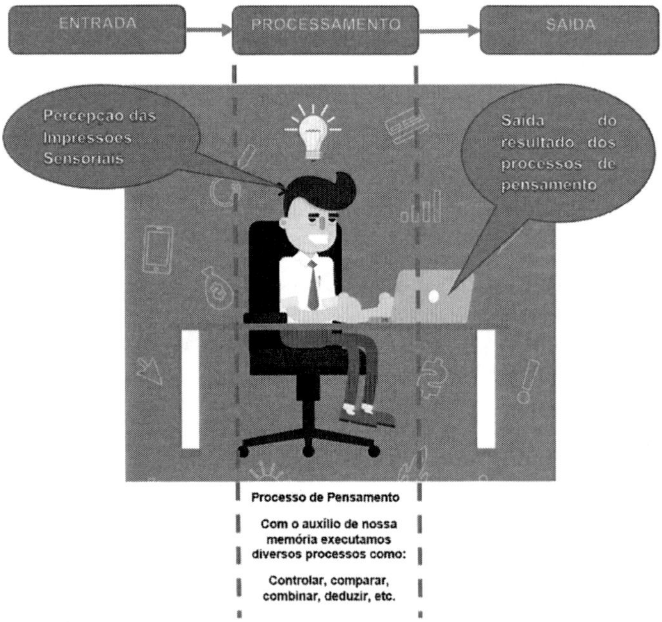

Figura 2

ESTRUTURA DE UM ALGORITMO

Basicamente um algoritmo tem a seguinte estrutura:

algoritmo "nome"

// Função :

// Autor :

// Data :

// Seção de Declarações

var

```
inicio
// Seção de Comandos
fimalgoritmo
```

A primeira linha é composta pela palavra-chave **algoritmo** seguida do seu **nome** delimitado por aspas duplas. A seção que se segue é a de declaração de variáveis, que termina com a linha que contém a palavra-chave **inicio**. Deste ponto em diante está a seção de comandos, que continua até a linha em que se encontre a palavra-chave **fimalgoritmo**. Esta última linha marca o final do pseudocódigo: todo texto existente a partir dela é ignorado.

EXEMPLO DE ALGORITMO

Vamos imaginar o seguinte problema: Calcular a média final dos alunos da 3ª Série de uma escola imaginária. Os alunos realizarão duas provas bimestrais totalizando quatro notas: **N1**, **N2**, **N3** e **N4**.

Para montar o algoritmo proposto, faremos três perguntas:

a) Quais são os dados de entrada?

R: Os dados de entrada são **N1**, **N2**, **N3** e **N4**

b) Qual será o processamento a ser utilizado?

R: O procedimento será somar todos os dados de entrada e dividi-los por 4 (quatro)

c) Quais serão os dados de saída?

R: O dado de saída será a média final

```
algoritmo "calcula_media"
// Função : Calcular Média entre quatro notas
// Autor : Prof Msc Rafael Soares
// Data :  14/06/2018
// Seção de Declarações
var
n1, n2, n3, n4: real
```

```
inicio
// Seção de Comandos
escreva ("Digite a Nota n1: ")
leia (n1)
escreva ("Digite a Nota n2: ")
leia (n2)
escreva ("Digite a Nota n3: ")
leia (n3)
escreva ("Digite a Nota n4: ")
leia (n4)
escreva ("Média Final é = ", n1 + n2 + n3 + n4 / 4)
fimalgoritmo
```

TESTE DE MESA

Após desenvolver um algoritmo ele deverá sempre ser testado. Este teste é chamado de **TESTE DE MESA**, que significa seguir as instruções do algoritmo de maneira precisa para verificar se o procedimento utilizado está correto ou não. Veja o exemplo, conforme **figura 3**:

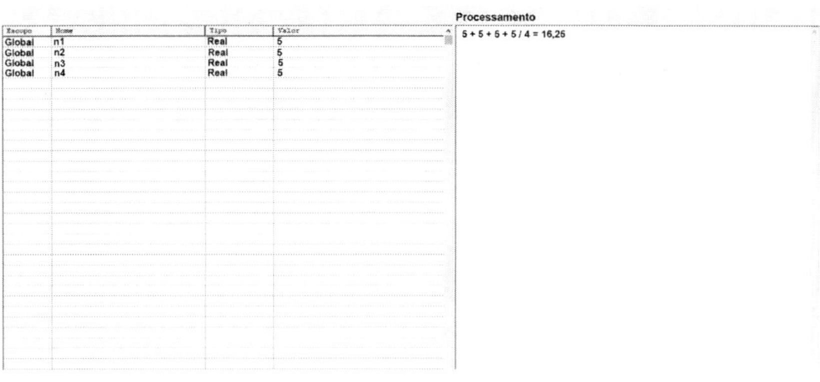

Figura 3

No processamento teremos o seguinte resultado = **5 + 5 + 5 + 5 / 4 = 16,25**. Observem que o resultado deveria ser **5**, ou seja **20 /4 = 5**. Este é um erro clássico na criação de algoritmos, pois estamos esquecendo que na matemática existe uma regra que é chamada de precedência de operadores, ou seja, a divisão tem precedência sobre a soma, desta forma ela vai ser feita, primeiro, no nosso algoritmo acima, primeiro vai ser feito **5 / 4 = 1,25**, depois feita a soma **5 + 5 + 5 + 1,25 = 16,25**. Se observarmos, o cálculo está correto, simplesmente esquecemos da precedência dos operadores. Então como podemos alterar este cálculo? Para mudar a precedência dos operadores, basta usarmos os parênteses, desta forma o nosso processamento vai ficar conforme abaixo:

(n1 + n2 + n3 + n4) / 4

Assim, nosso algoritmo vai ficar conforme o código abaixo:

```
algoritmo "calcula_media"

// Função : Calcular Média entre quatro notas

// Autor : Prof Msc Rafael Soares

// Data :  14/06/2018

// Seção de Declarações

var

n1, n2, n3, n4: real


inicio

// Seção de Comandos

escreva ("Digite a Nota n1: ")

leia (n1)

escreva ("Digite a Nota n2: ")

leia (n2)

escreva ("Digite a Nota n3: ")
```

```
leia (n3)

escreva ("Digite a Nota n4: ")

leia (n4)

escreva ("Média Final é = ", (n1 + n2 + n3 + n4) / 4)

fimalgoritmo
```

Veremos sobre a precedência de operadores, mais adiante. Bem, você deve estar se perguntando, vamos ter que fazer os testes de mesa sempre na mão? Não. Mesmo porque, os algoritmos vão ficando mais complexos, e teremos a necessidade de um interpretador de algoritmos, para isto, usaremos o **VisuAlg**.

VISUALG - EDITOR E INTERPRETADOR DE PSEUDOCÓDIGOS

O **VisuAlg** é um editor e Interpretador de Pseudocódigos, para elaboração de algoritmos do mais simples ao mais complexo. Veja como instalar o **VisuAlg** no **Anexo 1**. Vamos nos familiarizar com o mesmo no decorrer do livro. Se você quiser conhecer um pouco mais o **VisuAlg**, tem um livro de minha autoria chamado: **Aprendendo Algoritmo com VisuAlg**, da editora Ciência Moderna.

TIPOS BÁSICOS DE DADOS

Chamamos de dados, os elementos do mundo exterior, que vão representar as informações que nós, desenvolvedores, manipulamos para serem utilizados na resolução de problemas. Esses dados podem ser abstraídos pelo desenvolvedor, fornecidos pelo usuário do programa ou ainda, originados a partir de processamentos, como por exemplo, cálculo de média aritmética, e a partir de arquivos, banco de dados ou outros programas. O **VisuAlg** prevê quatro tipos de dados; são eles: **inteiro**, **real**, **caracter** e **lógico ou booleano**. As palavras-chave que os definem são as seguintes, observe na tabela abaixo, que elas não têm acentuação:

Tipo	Descrição
Inteiro	Define variáveis numéricas do tipo inteiro, positivos e negativos, ou seja, sem casas decimais. Exemplo: 7, -7, 8, 11.
Real	Alguns autores o chamam de ponto flutuante. Define variáveis numéricas do tipo real, positivos ou negativos, ou seja, com casas decimais. Vamos definir variáveis com este tipo quando precisarmos demonstrar algo que tenha uma precisão maior do que uma variável do tipo inteiro Exemplo: -7.7, 5, -5, -5.5.
Caractere	Define variáveis do tipo string, ou seja, cadeia de caracteres entre aspas duplas. Recebe letras, números e símbolos. Os números de tipo caractere não podem ser usados para cálculos. Exemplo: "Esta é uma cadeia de caracteres."
Logico ou Booleano	Define variáveis do tipo booleano, ou seja, com valor VERDADEIRO ou FALSO. Vai ser representado da seguinte forma: .VERDADEIRO. ou (.V.) .FALSO. ou (.F.). Exemplo: Sinalizador

Lembrem-se que o **VisuAlg** não é uma linguagem de programação, por este motivo iremos usar a linguagem **JavaScript** para implementar os algoritmos que vamos criar, veja como instalar o editor para linguagem **JavaScript** no Anexo 2. Vamos listar os tipos de dados disponíveis na linguagem JavaScript e que propriedades eles têm, comparando os tipos de dados do **VisuAlg**, com os da linguagem **JavaScript**, conforme tabela abaixo:

VisuAlg		Linguagem JavaScript	
Tipo	**Definição**	**Tipo**	Capacidade de armazenamento em JavaScript
inteiro	**Recebe números inteiros positivos e negativos**	**Number**	**De acordo com os padrões ECMAScript, existe somente um tipo numérico. O double-precision 64-bit binary format IEEE 754 value (número entre -(2^{53} -1) e 2^{53} -1). Não existe um tipo específico para inteiros. Além de poderem representar números de ponto-flutuante, o tipo number possui três valores simbólicos: +Infinity, -Infinity, e NaN (não numérico).**
real	**Alguns autores o chamam de ponto flutuante. Recebe números com casas decimais positivos ou negativos. Vamos definir variáveis com este tipo quando precisarmos demonstrar algo que tenha uma precisão maior do que uma variável do tipo inteiro**		

caractere ou texto ou literal ou cadeia	**Recebe letras, números e símbolos. Os números de tipo caractere não podem ser usados para cálculos.**	**String**	**É usado para representar dados textuais. Isto é um conjunto de "elementos" de valores de 16-bits unsigned integer. Cada elemento na string ocupa uma posição na string. O primeiro elemento está no índice 0, o próximo no índice 1, e assim por diante. O comprimento de uma string é o número de elementos nela.**
lógico ou booleano	**Recebe o valor verdadeiro ou falso. Vai ser representado da seguinte forma: .VERDADEIRO. ou (.V.) .FALSO. ou (.F.).**	**Boolean**	**Representa uma entidade lógica e pode ter dois valores: verdadeiro(true) ou falso(false).**

JavaScript é uma linguagem de tipagem dinâmica. Isso significa que não necessitamos declarar o tipo de uma variável antes de sua atribuição. O tipo será automaticamente determinado quando o programa for processado. Isso também significa que podemos reatribuir uma mesma variável com um tipo diferente. Vejam o trecho de código no exemplo abaixo:

```
var variavel = 53;   // variavel é um Number agora
var variavel = "JavaScript"; // variavel é um String agora
var variavel = false;  // variavel é um Boolean agora
```

A última versão ECMAScript da linguagem **JavaScript**, define sete tipos de dados. Seis tipos de dados são Primitivos (primitives):

- Boolean
- Null
- Undefined
- Number

- String
- Symbol (novo no ECMAScript 6)

Um do tipo Objeto:
- Object

Os tipos que não foram listados na tabela acima, veremos seu uso no decorrer deste livro. O **VisuAlg** e a linguagem **JavaScript** permitem também a declaração de variáveis estruturadas através da palavra-chave **vetor**, no **VisuAlg**, através da palavra-chave **Array();**, no **JavaScript**, como veremos a seguir.

NOMES DE VARIÁVEIS E SUA DECLARAÇÃO

Variáveis são palavras que têm um significado bem específico no algoritmo. O computador deve conhecer os detalhes das variáveis que queremos utilizar, para que possa executar os comandos que envolvem variáveis de forma correta. Em resumo, podemos dizer que estes detalhes são: o **identificador** da variável e o tipo de valor que esta variável vai assumir, conforme visto no tópico anterior. Existem algumas regras para a declaração ou nomeação de variáveis, são elas:

- Nomes de variáveis não podem ser iguais a palavras reservadas.
- Nomes de variáveis devem possuir como primeiro caractere uma letra ou sublinhado, underline. Os caracteres seguintes podem ser letras, números, sublinhados, em qualquer ordem.
- Nomes de variáveis devem ter no máximo 127 caracteres.
- Nomes de variáveis não podem conter espaços em branco.
- Nomes de variáveis devem ser significativos.
- Nomes de variáveis não podem ter o mesmo nome, com exceção dos elementos de um mesmo vetor.
- Na sintaxe do Português Estruturado do **VisuAlg**, não existe diferenciação entre letras maiúsculas e minúsculas para nomeação de variáveis. Esta regra não vale para as linguagens de programação, que fazem esta distinção.

NOTAÇÃO CAMELCASE

Uma prática muito importante na programação é o uso da notação **CamelCase**, com ela podemos acelerar o entendimento do código e a leitura dos nomes usados. A Notação **CamelCase** é amplamente utilizada e já virou uma prática comum e há apenas uma pequena controvérsia se um nome deve começar ou não com a primeira letra da primeira palavra em maiúscula ou não.

Até mesmo em C/C++ não há o mau costume de unir práticas de nomeação antigas com novas, deixando o código pouco elegante, em C++ apenas é perceptível o constante uso da Notação, já em C puro, é muito pouco usado, mas neste livro vamos utilizar sempre a notação **CamelCase**. Usaremos sempre a primeira letra de cada palavra em maiúscula, com as seguintes exceções:

- Quando nome de variáveis a primeira palavra será toda em minúscula;
- Quando nome de variáveis, não usaremos underline(traço baixo), a não ser que auxilie o entendimento de variáveis com nomes mais complexos, este uso deve ser acordado com a equipe, e claramente documentado como usar, caso for preciso criar novas variáveis.
- Quando nome de constantes, todas as palavras serão escritas com todas as letras em maiúsculas, sendo cada palavra separada da outra por underline(traço baixo);
- Quando nome de funções, deverá ser adotado o mesmo critério usado para as variáveis;
- Quando nome de procedimentos deverá ser usado cada primeira letra em maiúsculo, mesmo na primeira palavra, podendo quando negociado com a equipe, em caso de nomes mais complexos usar o underline(traço baixo) para auxiliar na criação do nome;
- Quando nome de classes, deverão seguir o mesmo critério para procedimentos;
- Em todos os casos poderão ser usados números;
- Mesmo que a linguagem permita, "nunca" use acentos e símbolos especiais;

Para conhecer a história da Notação **CamelCase** e como adotá-la, visite o link **http://c2.com/cgi/wiki?CamelCase**.

VARIÁVEIS SIMPLES E VETORES

As variáveis podem ser simples ou estruturadas, os vetores podem ser de uma ou duas dimensões. A seção de declaração de variáveis começa com a palavra-chave **var**, para variáveis simples, veja abaixo a sua sintaxe:

Variáveis Simples e Vetores	
Representação no VisuAlg	**Representação em JavaScript**
<lista-de-variáveis> : <tipo-de-dado>	**var <lista-de-variáveis>;**

Na **<lista-de-variáveis>**, se forem do mesmo tipo, devem ser separadas por vírgulas. Veja no **VisuAlg**, a sintaxe de criação de variáveis simples, conforme abaixo:

```
algoritmo "semnome"

// Função : Criar Variáveis

// Autor : Prof Msc Rafael Soares

// Data :  20/06/2018

// Seção de Declarações

var
a, idadeFilho : inteiro
valor1, valor2 : real
nomeDoAluno : caracter
sinalizador : logico


inicio

// Seção de Comandos

fimalgoritmo
```

Veja no **JavaScript**, a sintaxe de criação de variáveis simples, conforme abaixo:

var a, idadeFilho, valor1, valor2, nomeDoAluno, sinalizador;

Note que no **VisuAlg** não há a necessidade de ponto e vírgula após cada declaração, basta pular linha. Já no **JavaScript** o ponto e vírgula é necessário. Para variáveis do tipo vetor, veja abaixo a sua sintaxe:

Variáveis do Tipo Vetor	
Representação no VisuAlg	**Representação em JavaScript**
<lista-de-variáveis> : vetor "["<lista-de-intervalos>"]" de <tipo-de-dado>	**var <lista-de-variáveis> = new Array();**

Na **<lista-de-intervalos>** do **VisuAlg**, os **<intervalo>** são separados por vírgulas, e têm a seguinte sintaxe:

<intervalo>: <valor-inicial> .. <valor-final>

No **VisuAlg** e no **JavaScript**, tanto **<valor-inicial>** como **<valor-final>** devem ser do tipo **inteiro**. Além disso, exige-se evidentemente que **<valor-final>** seja maior do que **<valor-inicial>**. Veja no **VisuAlg**, a sintaxe de criação de variáveis do tipo vetor, conforme abaixo:

```
algoritmo "semnome"

// Função : Criar Variáveis

// Autor : Prof Msc Rafael Soares

// Data :  20/06/2018

// Seção de Declarações

var

valor1: vetor [1..10] de real

matriz: vetor [0..4,8..10] de inteiro

inicio
```

// Seção de Comandos

fimalgoritmo

A variável **valor1** acima tem 10 elementos, com os índices de [1] a [10], enquanto **matriz** corresponde a 15 elementos com índices [0,8], [0,9], [0,10], [1,8], [1,9], [1,10], ... até [4,10]. O número total de variáveis suportado pelo **VisuAlg** é 500, e cada elemento de um vetor é contado individualmente. Veja no **JavaScript**, a sintaxe de criação de variáveis do tipo vetor, conforme abaixo:

var cores = new Array();
ou
var cores = new Array(3);

A linguagem **JavaScript** não possui uma sintaxe especial para criar Arrays multidimensionais. Uma solução comum é criar um Array de Array em loops aninhados. Veremos mais adiante como implementar esta solução. Na primeira sintaxe, temos um array infinito, na segunda, o array vai ter apenas três elementos.

PALAVRAS RESERVADAS

Observem as palavras reservadas do **VisuAlg**, conforme tabela abaixo:

VisuAlg				
aleatório	abs	algoritmo	arccos	arcsen
arctan	arquivo	asc	ate	caracter
caso	compr	copia	cos	cotan
cronometro	debug	declare	e	eco
enquanto	então	escolha	escreva	exp
faca	falso	fimalgoritmo	fimenquanto	fimescolha
fimfuncao	fimpara	fimprocedimento	fimrepita	fimse
função	grauprad	inicio	int	interrompa

leia	literal	log	logico	logn
maiusc	mensagem	minusc	não	numérico
numpcarac	ou	outrocaso	para	passo
pausa	pi	pos	procedimento	quad
radpgrau	raizq	rand	randi	repita
se	sem	senão	timer	tan
verdadeiro	xou			

Observem as palavras reservadas da linguagem **JavaScript**, conforme tabela abaixo:

JavaScript				
break	case	catch	continue	default
delete	do	else	false	finally
for	function	if	in	instanceof
new	null	return	switch	this
throw	true	try	typeof	var
void	while	with		
abstract	boolean	byte	char	class
const	debugger	double	enum	export
extends	final	float	goto	implements
import	int	interface	long	native
package	private	protected	public	short
static	super	synchronized	throws	transient
volatile				

Estas palavras não podem ser usadas em hipótese alguma como nomes de variáveis.

CONSTANTES E COMANDO DE ATRIBUIÇÃO

Para **atribuir** ou **colocar** um valor dentro de uma variável, vamos utilizar o **operador de atribuição**, que é representado por uma seta apontando para a esquerda no **VisuAlg**, no **JavaScript**, é representado pelo sinal de =, veja abaixo a sua sintaxe:

Comando de Atribuição	
Representação no VisuAlg	**Representação em JavaScript**
←	=

Para representar esta seta no **VisuAlg**, selecione a tecla menor que **<**, em seguida selecione a tecla tracinho **—**. Vamos abrir o **VisuAlg**, basta clicar sobre o ícone do **VisuAlg** na barra de tarefas do **Windows 10**, conforme vimos na **figura 156** no **Anexo I**, vai abrir a tela principal do mesmo, antes de começarmos a digitar algo, vamos salvar nosso algoritmo, para isto, clique com o botão do mouse sobre o menu **Arquivo**, em seguida selecione o item **Salvar**, ou pressione, ao mesmo tempo, as teclas de atalho **Ctrl+S**, conforme **figura 4**:

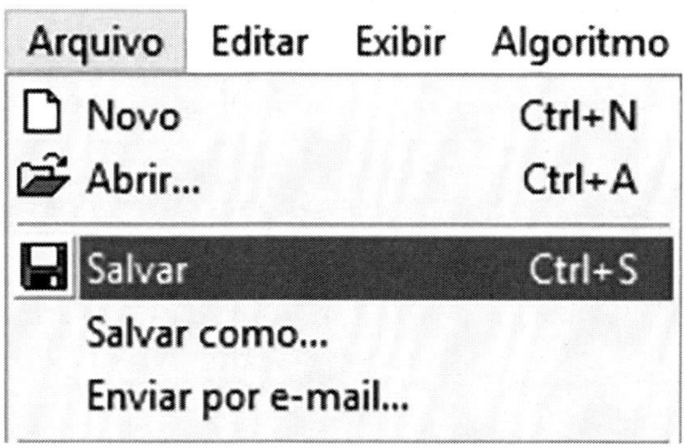

Figura 4

Ou clique no ícone do disquete no menu de ferramentas, conforme **figura 5**:

Figura 5

Independentemente da forma escolhida para salvar o algoritmo vai abrir a janela **Salvar como**, no item **Salvar em:**, selecione **Disco local (C:)**, se você renomeou o seu **Disco local (C:)**, clique no nome do disco que você escolheu — no meu caso eu chamei de **Win10 (C:)** —, em seguida selecione a pasta **projetos_livro**, e clique no botão **Abrir** ou clique duas vezes com o botão do mouse sobre a pasta, em seguida selecione a pasta **algoritmos**, e clique no botão **Abrir** ou clique duas vezes com o botão do mouse sobre a pasta. No item **Nome:**, digite **algoritmo_001**, conforme **figura 6**:

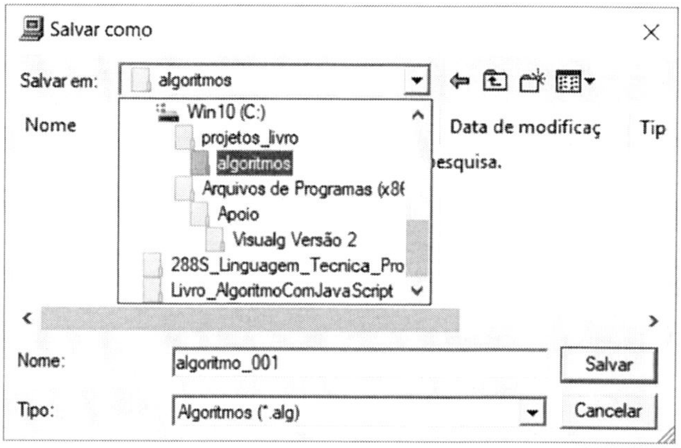

Figura 6

Clique no botão **Salvar**. Para saber se o algoritmo foi salvo no caminho que especificamos, basta verificar no topo da janela do **VisuAlg**, que mostra o caminho onde salvamos nosso algoritmo, conforme **figura 7**:

Figura 7

Vamos agora configurar nosso ambiente de trabalho. A primeira coisa que devemos configurar é a numeração de linhas, pois é muito importante, principalmente na indicação de erros. Para isto, clique no menu **Exibir**, e selecione o item **Número de linhas**, conforme **figura 8**:

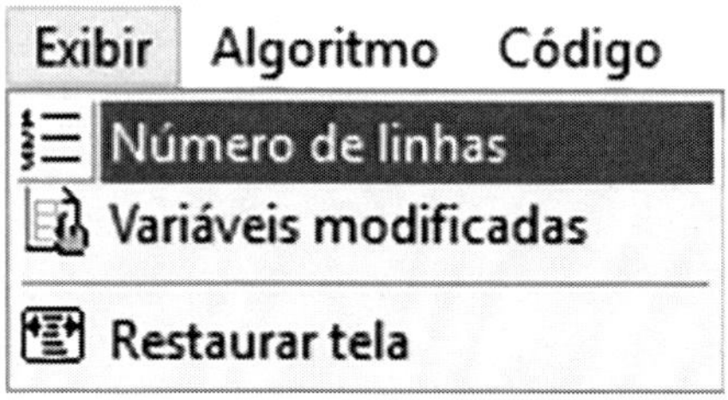

Figura 8

Ou clique no ícone **Numerar linhas** no menu de ferramentas, conforme **figura 9**:

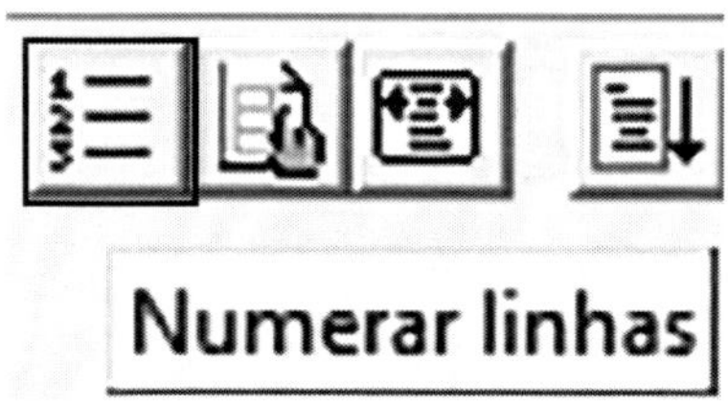

Figura 9

Outra configuração importante é o tamanho da fonte, pois dependendo do tamanho do monitor é interessante ter uma fonte maior. Para isto, clique no menu **Ferramentas**, e selecione o item **Opções**, conforme **figura 10**:

Figura 10

Vai abrir a janela **Opções**, aqui podemos alterar todos os elementos da área de trabalho do **VisuAlg**, tamanho da fonte, cores dos elementos, se o elemento vai ter uma fonte em negrito ou de cor diferente, mudar a cor de fundo da área de trabalho, etc. Vamos alterar no momento somente o tamanho da fonte, na caixa de seleção **Tamanho:**, clique na setinha para baixo e selecione **16**, conforme **figura 11**:

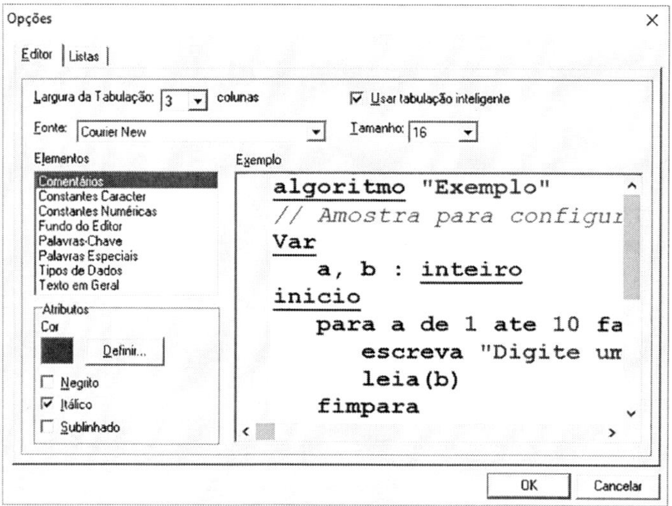

Figura 11

Clique no botão **OK**. Agora posicione o cursor no início da **linha 1**, em seguida pressione, ao mesmo tempo, as teclas **Ctrl+T**, veja como ficou, conforme **figura 12**:

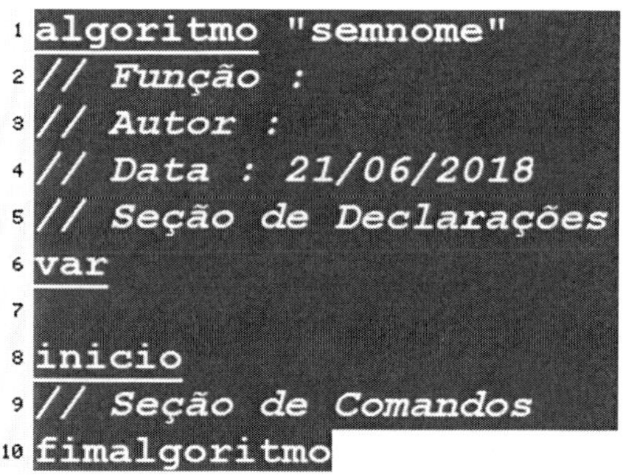

Figura 12

Pressione a tecla **Delete** do teclado, e observe que o cursor do mouse vai ficar piscando na **linha 1**, neste local digite o código abaixo:

algoritmo "algoritmo_001"

// Função : Exemplo de Atribuicao

```
// Autor : Professor Msc Rafael Soares
// Data : 22/06/2018
// Seção de Declarações
var
a, valor1 : inteiro
valor2 : real
achei : Logico
nomeDoAluno : caractere
inicio
// Seção de Comandos
a <- 3 //este comando atribui a variável a o valor 3.
valor1 <- 1.5 //este comando atribui a variável valor1 o valor 1.5
valor2 <- valor1 + a //este comando atribui a variável valor2 o valor da
//variável valor1 que é 1.5 e soma com o valor da variável a, que é 3
nomeDoAluno <- "Ana Paula" //este comando atribui a variável nomeDoAluno o valor Ana Paula
achei <- FALSO //este comando atribui a variável achei o valor FALSO
fimalgoritmo
```

Veja como ficou, conforme **figura 13**:

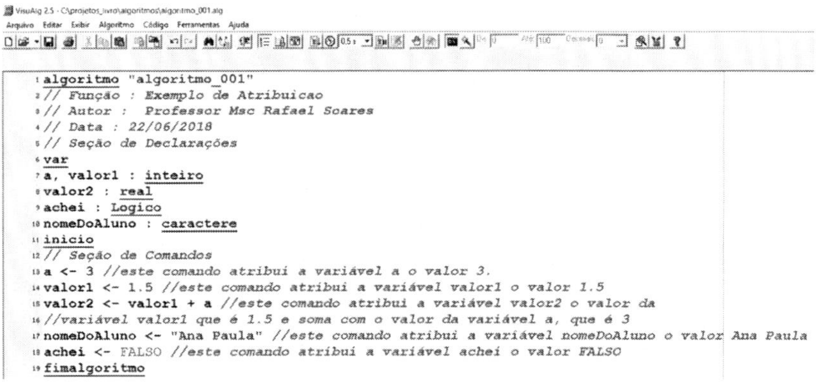

Figura 13

Salve o algoritmo, conforme vimos nas **figuras 4** e **5**. Vamos executar o algoritmo, não podemos esquecer que só podemos atribuir às variáveis valores do mesmo tipo que a variável foi nomeada, por exemplo, tentar atribuir um valor do tipo **real** em uma variável do tipo **inteiro**. Para isto vamos até o menu **Algoritmo**, e vamos selecionar o item **Executar**, ou pressionar a tecla **F9**, conforme **figura 14**:

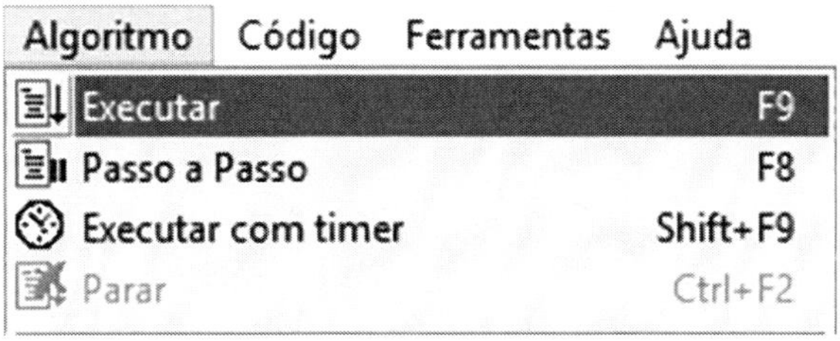

Figura 14

Ou clique no ícone **Executar** no menu de ferramentas, conforme **figura 15**:

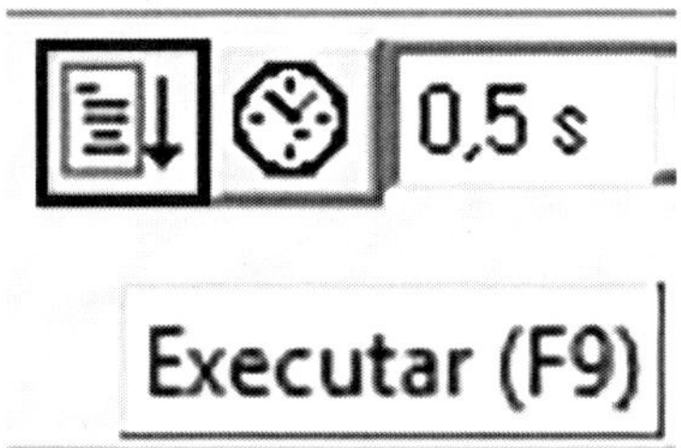

Figura 15

Vejam que o **VisuAlg** vai mostrar uma mensagem de erro ao executamos o algoritmo, conforme **figura 16**:

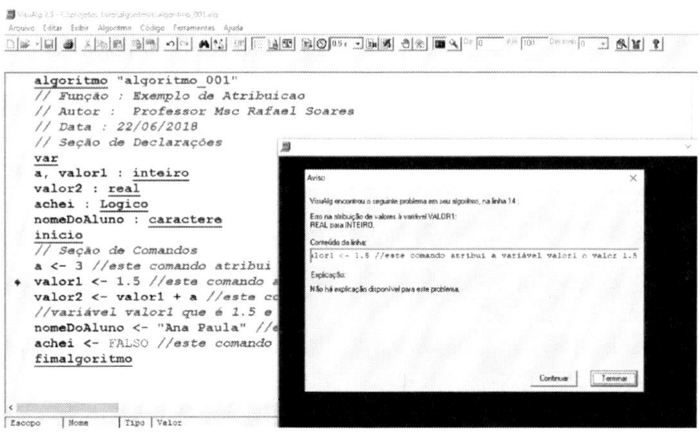

Figura 16

Clique no botão **Terminar**, e vai aparecer outra janela confirmando o erro de atribuição, conforme **figura 17**:

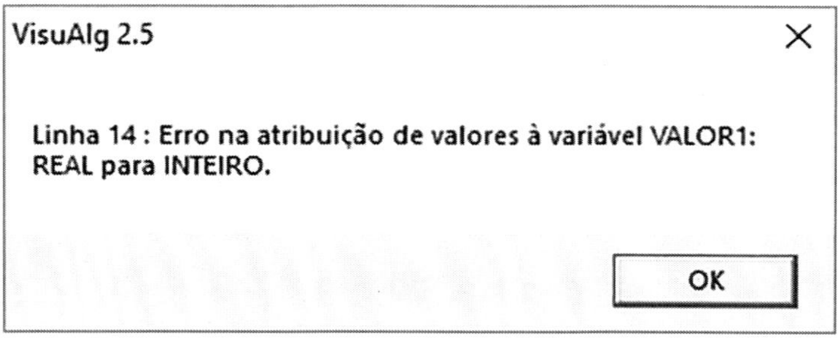

Figura 17

Clique no botão **Ok**. Veja a importância da numeração de linha no algoritmo. Temos duas maneiras de corrigir este erro. A primeira é alterando o tipo da variável **valor1** para **real**, delete a mesma da **linha 7**, em seguida crie a mesma na **linha 8**, deve ficar conforme **figura 18**:

```
6  var
7  a : inteiro
8  valor1, valor2 : real
9  achei : Logico
10 nomeDoAluno : caractere
```

Figura 18

Salve seu algoritmo, conforme vimos nas **figuras 4** e **5**. Execute novamente, conforme vimos nas **figuras 14** e **15**. Veja que vai aparecer uma janela dizendo que a execução foi encerrada e pedindo para fechar a janela para retornar para o **VisuAlg**, para isto clique no **X** que fica no canto superior direito da janela, conforme **figura 19**:

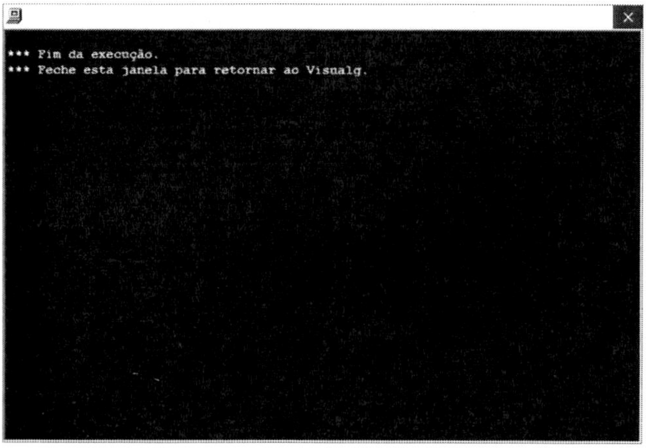

Figura 19

Observe que não foi mostrado o conteúdo das variáveis na tela. Veremos como fazer mais adiante. Mas se observarmos na janela de visualização de resultados, vamos ver o conteúdo das variáveis, conforme **figura 20**:

Escopo	Nome	Tipo	Valor
GLOBAL	A	I	3
GLOBAL	VALOR1	R	1.5
GLOBAL	VALOR2	R	4.5
GLOBAL	ACHEI	L	FALSO
GLOBAL	NOMEDOALUNO	C	"Ana Paula"

Figura 20

A segunda maneira de acertar o erro mencionado anteriormente é alterando o valor que está sendo atribuído à variável **valor1**, na **linha 14**, altere o valor para **15**, deve ficar conforme **figura 21**:

```
14 valor1 <- 15 //este comando atribui a variável valor1 o valor 1.5
```

Figura 21

Salve seu algoritmo, conforme vimos nas **figuras 4** e **5**. Execute novamente, conforme vimos nas **figuras 14** e **15**. Veja que vai aparecer uma janela dizendo que a execução foi encerrada e pedindo para fechar a janela para retornar para o **VisuAlg**, para isto clique no **X** que fica no canto superior direito da janela, conforme vimos na **figura 19**. Observe que não foi mostrado o conteúdo das variáveis na tela. Veremos como fazer mais adiante. Mas se observarmos na janela de visualização de resultados, vamos ver o conteúdo das variáveis, conforme vimos na **figura 20**.

Veja que o inverso não vai produzir erro, uma vez que um número do tipo **real** pode ser escrito sem casas decimais, neste caso uma variável do tipo **real** aceita variáveis do tipo **inteiro**. As variáveis do tipo **caractere** e **logico** também têm a mesma característica, ou seja, só aceitam valores do mesmo tipo. Vetores e matrizes têm o mesmo tratamento que variáveis, ou seja, só podem receber valores do mesmo tipo declarado do **vetor** e da **matriz**. Observem também que nós atribuímos valores fixos às variáveis. Chamamos este recurso de **Constantes.** O **VisuAlg** tem três tipos de constantes:

- **Numéricas:** são valores numéricos escritos na forma usual das linguagens de programação. Podem ser inteiros ou reais. Neste último caso, o separador de decimais é o ponto e não a vírgula, independente da configuração regional do computador em que o **VisuAlg** está sendo executado. O **VisuAlg** também não suporta separadores de milhares, mas podemos formatar a quantidade de casas decimais.
- **Caracteres:** qualquer cadeia de caracteres delimitada por aspas duplas ("").
- **Lógicos:** admite os valores **VERDADEIRO** ou **FALSO**.

Veja o exemplo nas **linhas 13**, **14**, **17** e **18**, no código da **figura 13**. Outro detalhe que devemos estar atentos é que sempre à esquerda do comando de atribuição deve ter um e somente um identificador de variável. Vamos alterar a **linha 13**, deve ficar conforme **figura 22**:

```
13 3 <- a //este comando atribui a variável a o valor 3.
```

Figura 22

Salve seu algoritmo, conforme vimos nas **figuras 4** e **5**. Execute novamente, conforme vimos nas **figuras 14** e **15**. Veja que o **VisuAlg** vai mostrar uma mensagem de erro ao executamos o algoritmo, conforme **figura 23**:

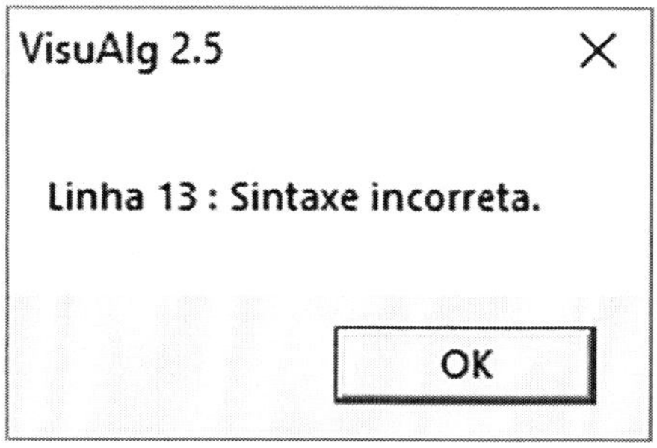

Figura 23

Clique no botão **Ok**. Este é um erro de sintaxe, pois não podemos fazer a atribuição do valor da variável para uma constante. Altere o código de forma que ele fique conforme vimos na **figura 13**. Agora vamos **atribuir** ou **colocar** um valor dentro de uma variável, utilizando o **JavaScript**. Vamos abrir o **Notepad++**, basta clicar sobre o ícone do **Notepad++** na barra de tarefas do **Windows 10**, conforme vimos na **figura 156** no **Anexo I**, vai abrir a tela principal do mesmo, antes de começarmos a digitar algo, caso apareça feche o arquivo **change.log**, para isto clique no ícone do quadradinho vermelho com um **X** dentro, conforme **figura 24**:

Figura 24

Vamos salvar nosso aplicativo, para isto, clique com o botão do mouse sobre o menu **Arquivo**, em seguida selecione o item **Salvar como...**, ou pressione, ao mesmo tempo, as teclas de atalho **Ctrl+Alt+S**, conforme **figura 25**:

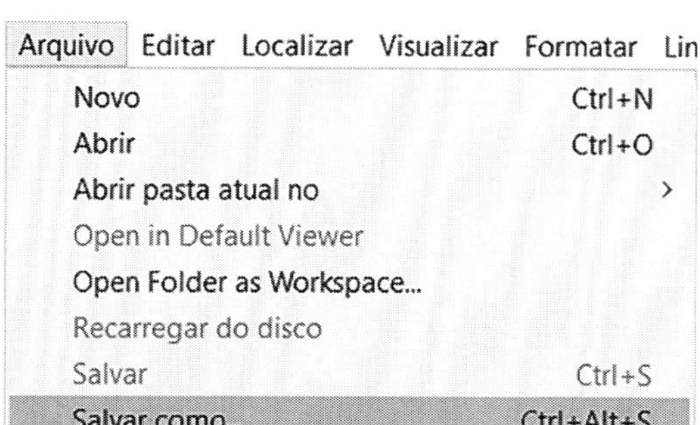

Figura 25

Vai abrir a janela **Salvar como**, no item **Salvar em:**, clique na setinha para baixo da caixa de seleção **combobox** e selecione **Disco local (C:)**, se você renomeou o seu **Disco local (C:)**, clique no nome do disco que você escolheu — no meu caso eu chamei de **Win10 (C:) —**, em seguida clique duas vezes com o botão do mouse sobre a pasta **projetos_livro**, clique duas vezes com o botão do mouse sobre a pasta **javascript**, e clique no ícone **Criar Nova Pasta**, conforme **figura 26**:

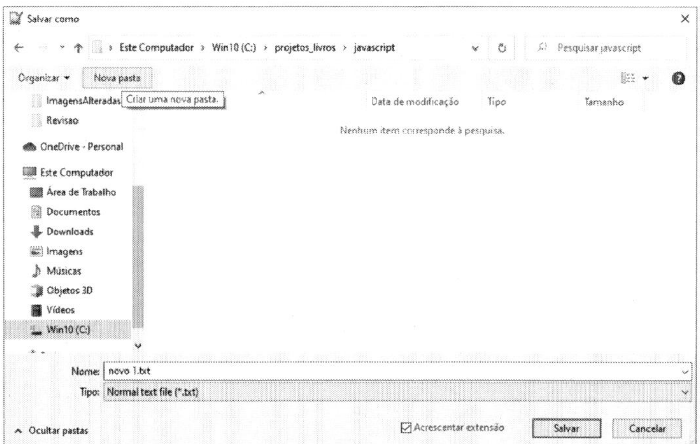

Figura 26

No nome da pasta, digite **aplicativo_001**, pressione a tecla **Enter** duas vezes, conforme **figura 27**:

Figura 27

Repita o procedimento acima e crie outra pasta, clique no ícone **Criar Nova Pasta**, conforme vimos na **figura 26**, no nome da pasta, digite **scripts**, pressione a tecla **Enter** duas vezes. No item **Nome:**, digite **aplicativo_001**, no item **Tipo:**, selecione **JavaScriptFile**, conforme **figura 28**:

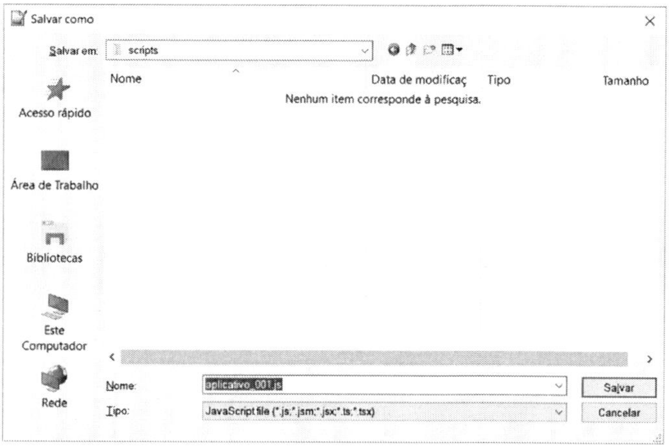

Figura 28

Clique no botão **Salvar**. Para saber se o algoritmo foi salvo no caminho que especificamos, basta verificar no topo da janela do **Notepad++**, que mostra o caminho onde salvamos nosso aplicativo, conforme **figura 29**:

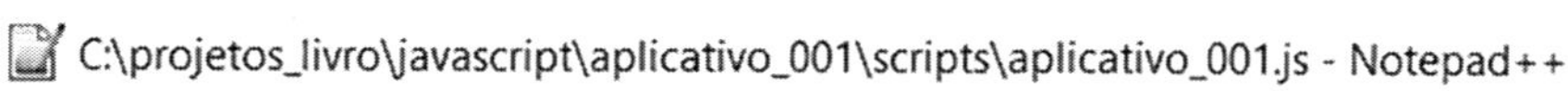

Figura 29

Vamos agora configurar nosso ambiente de trabalho. Uma configuração importante é o tamanho da fonte, pois dependendo do tamanho do monitor é interessante ter uma fonte maior. Para isto clique no menu **Configurações**, e selecione o item **Configurador de estilos**, conforme **figura 30**:

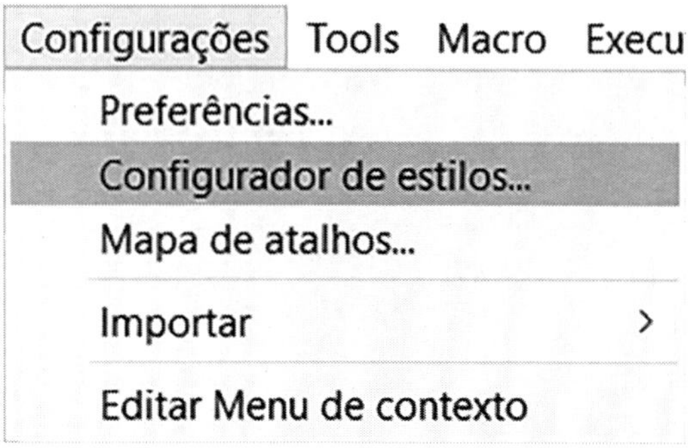

Figura 30

Vai abrir a janela **Configurar Estilos**, aqui podemos alterar todos os elementos da área de trabalho do **Notepad++**, tamanho da fonte, cores dos elementos, se o elemento vai ter uma fonte em negrito ou de cor diferente, mudar a cor de fundo da área de trabalho, etc. Vamos alterar no momento somente o tamanho da fonte, e deixar em negrito. Na caixa de listagem **Linguagem:**, selecione o item **JavaScript**. Na caixa de listagem **Local do estilo:**, selecione o item **DEFAULT**. Na caixa de seleção **Estilo de fonte**, marque o quadradinho **Negrito**, clicando com o mouse dentro dele. Na caixa combobox **Tamanho:**, clique na setinha para baixo e selecione **20**. Faça isto para todos os itens da caixa de listagem **Local do estilo:**, conforme **figura 31**:

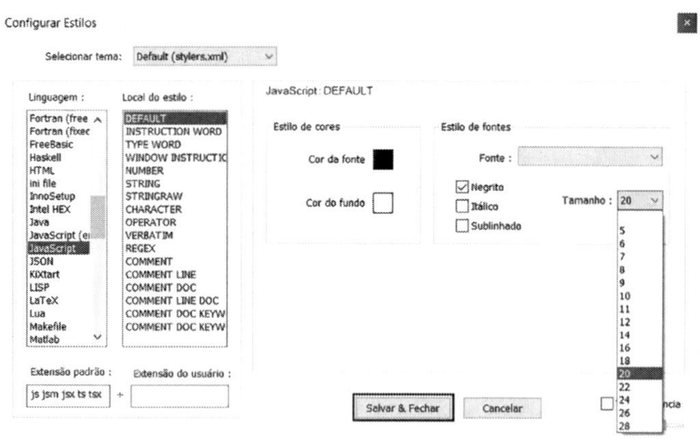

Figura 31

Repita o procedimento acima, e altere os estilos da linguagem **HTML**. Clique no botão **Salvar & Fechar**. Veja que o cursor do mouse está posicionado na **linha 1**, neste local digite o código abaixo:

//Criando as Variáveis
var a, valor1, valor2, achei, nomeDoAluno;

// Seção de Comandos
a = 3; //este comando atribui a variável a o valor 3.
valor1 = 1.5; //este comando atribui a variável valor1 o valor 1.5
valor2 = valor1 + a; //este comando atribui a variável valor2 o valor da
//variável valor1 que é 1.5 e soma com o valor da variável a, que é 3
nomeDoAluno = "Ana Paula"; //este comando atribui a variável nomeDoAluno o valor Ana Paula
achei = false; //este comando atribui a variável achei o valor FALSO

Veja como ficou, conforme **figura 32**:

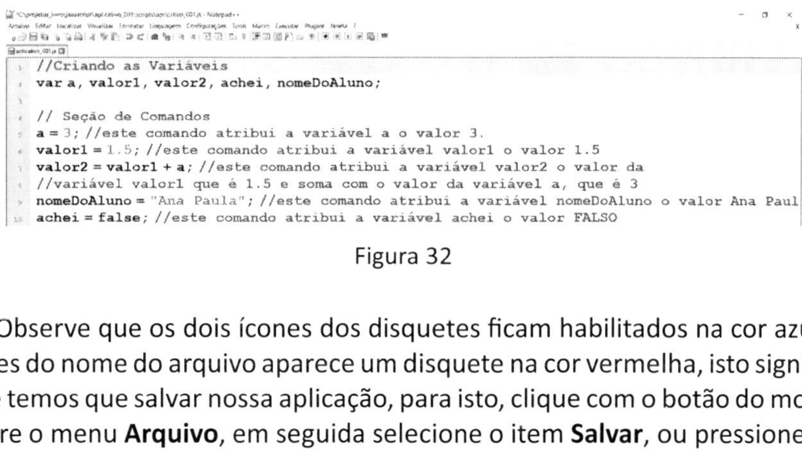

Figura 32

Observe que os dois ícones dos disquetes ficam habilitados na cor azul e, antes do nome do arquivo aparece um disquete na cor vermelha, isto significa que temos que salvar nossa aplicação, para isto, clique com o botão do mouse sobre o menu **Arquivo**, em seguida selecione o item **Salvar**, ou pressione, ao mesmo tempo, as teclas de atalho **Ctrl+S**, ou selecione o item **Salvar todos**, ou pressione, ao mesmo tempo, as teclas de atalho **Ctrl+Shift+S**, conforme **figura 33**:

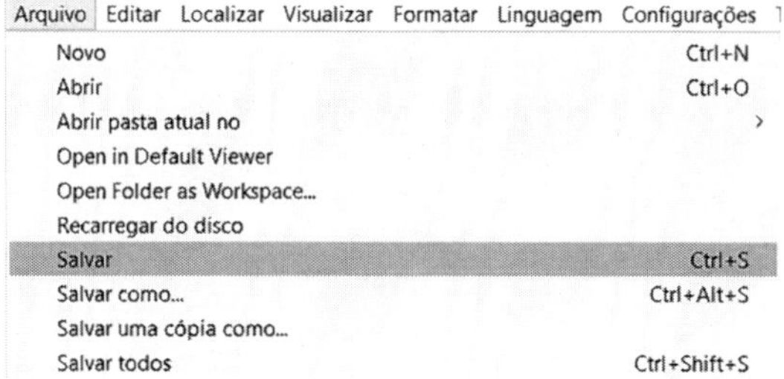

Figura 33

Ou clique no ícone dos disquetes duplos na barra de ferramentas, conforme **figura 34**:

Figura 34

Vai aparecer uma mensagem pedindo para que todo o projeto seja salvo, clique no botão **Yes Always**. Como foi dito anteriormente, a linguagem **JavaScript** tem uma tipagem dinâmica, ou seja, o valor que for atribuído à variável vai ser o tipo da mesma. Observe que criamos todas elas na **linha 2**, conforme vimos na **figura 32**. Outro detalhe que devemos saber é que a linguagem **JavaScript** é **Client-Side**, é um termo que identifica que a linguagem é executada no **lado do cliente**, diferente do **PHP** ou **ASP**, por exemplo, que são linguagens do tipo **Server-Side**, ou seja, são executadas no **lado do servidor**. Por este motivo a linguagem **JavaScript** necessita de outra linguagem, chamada de **HTML**, uma linguagem de marcação, para que os scripts sejam executados. É de suma importância salientar que devemos ter o código **JavaScript** separado do **HTML**, ou seja, em um arquivo **.js** que será depurado, é altamente recomendável que façamos desta forma, não só pela questão do **Debug**, mas também pelas **Boas Práticas da Programação**, desempenho, reuso e mais uma gama de vantagens. Não entrarei em detalhes de designer, pois demandaria um outro livro para falar deste assunto. Dito isto, vamos criar um arquivo do tipo **HTML**, chamado **index.html**, para isto clique com o botão do mouse sobre o menu **Arquivo**, em seguida selecione o item **Novo**, ou pressione, ao mesmo tempo, as teclas de atalho **Ctrl+N**, conforme **figura 35**:

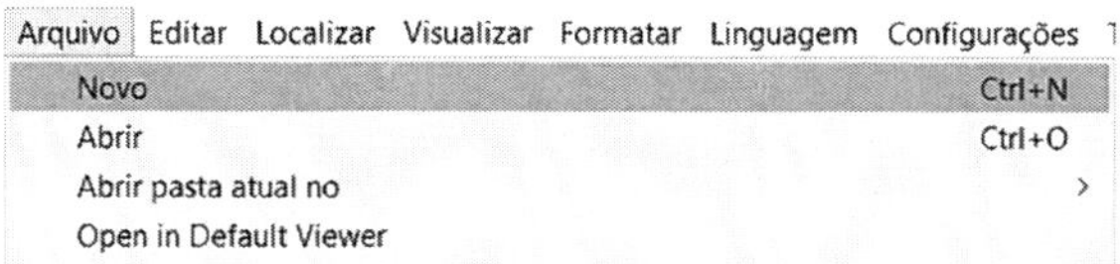

Figura 35

Em seguida, clique com o botão do mouse sobre o menu **Arquivo**, e selecione o item **Salvar como...**, ou pressione, ao mesmo tempo, as teclas de atalho **Ctrl+Alt+S**, conforme vimos na **figura 25**. Vai abrir a janela **Salvar como**, no item **Salvar em:**, clique na setinha para baixo da caixa de seleção **combobox** e selecione **Disco local (C:)**, se você renomeou o seu **Disco local (C:)**, clique no nome do disco que você escolheu — no meu caso eu chamei de **Win10 (C:) —**, em seguida clique duas vezes com o botão do mouse sobre a pasta **projetos_livro**, clique duas vezes com o botão do mouse sobre a pasta **javascript**, em seguida clique duas vezes com o botão do mouse sobre a pasta **aplicativo_001**, no item **Nome:**, digite **index**, no item **Tipo:**, selecione **Hyper Text Markup Language**, conforme **figura 36**:

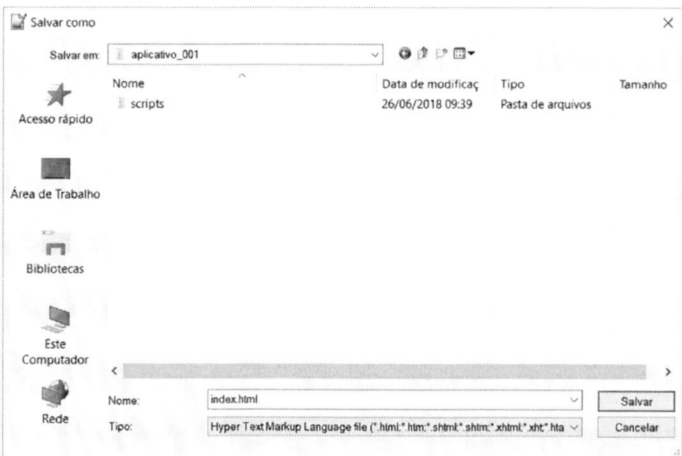

Figura 36

Clique no botão **Salvar**. Para saber se o algoritmo foi salvo no caminho que especificamos, basta verificar no topo da janela do **Notepad++**, que mostra o caminho onde salvamos nosso arquivo **HTML**, conforme vimos na **figura 29**.

Veja que o cursor do mouse está posicionado na **linha 1**, neste local digite o código abaixo:

```
<!DOCTYPE html>

<html lang=”pt-BR”>
<head>
   <meta charset=”utf-8” />
   <title>Aprendendo Algoritmos com JavaScript</title>
</head>
<body>
   <script src=”scripts/aplicativo_001.js”></script>
</body>
</html>
```

Observe que à medida que vamos digitando, o código vai aparecer automaticamente, em uma caixa de seleção, basta selecionar o mesmo para completar, conforme **figura 37**:

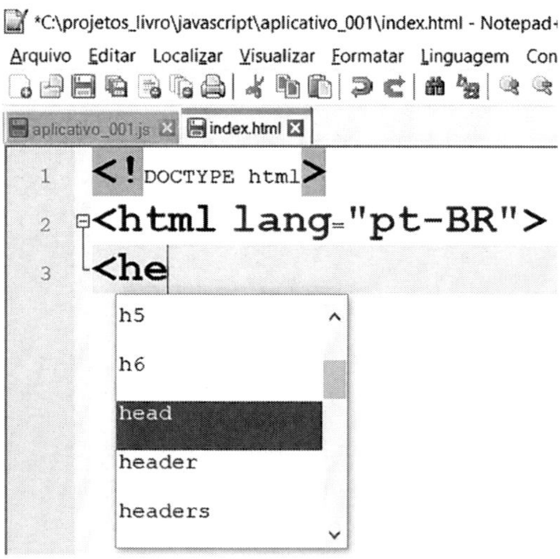

Figura 37

Veja como ficou o código completo, conforme **figura 38**:

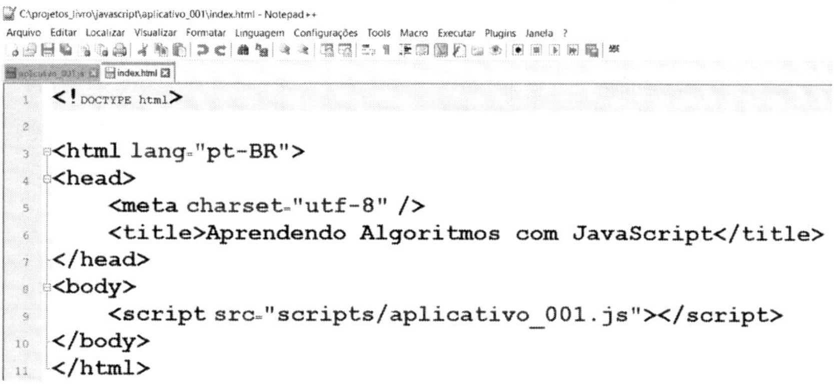

Figura 38

Ao terminar a digitação, salve o aplicativo, para isto, clique com o botão do mouse sobre o menu **Arquivo**, em seguida selecione o item **Salvar**, ou pressione, ao mesmo tempo, as teclas de atalho **Ctrl+S**, ou selecione o item **Salvar todos**, ou pressione, ao mesmo tempo, as teclas de atalho **Ctrl+Shift+S**, ou clique no ícone dos disquetes duplos na barra de ferramentas, conforme vimos nas **figuras 33** e **34**. Observe que na **linha 9**, temos a chamada do nosso arquivo **JavaScript**. Vamos executar nosso aplicativo, para isto vamos até o menu **Executar**, observe que tem todos os principais navegadores web, vamos selecionar o item **Google Chrome**, conforme **figura 39**:

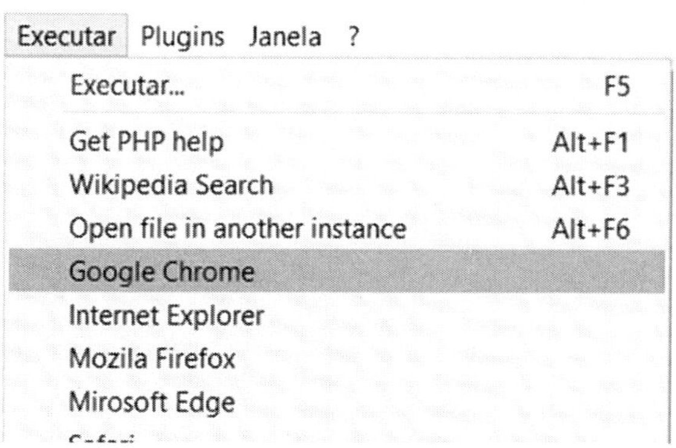

Figura 39

Vai aparecer a janela do **Chrome**, conforme **figura 40**:

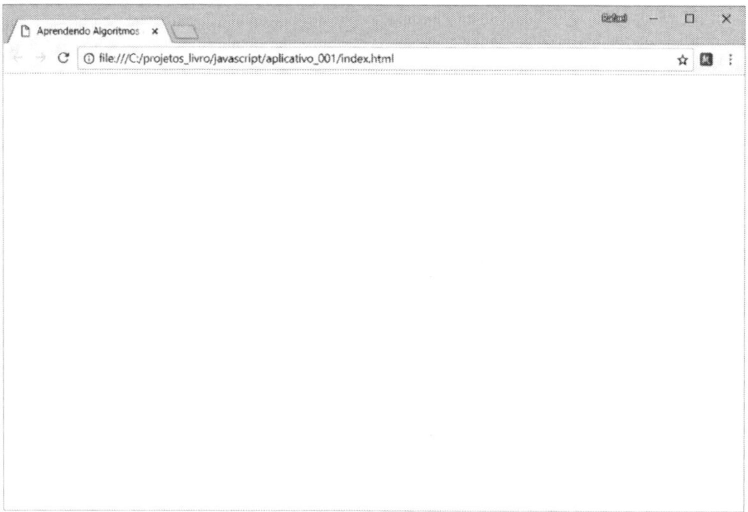

Figura 40

Observe que não foi mostrado o conteúdo das variáveis na tela. Veremos como fazer mais adiante. Faça o teste nos outros navegadores do menu **Executar**, e teremos o mesmo resultado, uma janela vazia. Mas como saber se o conteúdo das variáveis que criamos, foram atribuídos corretamente? No navegador **Chrome**, vamos **Depurar** ou realizar **Debug** do código do nosso **JavaScript**, que nada mais é do que o ato de acompanhar detalhadamente o passo a passo da execução de determinado trecho do código. Para isto clique no menu com três pontinhos que fica do lado direito da tela do navegador, em seguida clique no item **Mais ferramentas**, em seguida clique no item **Ferramentas do desenvolvedor**, ou pressione, ao mesmo tempo, as teclas **Ctrl+Shift+I**, conforme **figura 41**:

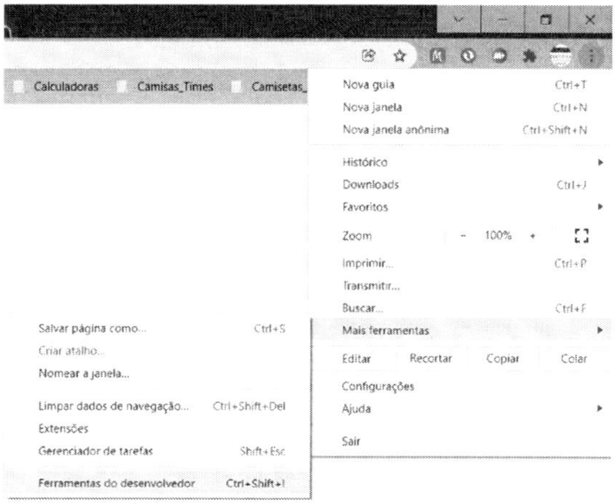

Figura 41

Ou pressione a tecla **F12**, vai aparecer a janela do depurador, conforme **figura 42**:

Figura 42

Clique com o botão direito do mouse na lateral esquerda do depurador, segure e observe que o cursor do mouse vai virar uma seta com duas pontas, arraste até que fique com um tamanho agradável para vocês. Em seguida clique no menu **Source**, e veja que temos várias janelas clique na setinha que tem ao lado do item **Watch**, na tela do lado direito, veja que vai aparecer o sinal de **+(Add watch expression)**, conforme **figura 43**:

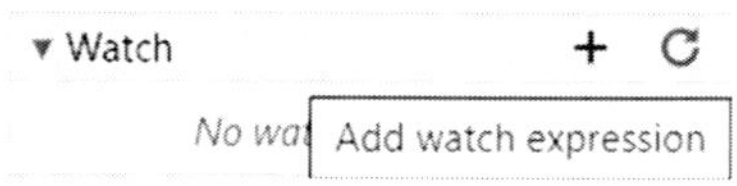

Figura 43

Clique no sinal de **+(Add watch expression)**, em seguida digite **a**, que foi nossa primeira variável, pressione a tecla **Enter** do teclado duas vezes, e veja que vai aparecer o conteúdo que foi atribuído à mesma, conforme **figura 44**:

Figura 44

Repita o procedimento acima para todas as outras variáveis, veja o resultado final, conforme **figura 45**:

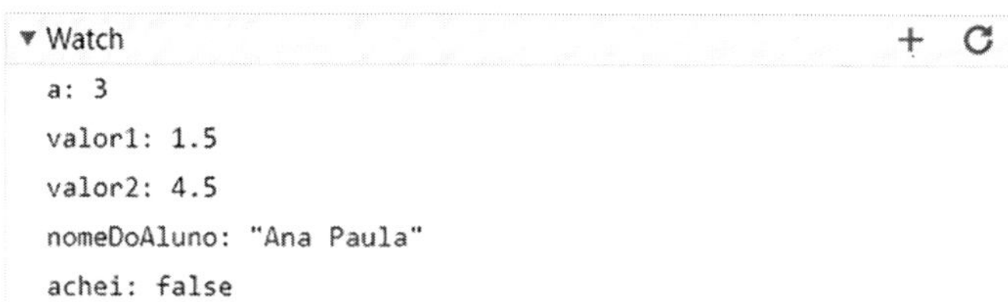

Figura 45

Feche o depurador, para isto basta pressionar a tecla **F12**. Feche o navegador, para isto basta clicar no ícone do **X** que fica no canto superior direito do mesmo, e retorne para o **Notepad++**. Diferentemente do **VisuAlg**, no **JavaScript** não ocorreu o erro na atribuição de valores à variável **valor1**:

Real para **Inteiro**, que vimos na **figura 17**, pois como já vimos, a linguagem **JavaScript** é dinâmica e fracamente tipada, ou seja, o tipo da variável vai ser o valor que ela recebe. Vamos alterar o valor que está sendo atribuído à variável **valor1**, na **linha 5**, altere o valor para **15**, para isto abra o arquivo **aplicativo_001.js**, basta clicar na aba com o nome do arquivo, conforme **figura 46**:

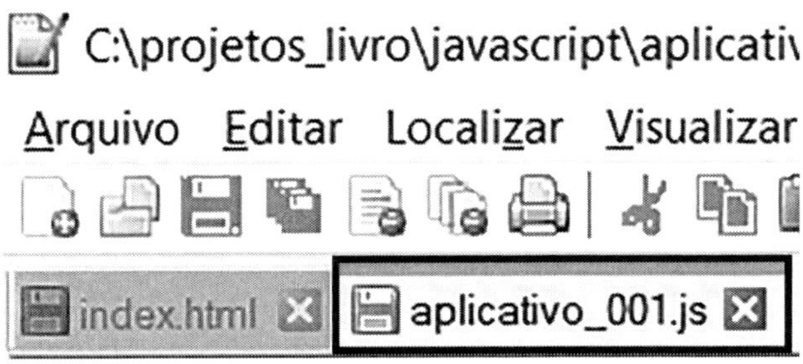

Figura 46

Se o mesmo estiver fechado, vá até o menu **Arquivo**, e selecione o item **Abrir**, ou pressione, ao mesmo tempo, as teclas **Ctrl+O**, conforme **figura 47**:

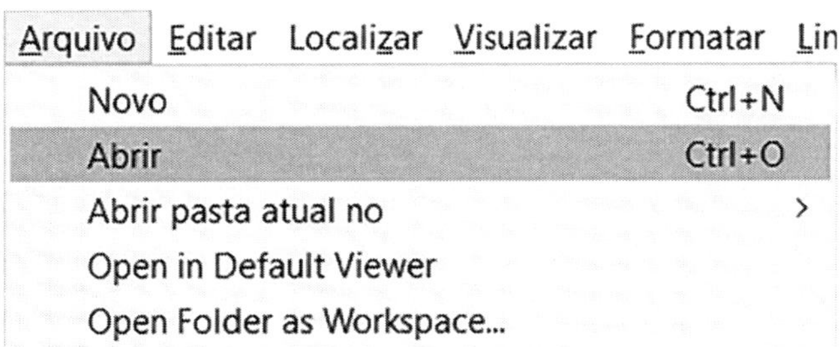

Figura 47

Vai abrir a janela **Abrir**, clique duas vezes com o botão do mouse sobre a pasta **scripts**, em seguida clique duas vezes com o botão do mouse sobre o arquivo **aplicativo_001**, conforme **figura 48**:

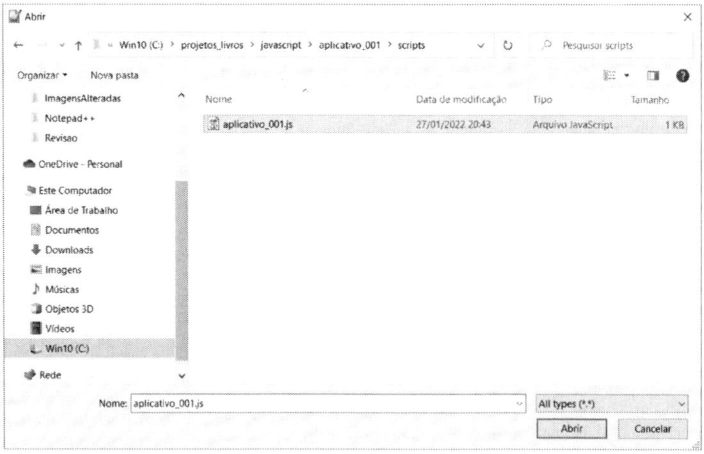

Figura 48

Ou podemos abrir o mesmo diretamente no menu **Arquivo**, no item recentes, conforme **figura 49**:

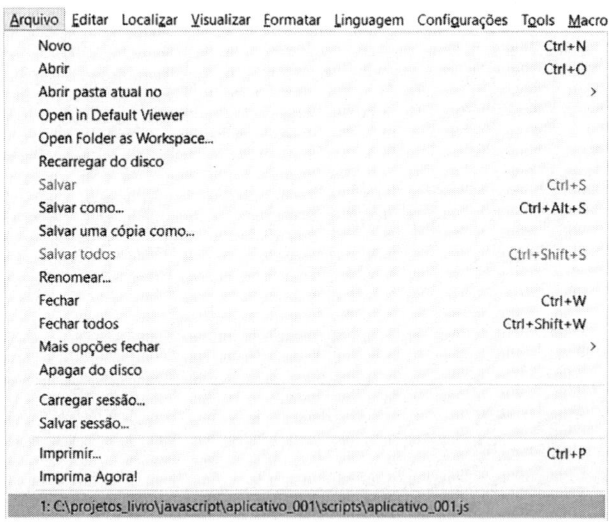

Figura 49

Independentemente da forma escolhida para abrir o arquivo, vai aparecer a janela principal do mesmo, conforme vimos na **figura 32**. Altere o código, o mesmo deve ficar conforme **figura 50**:

```
3 = a; //este comando atribui a variável a o valor 3.
```

Figura 50

Salve o aplicativo, para isto, clique com o botão do mouse sobre o menu **Arquivo**, em seguida selecione o item **Salvar**, ou pressione, ao mesmo tempo, as teclas de atalho **Ctrl+S**, ou selecione o item **Salvar todos**, ou pressione, ao mesmo tempo, as teclas de atalho **Ctrl+Shift+S**, ou clique no ícone dos disquetes duplos na barra de ferramentas, conforme vimos nas **figuras 33** e **34**. Vamos retornar para o arquivo **index.html**, basta clicar na aba com o nome do arquivo, conforme vimos na **figura 46**, se o mesmo estiver fechado, vá até o menu **Arquivo**, e selecione o item **Abrir**, ou pressione, ao mesmo tempo, as teclas **Ctrl+O**, conforme vimos na **figura 47**. Vai abrir a janela **Abrir**, procure a pasta **aplicativo_001** e clique com o botão do mouse sobre a mesma, em seguida clique duas vezes com o botão do mouse sobre o arquivo **index**, conforme vimos na **figura 48**. Ou podemos abrir o mesmo diretamente no menu **Arquivo**, no item recentes, conforme vimos na **figura 49**. Independentemente da forma escolhida para abrir o arquivo, vai aparecer a janela principal do mesmo, conforme vimos na **figura 38**. Vamos executar nosso aplicativo, para isto vamos até o menu **Executar**, observe que tem todos os principais navegadores web, vamos selecionar o item **Google Chrome**, conforme vimos na **figura 39**. Vai aparecer a janela do **Chrome**, conforme vimos na **figura 40**.

Faça o teste nos outros navegadores do menu **Executar**, e teremos o mesmo resultado, uma janela vazia. Mas como saber se o conteúdo das variáveis que criamos, foram atribuídos corretamente? No navegador **Chrome**, vamos **Depurar** ou realizar **Debug** do código do nosso **JavaScript**, que nada mais é do que o ato de acompanhar detalhadamente o passo a passo da execução de determinado trecho do código. Para isto clique no menu com três pontinhos que fica do lado direito da tela do navegador, em seguida clique no item **Mais ferramentas**, em seguida clique no item **Ferramentas do desenvolvedor**, ou pressione, ao mesmo tempo, as teclas **Ctrl+Shift+I**, conforme vimos na **figura 41**. Ou pressione a tecla **F12**, vai aparecer a janela do depurador, conforme vimos na **figura 42**. Clique com o botão direito do mouse na lateral esquerda do depurador, segure e observe que o cursor do mouse vai virar uma seta com duas pontas, arraste até que fique com um tamanho agradável para vocês. Em seguida clique no menu **Source**, e veja que nossas variáveis não receberam os valores que atribuímos, conforme **figura 51**:

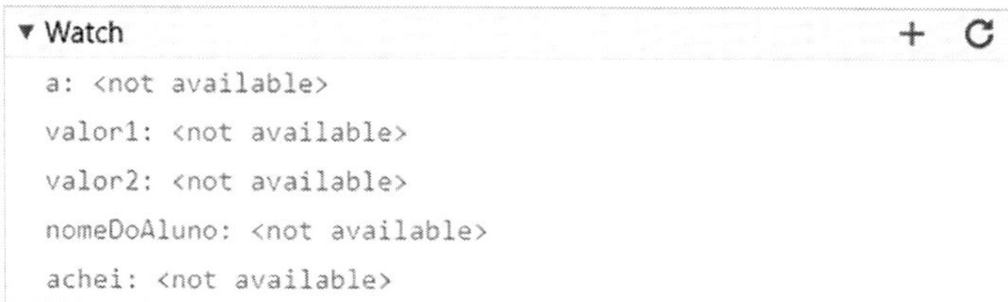

Figura 51

Observe também, que temos na barra de ferramentas um círculo vermelho com um **X** dentro, conforme **figura 52**:

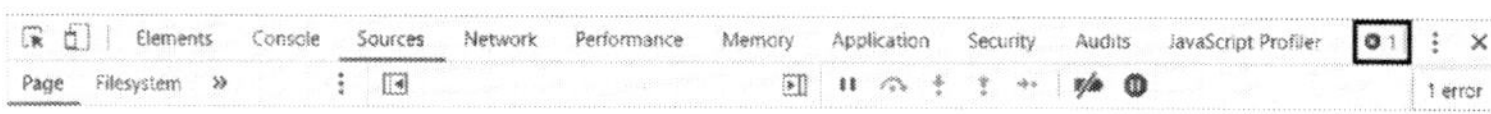

Figura 52

Isto significa que nosso código está com erro, veja que na execução quando o navegador é aberto, não aprece nada. Clique duas vezes com o botão do mouse sobre este círculo vermelho e veja que vai aparecer a janela dizendo em qual linha está o erro, conforme **figura 53**:

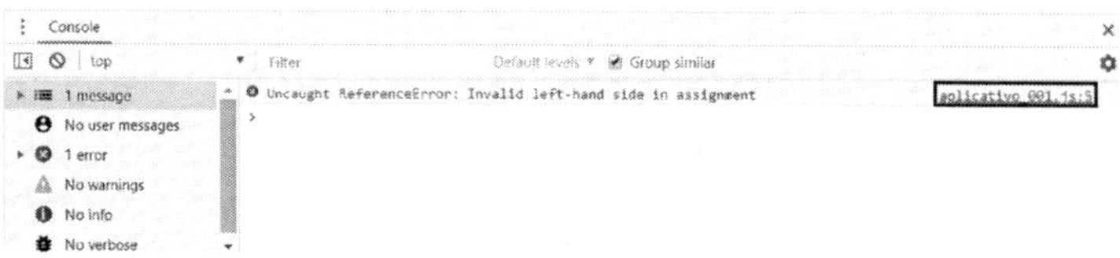

Figura 53

Veja que o nosso erro está na **linha 5**, este é um erro de sintaxe, pois não podemos fazer a atribuição do valor da variável para uma constante, pois desrespeitamos uma das regras de atribuição de valores as variáveis. Feche o depurador, para isto basta pressionar a tecla **F12**. Feche o navegador, para isto basta clicar no ícone do **X** que fica no canto superior direito do mesmo, e retorne para o **Notepad++**. Altere o código de forma que ele fique conforme vimos na **figura 32** e salve o aplicativo, para isto, clique com o botão direito do mouse sobre o menu **Arquivo**, em seguida selecione o item **Salvar**, ou pressione, ao mesmo tempo, as teclas de atalho **Ctrl+S**, ou selecione o item

Salvar todos, ou pressione, ao mesmo tempo, as teclas de atalho **Ctrl+Shift+S**, ou clique no ícone dos disquetes duplos na barra de ferramentas, conforme vimos nas **figuras 33** e **34**. Observe também que nós atribuímos valores fixos às variáveis. Chamamos este recurso de **Constantes**. No **JavaScript** temos três tipos de constantes:

- **Numéricas:** são valores numéricos escritos na forma usual das linguagens de programação. Podem ser inteiros ou reais. Neste último caso, o separador de decimais é o ponto e não a vírgula, independente da configuração regional do computador em que o **JavaScript** está sendo executado.
- **Caracteres:** qualquer cadeia de caracteres delimitada por aspas duplas ("").
- **Lógicos:** admite os valores **VERDADEIRO** ou **FALSO**.

No **JavaScript**, as constantes são criadas através do comando **const**, veja abaixo o exemplo da sintaxe deste comando:

Const NOME_DA_VARIAVEL = XXX(valor);

Só para lembrar, segundo a notação **CamelCase**, quando nome de constantes, todas as palavras serão escritas com todas as letras em maiúsculas, sendo cada palavra separada da outra por underline(traço baixo). Vamos alterar nosso script **aplicativo_001.js**, para isto abra o arquivo **aplicativo_001.js**, basta clicar na aba com o nome do arquivo, conforme vimos na **figura 46**. Se o mesmo estiver fechado, vá até o menu **Arquivo**, e selecione o item **Abrir**, ou pressione, ao mesmo tempo, as teclas **Ctrl+O**, conforme vimos na **figura 47**. Vai abrir a janela **Abrir**, clique duas vezes com o botão do mouse sobre a pasta **scripts**, em seguida clique duas vezes com o botão do mouse sobre o arquivo **aplicativo_001**, conforme vimos na **figura 48**. Ou podemos abrir o mesmo diretamente no menu **Arquivo**, no item recentes, conforme vimos na **figura 49**. Independentemente da forma escolhida para abrir o arquivo, vai aparecer a janela principal do mesmo, conforme vimos na **figura 32**. Posicione o cursor do mouse no início da **linha 3**, e digite o código abaixo:

const TESTE_CONSTANTE = 3;

Pressione a tecla **Enter** do teclado, em seguida, posicione o cursor do mouse no final da **linha 11**, pressione a tecla **Enter** do teclado, na **linha 12**, onde o cursor do mouse está piscando, digite o código abaixo:

TESTE_CONSTANTE = a + valor1; //Não podemos fazer este tipo de atribuição

Salve o aplicativo, para isto, clique com o botão do mouse sobre o menu **Arquivo**, em seguida selecione o item **Salvar**, ou pressione, ao mesmo tempo, as teclas de atalho **Ctrl+S**, ou selecione o item **Salvar todos**, ou pressione, ao mesmo tempo, as teclas de atalho **Ctrl+Shift+S**, ou clique no ícone dos disquetes duplos na barra de ferramentas, conforme vimos nas **figuras 33** e **34**. Vamos retornar para o arquivo **index.html**, basta clicar na aba com o nome do arquivo, conforme vimos na **figura 46**, se o mesmo estiver fechado, vá até o menu **Arquivo**, e selecione o item **Abrir**, ou pressione, ao mesmo tempo, as teclas **Ctrl+O**, conforme vimos na **figura 47**. Vai abrir a janela **Abrir**, procure a pasta **aplicativo_001** e clique com o botão do mouse sobre a mesma, em seguida clique duas vezes com o botão do mouse sobre o arquivo **index**, conforme vimos na **figura 48**. Ou podemos abrir o mesmo diretamente no menu **Arquivo**, no item recentes, conforme vimos na **figura 49**. Independentemente da forma escolhida para abrir o arquivo, vai aparecer a janela principal do mesmo, conforme vimos na **figura 38**. Vamos executar nosso aplicativo, para isto vamos até o menu **Executar**, observe que tem todos os principais navegadores web, vamos selecionar o item **Google Chrome**, conforme vimos na **figura 39**. Vai aparecer a janela do **Chrome**, conforme vimos na **figura 40**.

No navegador **Chrome**, vamos **Depurar** ou realizar **Debug** do código do nosso **JavaScript**, que nada mais é do que o ato de acompanhar detalhadamente o passo a passo da execução de determinado trecho do código. Para isto clique no menu com três pontinhos que fica do lado direito da tela do navegador, em seguida clique no item **Mais ferramentas**, em seguida clique no item **Ferramentas do desenvolvedor**, ou pressione, ao mesmo tempo, as teclas **Ctrl+Shift+I**, conforme vimos na **figura 41**. Ou pressione a tecla **F12**, vai aparecer a janela do depurador, conforme vimos na **figura 42**. Clique com o botão direito do mouse na lateral esquerda do depurador, segure e observe que o cursor do mouse vai virar uma seta com duas pontas, arraste até que fique com um tamanho agradável para vocês. Em seguida clique no menu **Source**, e veja que nossas variáveis não receberam os valores que atribuímos, conforme vimos na **figura 51**. Observe também, que temos na barra de ferramentas um círculo vermelho com um **X** dentro, conforme vimos na **figura 52**. Isto significa que nosso código está com erro, veja que na execução quando o navegador é aberto, não aprece nada. Clique duas vezes com o botão do mouse sobre este círculo vermelho e veja que vai aparecer a janela dizendo em qual linha está o erro, conforme **figura 54**:

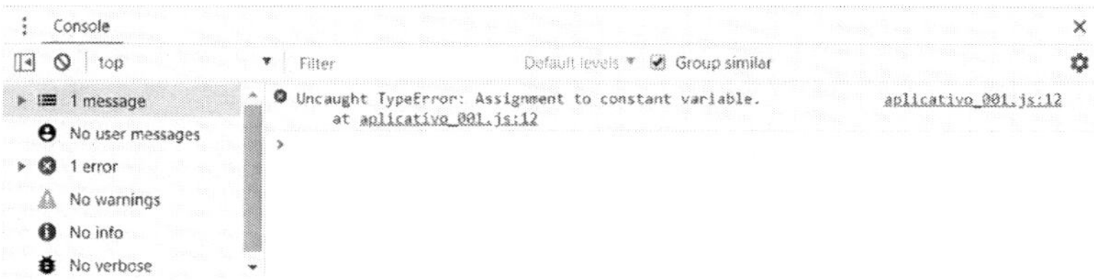

Figura 54

Veja que o nosso erro está na **linha 12**, este é um erro de sintaxe, pois não podemos alterar o valor que foi atribuído a uma variável do tipo constante. Feche o depurador, para isto basta pressionar a tecla **F12**. Feche o navegador, para isto basta clicar no ícone do **X** que fica no canto superior direito do mesmo, e retorne para o **Notepad++**. Altere o código de forma que ele fique conforme vimos na **figura 32** e salve o aplicativo, para isto, clique com o botão direito do mouse sobre o menu **Arquivo**, em seguida selecione o item **Salvar**, ou pressione, ao mesmo tempo, as teclas de atalho **Ctrl+S**, ou selecione o item **Salvar todos**, ou pressione, ao mesmo tempo, as teclas de atalho **Ctrl+Shift+S**, ou clique no ícone dos disquetes duplos na barra de ferramentas, conforme vimos nas **figuras 33** e **34**. Este tipo de variável deve ser utilizada quando temos algum cálculo cujo valor não muda, como por exemplo tabela de cálculo de desconto do INSS, Imposto de renda, entre outros.

LINHAS DE COMENTÁRIOS

Observe que utilizamos nos códigos implementados até o momento várias linhas de comentários. O **VisuAlg** permite a inclusão de comentários, que se referem a qualquer texto precedido dos símbolos de duas barras invertidas **//** que é ignorado, até se atingir o final da sua linha. Desta forma, os comentários não se estendem por mais de uma linha, conforme vimos na **linha 10**, da **figura 32**. No **JavaScript**, a sintaxe é a mesma, conforme vimos na **linha 5**, da **figura 32**. Caso viermos a precisar escrever comentários mais longos, que ocupem várias linhas, cada uma delas deverá começar por duas barras invertidas **//**, conforme vimos nas **linhas 14** e **16**, da **figura 13**. No **JavaScript**, a sintaxe é a mesma, conforme vimos nas **linhas 7** e **8**, da **figura 32**, mas temos outra variação para comentários que tenham mais de uma linha, veja abaixo a sua sintaxe:

Comentários	
Representação no VisuAlg	**Representação em JavaScript**
/* Comentários */	**/* Comentários */**

Vejam um exemplo, conforme **figura 55**:

```
//Criando as Variáveis
var a, valor1, valor2, achei, nomeDoAluno;

// Seção de Comandos
a = 3; //este comando atribui a variável a o valor 3.
valor1 = 1.5; //este comando atribui a variável valor1 o valor 1.5
valor2 = valor1 + a; /* este comando atribui a variável valor2 o valor da
variável valor1 que é 1.5 e soma com o valor da variável a, que é 3
nomeDoAluno = "Ana Paula"; //este comando atribui a variável nomeDoAluno o valor Ana Paula
achei = false; //este comando atribui a variável achei o valor FALSO */
```

Figura 55

Tudo que está marcado a partir do comando **/*** até o comando ***/**, vai ser ignorado pelo depurador.

COMANDOS DE ENTRADA E SAÍDA E/S

COMANDOS DE SAÍDA

Analise a seguinte situação: você compra uma calculadora para usar nas suas operações matemáticas e descobre que ela não mostra o resultado no display. Fazendo analogia com o algoritmo, de que adianta ele fazer o processamento e não mostrar o resultado obtido por este processamento? Para mostrar este resultado usamos os comandos de saída, que existem em todas as linguagens de programação e no **VisuAlg** é representado pelo comando **escreva** ou **escreval**, no **JavaScript**, é representado pelos comandos **alert** e **document.write**, veja abaixo a sua sintaxe:

Comandos de Saída	
Representação no VisuAlg	**Representação em JavaScript**
escreva (<lista-de-expressões ou identificador ou constante>,...,<lista-de-expressões ou identificador ou constante>)	**alert(<lista-de-expressões ou identificador ou constante> + <lista-de-expressões ou identificador ou constante>;)**
escreval (<lista-de-expressões ou identificador ou constante>,...,<lista-de-expressões ou identificador ou constante>)	**document.write(<lista-de-expressões ou identificador ou constante> + <lista-de-expressões ou identificador ou constante>;)**

O comando de saída **escreva**, mostra o resultado na mesma linha, mas em colunas diferentes. O comando de saída **escreval**, mostra o primeiro resultado na mesma linha, dos próximos em linhas diferentes. Vejam como estes comandos são implementados no **VisuAlg**, vamos retornar para o nosso algoritmo **algoritmo_001** no **VisuAlg**, se o mesmo estiver aberto, basta posicionar o botão do mouse sobre o ícone do **VisuAlg** na barra de tarefas do **Windows 10**, vai aparecer uma miniatura do algoritmo, conforme **figura 56**:

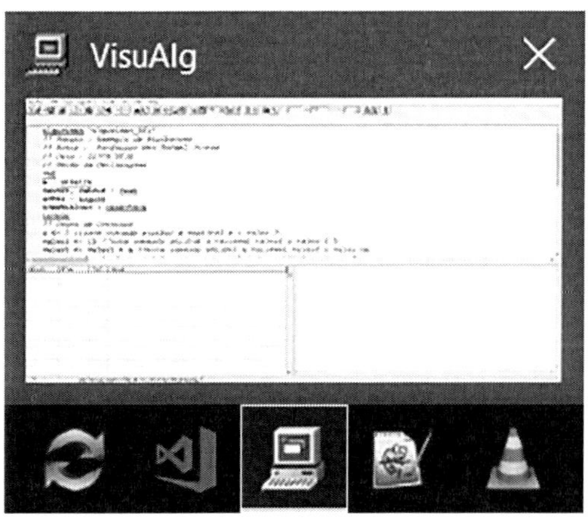

Figura 56

Clique sobre esta miniatura e vamos retornar à tela principal do mesmo. Caso o **VisuAlg** esteja fechado, para abri-lo novamente, basta clicar sobre o ícone do **VisuAlg** na barra de tarefas do **Windows 10**, conforme vimos na **figura 156** no **Anexo I**, vai abrir a tela principal do mesmo, clique com o botão do mouse sobre o menu **Arquivo**, em seguida selecione o item **Novo**, ou pressione, ao mesmo tempo, as teclas de atalho **Ctrl+N**, conforme **figura 57**:

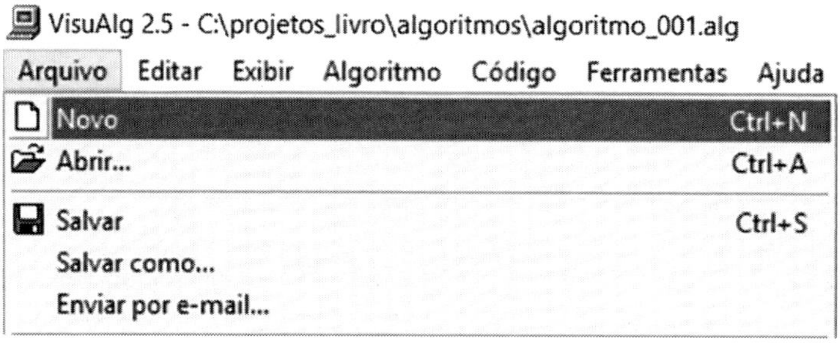

Figura 57

Antes de começarmos a digitar algo, vamos salvar nosso algoritmo, para isto, clique com o botão do mouse sobre o menu **Arquivo**, em seguida selecione o item **Salvar**, ou pressione, ao mesmo tempo, as teclas de atalho **Ctrl+S**, conforme vimos na **figura 4**. Ou clique no ícone do disquete no menu de ferramentas, conforme vimos na **figura 5**. Independentemente da forma escolhida para salvar o algoritmo vai abrir a janela **Salvar como**, no item **Salvar em:**, selecione **Disco local (C:)**, se você renomeou o seu **Disco local (C:)**, clique no nome do disco que você escolheu — no meu caso eu chamei de **Win10 (C:)** —, em seguida selecione a pasta **projetos_livro**, e clique no botão **Abrir** ou clique duas vezes com o botão do mouse sobre a pasta, em seguida selecione a pasta **algoritmos**, e clique no botão **Abrir** ou clique duas vezes com o botão do mouse sobre a pasta. No item **Nome:**, digite **algoritmo_002**, conforme vimos na **figura 6**. Clique no botão **Salvar**. Para saber se o algoritmo foi salvo no caminho que especificamos, basta verificar no topo da janela do **VisuAlg**, que mostra o caminho onde salvamos nosso algoritmo, conforme vimos na **figura 7**. Não esqueça de configurar a numeração de linhas, pois é muito importante, principalmente na indicação de erros. Para isto, clique no menu **Exibir**, e selecione o item **Número de linhas**, conforme vimos na **figura 8**. Ou clique no ícone **Numerar linhas** no menu de ferramentas, conforme vimos na **figura 9**. Agora posicione o cursor no início da **linha 1**, em seguida pressione ao mesmo tempo as teclas **Ctrl+T**, veja como ficou, conforme vimos na **figura 12**. Pressione a tecla **Delete** do teclado, e observe que o cursor do mouse vai ficar piscando na **linha 1**, neste local digite o código abaixo:

```
algoritmo “comandos_escreva_escreval”
// Função : Mostra o funcionamento do comandos escreva e escreval no VisuAlg
// Autor : Professor Msc Rafael Soares
// Data : 29/06/2018
// Seção de Declarações
var
a, b : real

inicio
// Seção de Comandos
a <- 7.2
b <- 3
escreva(“Usando o Comando escreva”)
escreva(“O Valor de a é: “, a)
escreva(“O Valor de b é: “, b)
escreva(“A Soma de a + b, é: “, a + b)
escreval(“”)
escreval(“Usando o Comando escreval”)
escreval(“O Valor de a é: “, a)
escreval(“O Valor de b é: “, b)
escreval(“A Soma de a + b, é: “,a + b)
fimalgoritmo
```

Veja como ficou, conforme **figura 58**:

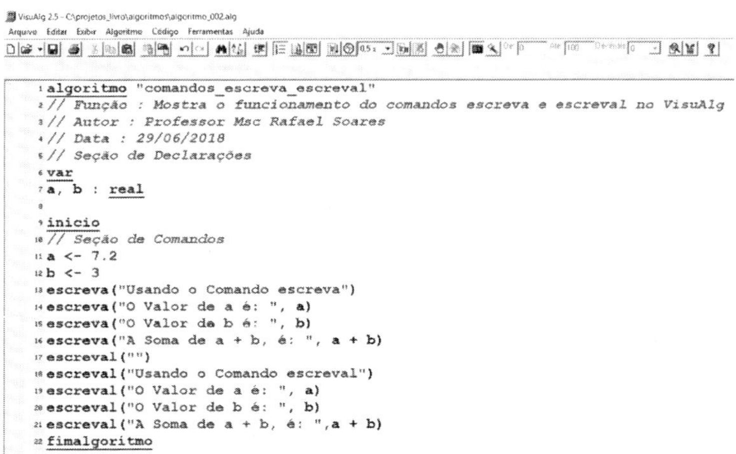

Figura 58

Salve o algoritmo, conforme vimos nas **figuras 4** e **5**. Vamos executar o algoritmo, para isto vamos até o menu **Algoritmo**, e vamos selecionar o item **Executar**, ou pressionar a tecla **F9**, conforme vimos na **figura 14**. Ou clique no ícone **Executar** no menu de ferramentas, conforme vimos na **figura 15**. Veja que vai aparecer uma janela com as informações do comando **escreva** e **escreval** e os conteúdos das variáveis, no final da janela, uma mensagem dizendo que a execução foi encerrada e pedindo para fechar a janela para retornar para o **VisuAlg**, para isto clique no **X** que fica no canto superior direito da janela, conforme **figura 59**:

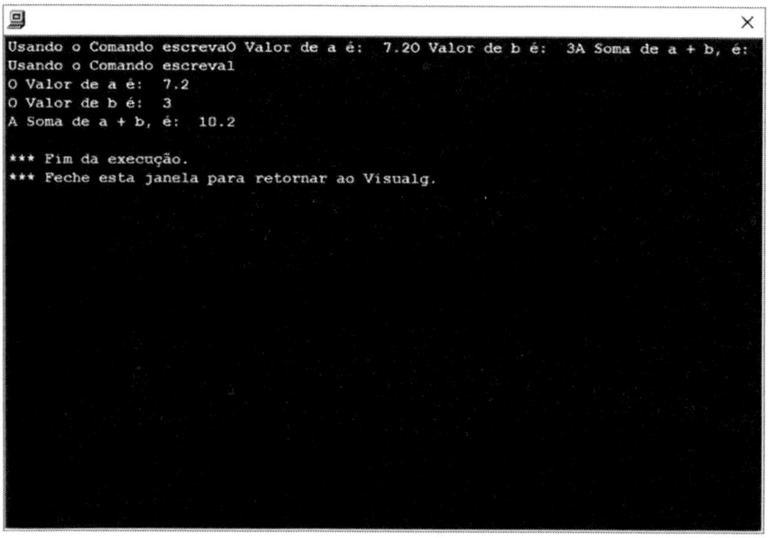

Figura 59

Veja o resultado no **simulador de saída** do **VisuAlg**, conforme **figura 60**:

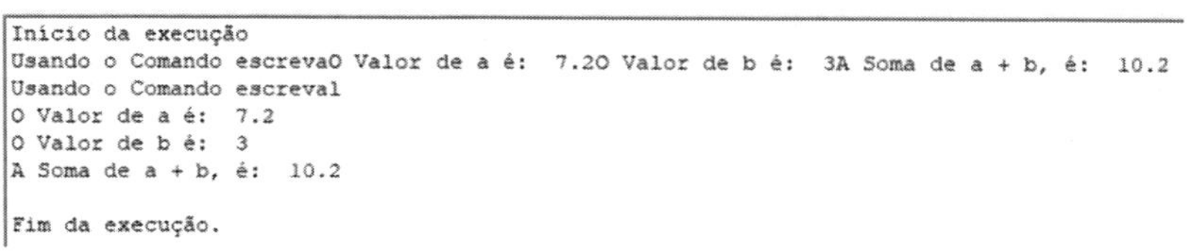

Figura 60

Observe que nas **linhas 13** a **16**, o comando **escreva** mostrou os resultados em uma única linha. Já nas **linhas 17** a **21**, o comando **escreval** mostrou os resultados, uma linha embaixo da outra, deixando a visualização dos resultados muito mais legível. Então aqui a dica é: se tivermos informações que necessitam de mais de uma linha para serem visualizadas, usaremos o comando **escreval**, caso contrário, usaremos o comando **escreva**.

O comando de saída **alert**, mostra o resultado em uma caixa de diálogo. O comando de saída **document.write**, mostra o resultado no corpo do arquivo **HTML**. Veja como estes comandos são implementados no **JavaScript**, vamos retornar para o nosso aplicativo **aplicativo_001** no **Notepad++**, se o mesmo estiver aberto, basta posicionar o botão do mouse sobre o ícone do **Notepad++** na barra de tarefas do **Windows 10**, vai aparecer uma miniatura do aplicativo, conforme **figura 61**:

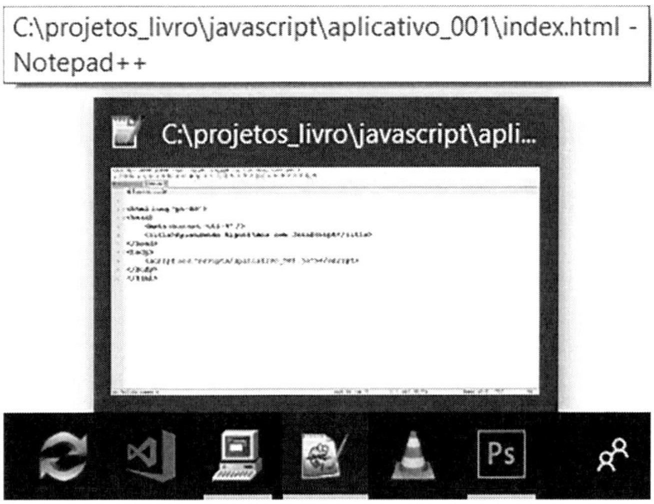

Figura 61

Clique sobre esta miniatura e vamos retornar à tela principal do mesmo. Caso o **Notepad++** esteja fechado, para abri-lo novamente, basta clicar sobre o ícone do **Notepad++** na barra de tarefas do **Windows 10**, conforme vimos na **figura 156** no **Anexo I**, vai abrir a tela principal do mesmo, antes de começarmos a digitar algo, vamos fechar os arquivos **aplicativo_001 e index.html**, para isto clique no ícone do quadradinho vermelho com um **X** dentro, conforme vimos na **figura 24**. Vamos salvar nosso aplicativo, para isto, clique com o botão do mouse sobre o menu **Arquivo**, em seguida selecione o item **Salvar como...**, ou pressione, ao mesmo tempo, as teclas de atalho **Ctrl+Alt+S**, conforme vimos na **figura 25**. Vai abrir a janela **Salvar como**, no item **Salvar**

em:, clique na setinha para baixo da caixa de seleção **combobox** e selecione **Disco local (C:)**, se você renomeou o seu **Disco local (C:)**, clique no nome do disco que você escolheu — no meu caso eu chamei de **Win10 (C:) —**, em seguida clique duas vezes com o botão do mouse sobre a pasta **projetos_livro**, clique duas vezes com o botão do mouse sobre a pasta **javascript**, e clique no ícone **Criar Nova Pasta**, conforme vimos na **figura 26**. No nome da pasta, digite **aplicativo_002**, pressione a tecla **Enter** duas vezes, conforme vimos na **figura 27**. Repita o procedimento acima e crie outra pasta, clique no ícone **Criar Nova Pasta**, conforme vimos na **figura 26**, no nome da pasta, digite **scripts**, pressione a tecla **Enter** duas vezes. No item **Nome:**, digite **aplicativo_002**, no item **Tipo:**, selecione **JavaScriptFile**, conforme vimos na **figura 28**. Clique no botão **Salvar**. Para saber se o algoritmo foi salvo no caminho que especificamos, basta verificar no topo da janela do **Notepad++**, que mostra o caminho onde salvamos nosso aplicativo, conforme vimos na **figura 29**. Clique no botão **Salvar & Fechar**. Veja que o cursor do mouse está posicionado na **linha 1**, neste local digite o código abaixo:

```
// Função : Mostra o funcionamento dos comandos alert e document.
write
// Autor : Professor Msc Rafael Soares
// Data : 29/06/2018
// Seção de Declarações
var a, b;

// Seção de Comandos
a = 7.2;
b =  3;
alert("Usando o Comando alert");
alert("O Valor de a é: " + a);
alert("O Valor de b é: " + b);
alert("A Soma de a + b, é: " + (a + b));
alert("Usando o Comando alert" + "O Valor de a é: " + a  + "O Valor de b
é: " + b + "A Soma de a + b, é: " + (a + b));
alert("Usando o Comando alert\n" + "O Valor de a é: " + a + "\n" + "O
Valor de b é: " + b + "\n"
+ "A Soma de a + b, é: " + (a + b));
```

Veja como ficou o código completo, conforme **figura 62**:

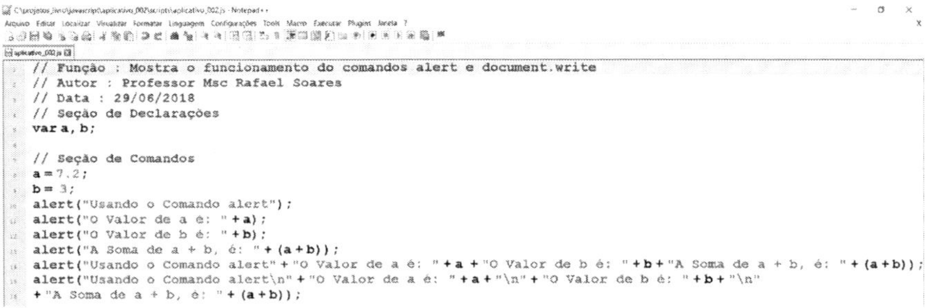

Figura 62

Salve o aplicativo, para isto, clique com o botão do mouse sobre o menu **Arquivo**, em seguida selecione o item **Salvar**, ou pressione, ao mesmo tempo, as teclas de atalho **Ctrl+S**, ou selecione o item **Salvar todos**, ou pressione, ao mesmo tempo, as teclas de atalho **Ctrl+Shift+S**, ou clique no ícone dos disquetes duplos na barra de ferramentas, conforme vimos nas **figuras 33** e **34**. Vamos criar um arquivo do tipo **HTML**, chamado **index.html**, para isto clique com o botão do mouse sobre o menu **Arquivo**, em seguida selecione o item **Novo**, ou pressione, ao mesmo tempo, as teclas de atalho **Ctrl+N**, conforme vimos na **figura 35**. Em seguida, clique com o botão do mouse sobre o menu **Arquivo**, e selecione o item **Salvar como...**, ou pressione, ao mesmo tempo, as teclas de atalho **Ctrl+Alt+S**, conforme vimos na **figura 25**. Vai abrir a janela **Salvar como**, no item **Salvar em:**, clique na setinha para baixo da caixa de seleção **combobox** e selecione **Disco local (C:)**, se você renomeou o seu **Disco local (C:)**, clique no nome do disco que você escolheu — no meu caso eu chamei de **Win10 (C:) —**, em seguida clique duas vezes com o botão do mouse sobre a pasta **projetos_livro**, clique duas vezes com o botão do mouse sobre a pasta **javascript**, em seguida clique duas vezes com o botão do mouse sobre a pasta **aplicativo_002**, no item **Nome:**, digite **index**, no item **Tipo:**, selecione **Hyper Text Markup Language**, conforme vimos na **figura 36**. Clique no botão **Salvar**. Para saber se o algoritmo foi salvo no caminho que especificamos, basta verificar no topo da janela do **Notepad++**, que mostra o caminho onde salvamos nosso arquivo **HTML**, conforme vimos na **figura 29**. Veja que o cursor do mouse está posicionado na **linha 1**, neste local digite o código abaixo:

```
<!DOCTYPE html>

<html lang=”pt-BR”>
<head>
  <meta charset=”utf-8” />
  <title>Aprendendo Algoritmos com JavaScript</title>
</head>
<body>
  <script src=”scripts/aplicativo_002.js”></script>
          <script>document.write(“Usando o Comando document.write”);</script><br>
          <script>document.write(“O Valor de a é: “ + a);</script><br>
          <script>document.write(“O Valor de b é: “ + b);</script><br>
          <script>document.write(“A Soma de a + b, é: “ + (a + b));</script><br>
          <script>document.write(“Usando o Comando document.write”);</script>
          <script>document.write(“O Valor de a é: “ + a);</script>
          <script>document.write(“O Valor de b é: “ + b);</script>
          <script>document.write(“A Soma de a + b, é: “ + (a + b));</script>
</body>
</html>
```

Observe que à medida que vamos digitando, o código vai aparecer automaticamente, em uma caixa de seleção, basta selecionar ao mesmo para completar, conforme vimos na **figura 37**. Veja como ficou o código completo, conforme **figura 63**:

```
<!DOCTYPE html>

<html lang="pt-BR">
<head>
    <meta charset="utf-8" />
    <title>Aprendendo Algoritmos com JavaScript</title>
</head>
<body>
   <script src="scripts/aplicativo_002.js"></script>
    <script>document.write("Usando o Comando document.write");</script><br>
    <script>document.write("O Valor de a é: " + a);</script><br>
    <script>document.write("O Valor de b é: " + b);</script><br>
    <script>document.write("A Soma de a + b, é: " + (a + b));</script><br>
    <script>document.write("Usando o Comando document.write");</script>
    <script>document.write("O Valor de a é: " + a);</script>
    <script>document.write("O Valor de b é: " + b);</script>
    <script>document.write("A Soma de a + b, é: " + (a + b));</script>
</body>
</html>
```

Figura 63

Vamos executar nosso aplicativo, para isto vamos até o menu **Executar**, observe que tem todos os principais navegadores web, vamos selecionar o item **Google Chrome**, conforme vimos na **figura 39**. Vai aparecer a janela do **Chrome**, conforme vimos na **figura 40**. Observem que vai aparecer uma caixa de diálogo, com a mensagem do comando **alert** da **linha 10**, conforme **figura 64**:

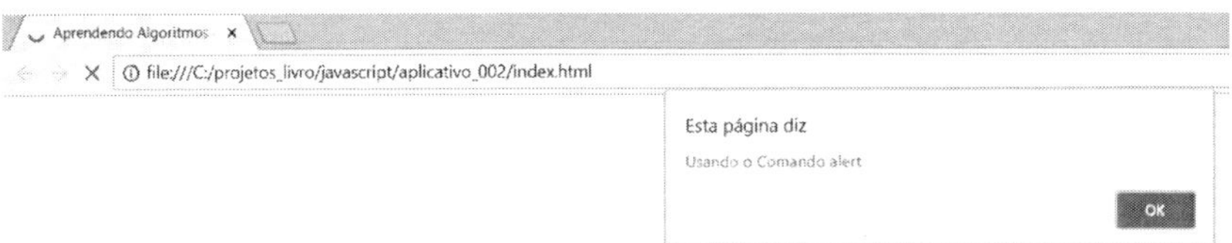

Figura 64

Clique no botão **OK**, e vai aparecer uma caixa de diálogo, com a mensagem do comando **alert** da **linha 11**, conforme **figura 65**:

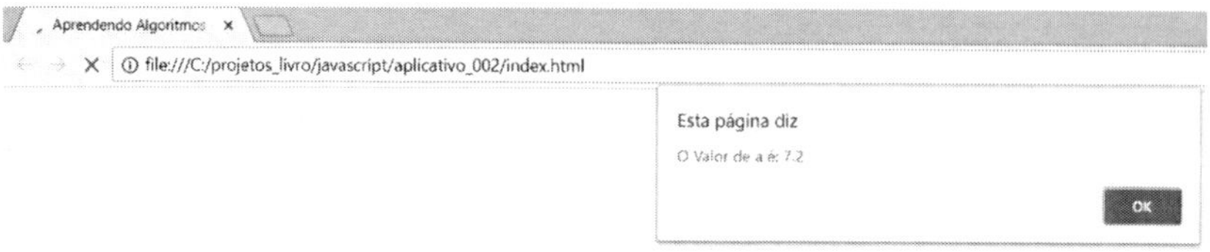

Figura 65

Clique no botão **OK**, e vai aparecer uma caixa de diálogo, com a mensagem do comando **alert** da **linha 12**, conforme **figura 66**:

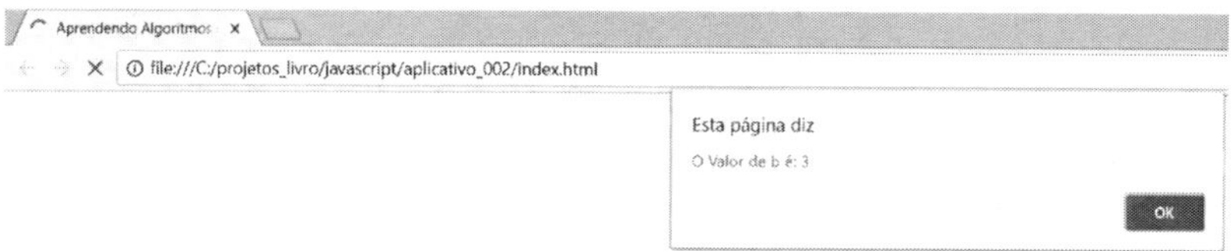

Figura 66

Clique no botão **OK**, e vai aparecer uma caixa de diálogo, com a mensagem do comando **alert** da **linha 13**, conforme **figura 67**:

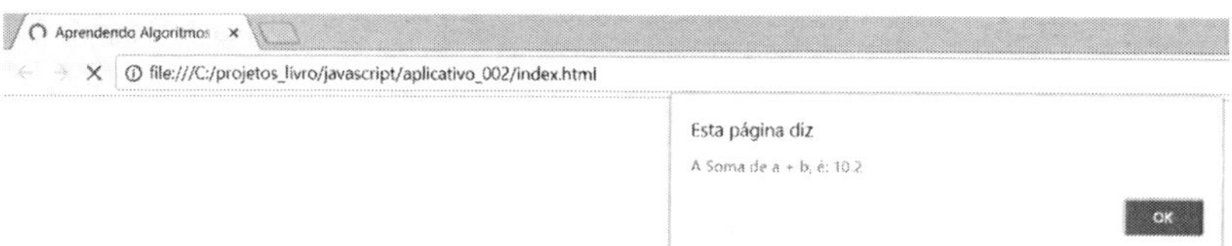

Figura 67

Clique no botão **OK**, e vai aparecer uma caixa de diálogo, com a mensagem do comando **alert** da **linha 14**, conforme **figura 68**:

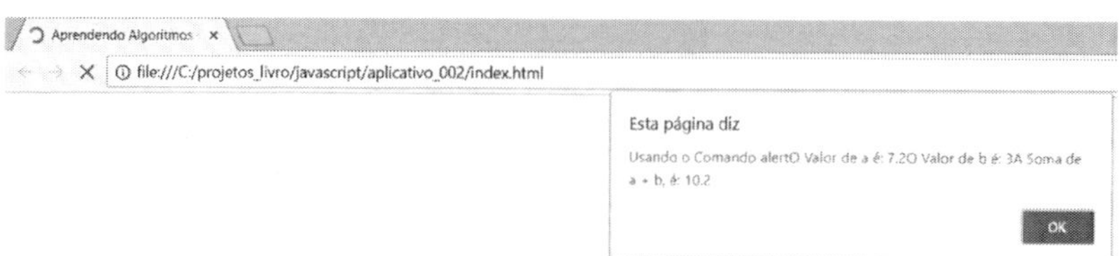

Figura 68

Clique no botão **OK**, e vai aparecer uma caixa de diálogo, com a mensagem do comando **alert** da **linha 15**, conforme **figura 69**:

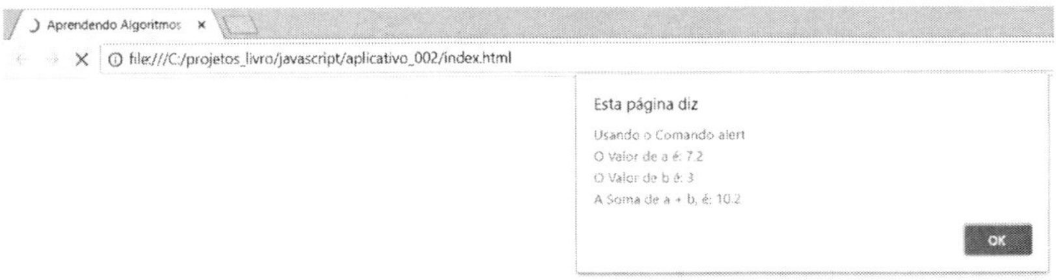

Figura 69

Clique no botão **OK**, e vão aparecer os dados do comando **document.write**, conforme **figura 70**:

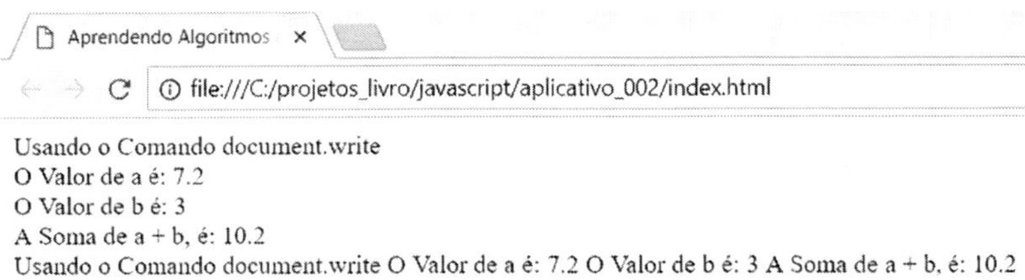

Figura 70

Veja que não houve erros no nosso aplicativo, mas para ter certeza, vamos **Depurar** ou realizar **Debug** do código do nosso **JavaScript**, que nada mais é do que o ato de acompanhar detalhadamente o passo a passo da execução de determinado trecho do código. Para isto clique no menu com três pontinhos que fica do lado direito da tela do navegador, em seguida clique no item **Mais ferramentas**, em seguida clique no item **Ferramentas do desenvolvedor**, ou pressione, ao mesmo tempo, as teclas **Ctrl+Shift+I**, conforme vimos na **figura 41**. Ou pressione a tecla **F12**, vai aparecer a janela do depurador, conforme vimos na **figura 42**. Clique com o botão do mouse na lateral esquerda do depurador, segure e observe que o cursor do mouse vai virar uma seta com duas pontas, arraste até que fique com um tamanho agradável para você. Em seguida clique no menu **Source**, e clique na setinha que tem ao lado do item **Watch**, veja que vão aparecer as variáveis que usamos no nosso **aplicativo_001**, por coincidência, somente a variável **a** vai mostrar o seu conteúdo, conforme **figura 71**:

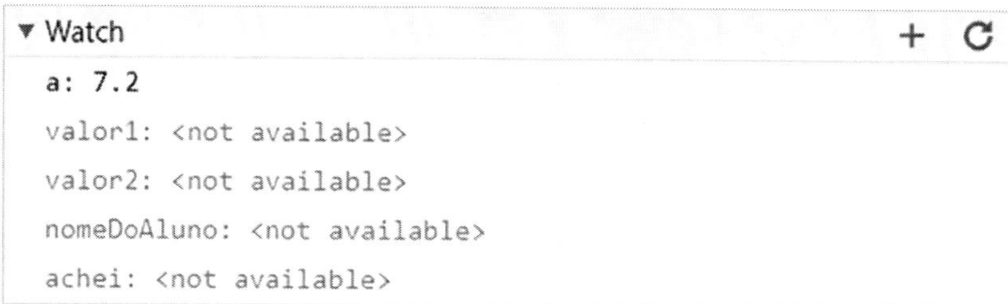

Figura 71

No item **Watch**, na tela do lado direito, veja que vai aparecer o sinal de **+(Add expression)**, conforme vimos na **figura 43**. Clique no sinal de **+(Add expression)**, em seguida digite **b**, pressione a tecla **Enter** do teclado, e veja que vai aparecer o conteúdo que foi atribuído à mesma, conforme **figura 72**:

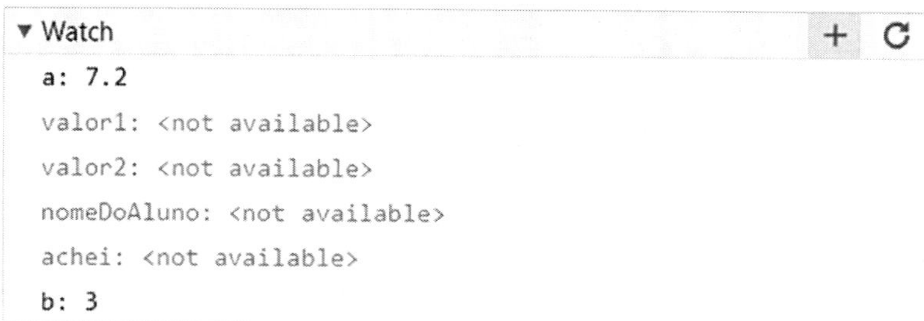

Figura 72

Veja que os valores das variáveis **a** e **b** estão corretos. Toda vez que usarmos a janela **Watch**, o certo a fazer é limpar o conteúdo da mesma, para não correr o risco de abrir o próximo aplicativo e aparecer as variáveis que não iremos utilizar. Para isto, passe o mouse sobre o nome da variável **a** e vai aparecer um sinal de ***(asterístico – Delete watch expression)**, conforme **figura 73**:

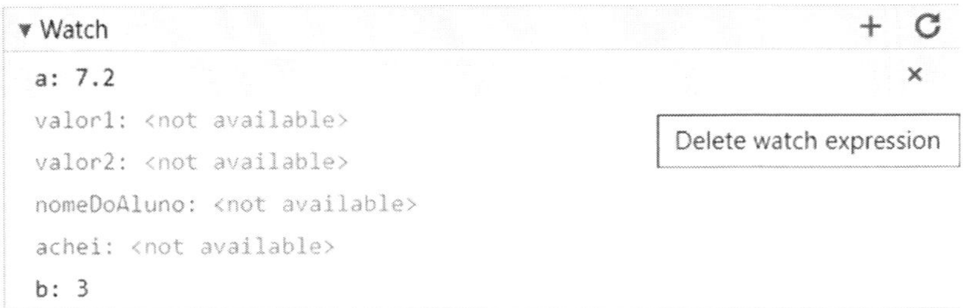

Figura 73

Clique sobre o sinal de * para deletar a variável **a**. Repita o procedimento anterior e delete todas as variáveis, de forma que a janela **Watch** fique vazia novamente, conforme vimos na **figura 43**. Feche o depurador, para isto basta pressionar a tecla **F12**. Feche o navegador, para isto basta clicar no ícone do **X** que fica no canto superior direito do mesmo, e retorne para o **Notepad++**. Observe que no código do arquivo **aplicativo_002.js**, as **linhas 10** a **14**, tem o comportamento do comando **escreva** do **VisuAlg**, já a **linha 15**, graças ao caractere de escape **\n**, que veremos mais adiante, tem o comportamento do comando **escreval** do **VisuAlg**. Observe que no código do arquivo **index.html**, as **linhas 14** a **17**, tem o comportamento do comando **escreva** do **VisuAlg**, já as **linhas 10** a **13**, graças a **tag
, que quebra para a próxima linha, tem o comportamento do comando **escreval do **VisuAlg**.

COMANDOS DE ENTRADA

Em um algoritmo e nas linguagens de programação, devemos salientar que nem todos os dados são gerados por nós, programadores; na maioria das vezes, vamos pedir que o usuário entre com alguma informação, e nesta hora iremos utilizar o comando de entrada de dados, que todas as linguagens de programação implementam, no **VisuAlg** é representado pelo comando **leia**, no **JavaScript**, é representado pelos comandos **prompt**, ou um **campo de texto** em **HTML**, veja abaixo a sua sintaxe:

Comandos de Entrada	
Representação no VisuAlg	**Representação em JavaScript**
leia (<lista-de-variáveis>)	**variavel = prompt("Texto para Exibição "));**

Veja como este comando é implementado no **VisuAlg**, vamos retornar para o nosso algoritmo **algoritmo_002** no **VisuAlg**, se o mesmo estiver aberto, basta posicionar o botão do mouse sobre o ícone do **VisuAlg** na barra de tarefas do **Windows 10**, vai aparecer uma miniatura do algoritmo, conforme vimos na **figura 56**. Clique sobre esta miniatura e vamos retornar à tela principal do mesmo. Caso o **VisuAlg** esteja fechado, para abrí-lo novamente, basta clicar sobre o ícone do **VisuAlg** na barra de tarefas do **Windows 10**, conforme vimos na **figura 156** no **Anexo I**, vai abrir a tela principal do mesmo, clique com o botão do mouse sobre o menu **Arquivo**, em seguida selecione o item **Novo**, ou pressione ao mesmo tempo as teclas de atalho **Ctrl+N**, conforme vimos na **figura 57**.

Antes de começarmos a digitar algo, vamos salvar nosso algoritmo, para isto, clique com o botão do mouse sobre o menu **Arquivo**, em seguida selecione o item **Salvar**, ou pressione, ao mesmo tempo, as teclas de atalho **Ctrl+S**, conforme vimos na **figura 4**. Ou clique no ícone do disquete no menu de ferramentas, conforme vimos na **figura 5**. Independentemente da forma escolhida para salvar o algoritmo vai abrir a janela **Salvar como**, no item **Salvar em:**, selecione **Disco local (C:)**, se você renomeou o seu **Disco local (C:)**, clique no nome do disco que você escolheu — no meu caso eu chamei de **Win10 (C:)** —, em seguida selecione a pasta **projetos_livro**, e clique no botão **Abrir** ou clique duas vezes com o botão do mouse sobre a pasta, em seguida selecione a pasta **algoritmos**, e clique no botão **Abrir** ou clique duas vezes com o botão do mouse sobre a pasta. No item **Nome:**, digite **algoritmo_003**, conforme vimos na **figura 6**. Clique no botão **Salvar**. Para saber se o algoritmo foi salvo no caminho que especificamos, basta verificar no topo da janela do **VisuAlg**, que mostra o caminho onde salvamos nosso algoritmo, conforme vimos na **figura 7**. Não esqueça de configurar a numeração de linhas, pois é muito importante, principalmente na indicação de erros. Para isto, clique no menu **Exibir**, e selecione o item **Número de linhas**, conforme vimos na **figura 8**. Ou clique no ícone **Numerar linhas** no menu de ferramentas, conforme vimos na **figura 9**. Agora posicione o cursor no início da **linha 1**, em seguida pressione, ao mesmo tempo, as teclas **Ctrl+T**, veja como ficou, conforme vimos na **figura 12**. Pressione a tecla **Delete** do teclado, e observe que o cursor do mouse vai ficar piscando na **linha 1**, neste local digite o código abaixo:

```
algoritmo “Comandos_Entrada”
// Função : Mostra o funcionamento do comando leia no VisuAlg
// Autor : Professor Msc Rafael Soares
// Data : 01/07/2018
```

```
// Seção de Declarações
var
nome : caractere

inicio
// Seção de Comandos
escreva("Digite o seu Nome: ")
leia(nome)
escreval("O Nome Digitado foi: ", nome)
fimalgoritmo
```

Veja como ficou, conforme **figura 74**:

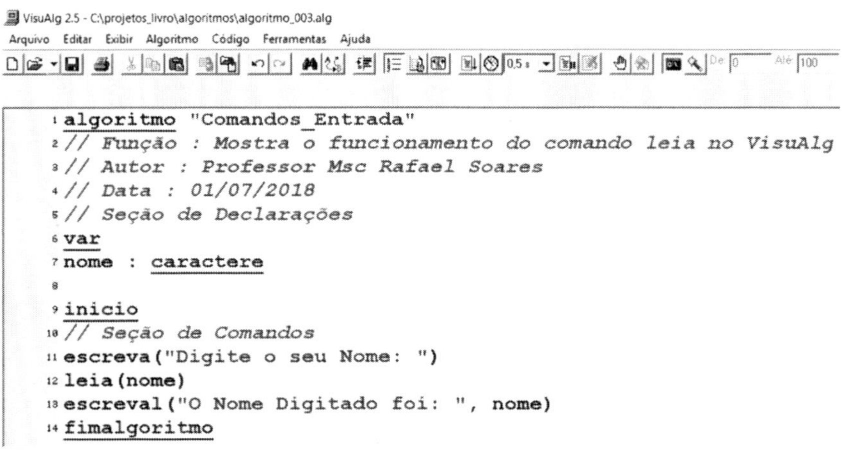

Figura 74

Salve o algoritmo, conforme vimos nas **figuras 4** e **5**. Vamos executar o algoritmo, para isto vamos até o menu **Algoritmo**, e vamos selecionar o item **Executar**, ou pressionar a tecla **F9**, conforme vimos na **figura 14**. Ou clique no ícone **Executar** no menu de ferramentas, conforme vimos na **figura 15**. Veja que vai aparecer uma janela com o cursor do mouse piscando em frente à frase: **Digite o seu Nome:**, conforme **figura 75**:

Figura 75

Enquanto não for digitado o que está sendo pedido, no caso o seu nome, e pressionada a tecla **Enter** do teclado, o cursor do mouse vai ficar piscando no local acima, até a ação ser concluída. Então, digite o seu nome e pressione a tecla **Enter** do teclado, veja que vai aparecer uma janela com as informações digitadas e os conteúdos das variáveis, no final da janela, uma mensagem dizendo que a execução foi encerrada e pedindo para fechar a janela para retornar para o **VisuAlg**, para isto clique no **X** que fica no canto superior direito da janela, conforme **figura 76**:

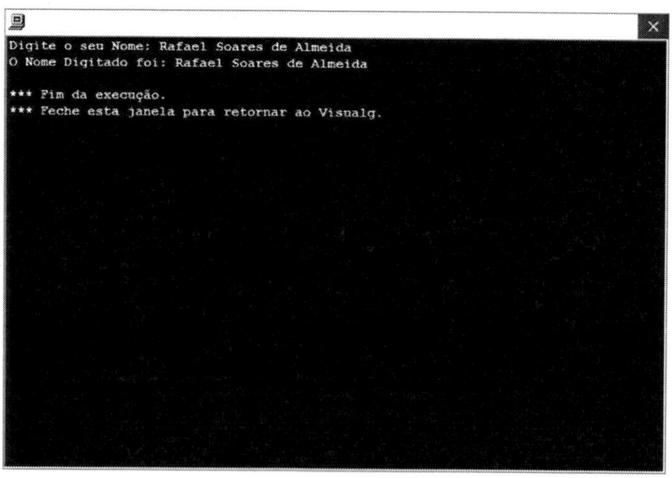

Figura 76

Vocês devem estar se perguntando, os sistemas de hoje, com janelas gráficas, não nos apresentam uma janela como se estivéssemos trabalhando em um terminal do **DOS**, e sim um campo de texto, como um formulário. Exatamente, para isto vamos alterar a exibição da janela de entrada e saída do **VisuAlg**, clique no ícone **Executar o algoritmo como DOS** no menu de ferramentas, conforme **figura 77**:

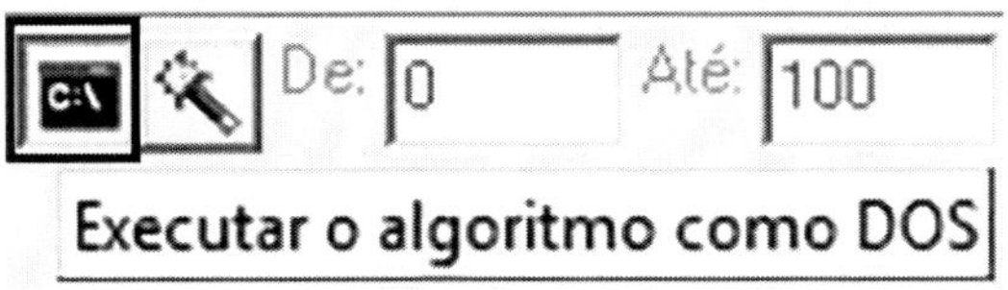

Figura 77

Execute novamente o **algoritmo_003**, para isto vamos até o menu **Algoritmo**, e vamos selecionar o item **Executar**, ou pressionar a tecla **F9**, conforme vimos na **figura 14**. Ou clique no ícone **Executar** no menu de ferramentas, conforme vimos na **figura 15**. Veja que vai aparecer uma janela com o cursor do mouse piscando dentro de uma caixa de texto, conforme **figura 78**:

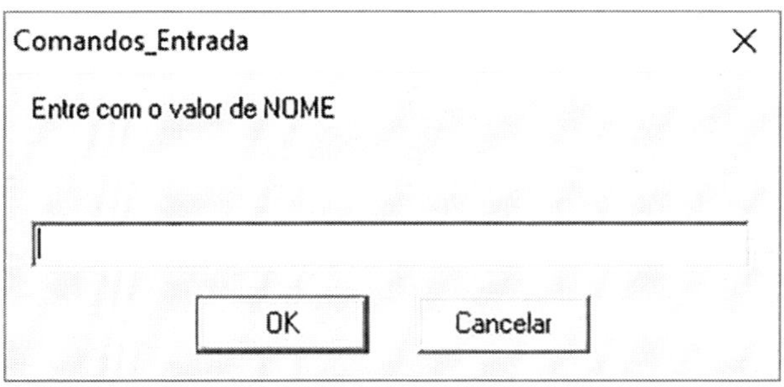

Figura 78

Enquanto não for digitado o que está sendo pedido, no caso o seu nome, dentro da caixa de texto e pressionado o botão **OK** com o mouse, o cursor do mouse vai ficar piscando no local acima, até a ação ser concluída. Então, digite o seu nome dentro da caixa de texto e pressione o botão **OK** com o mouse, veja que vamos retornar para a janela principal do nosso aplicativo. Veja o resultado no **simulador de saída** do **VisuAlg**, conforme **figura 79**:

```
Início da execução
Digite o seu Nome: Rafael Soares de Almeida
O Nome Digitado foi: Rafael Soares de Almeida

Fim da execução.
```

Figura 79

Veja como o comando **prompt** é implementado no **JavaScript**, vamos retornar para o nosso aplicativo **aplicativo_002** no **Notepad++**, se o mesmo estiver aberto, basta posicionar o botão do mouse sobre o ícone do **Notepad++** na barra de tarefas do **Windows 10**, vai aparecer uma miniatura do aplicativo, conforme vimos na **figura 61**. Clique sobre esta miniatura e vamos retornar à tela principal do mesmo. Caso o **Notepad++** esteja fechado, para abrí-lo novamente, basta clicar sobre o ícone do **Notepad++** na barra de tarefas do **Windows 10**, conforme vimos na **figura 156** no **Anexo I**, vai abrir a tela principal do mesmo, antes de começarmos a digitar algo, vamos fechar os arquivos **aplicativo_002 e index.html**, para isto clique no ícone do quadradinho vermelho com um **X** dentro, conforme vimos na **figura 24**. Vamos salvar nosso aplicativo, para isto, clique com o botão do mouse sobre o menu **Arquivo**, em seguida selecione o item **Salvar como...**, ou pressione, ao mesmo tempo, as teclas de atalho **Ctrl+Alt+S**, conforme vimos na **figura 25**. Vai abrir a janela **Salvar como**, no item **Salvar em:**, clique na setinha para baixo da caixa de seleção **combobox** e selecione **Disco local (C:)**, se você renomeou o seu **Disco local (C:)**, clique no nome do disco que você escolheu — no meu caso eu chamei de **Win10 (C:)** —, em seguida clique duas vezes com o botão do mouse sobre a pasta **projetos_livro**, clique duas vezes com o botão do mouse sobre a pasta **javascript**, e clique no ícone **Criar Nova Pasta**, conforme vimos na **figura 26**. No nome da pasta, digite **aplicativo_003**, pressione a tecla **Enter** duas vezes, conforme vimos na **figura 27**. Repita o procedimento acima e crie outra pasta, clique no ícone **Criar Nova Pasta**, conforme vimos na **figura 26**, no nome da pasta, digite **scripts**, pressione a tecla **Enter** duas vezes. No item **Nome:**, digite **aplicativo_003**, no item **Tipo:**, selecione **JavaScriptFile**, conforme vimos na **figura 28**. Clique no botão **Salvar**. Para saber se o algoritmo foi salvo no caminho que especificamos, basta verificar no topo da janela do **Notepad++**, que mostra o caminho onde salvamos nosso aplicativo, conforme vimos na **figura 29**. Clique no botão **Salvar & Fechar**. Veja que o cursor do mouse está posicionado na **linha 1**, neste local digite o código abaixo:

```
// Função : Mostra o funcionamento do comando prompt
// Autor : Professor Msc Rafael Soares
// Data : 29/06/2018
// Seção de Declarações
var a, b, resultado;

// Seção de Comandos
a = prompt("Digite um Valor Numérico para a Variável a: ");
b = prompt("Digite um Valor Numérico para a Variável a: ");
resultado = (a + b);
```

Veja como ficou o código completo, conforme **figura 80**:

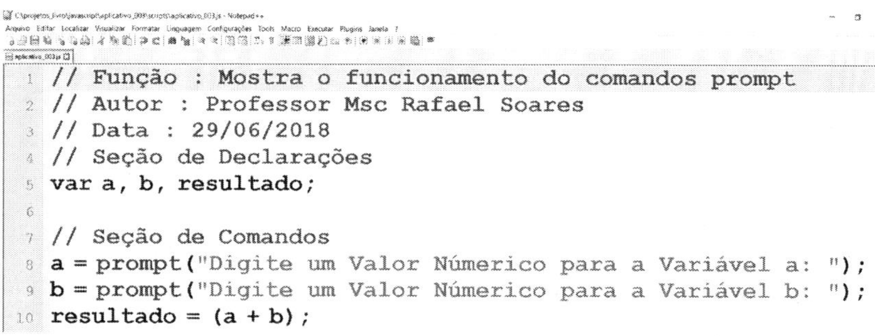

Figura 80

Salve o aplicativo, para isto, clique com o botão do mouse sobre o menu **Arquivo**, em seguida selecione o item **Salvar**, ou pressione, ao mesmo tempo, as teclas de atalho **Ctrl+S**, ou selecione o item **Salvar todos**, ou pressione, ao mesmo tempo, as teclas de atalho **Ctrl+Shift+S**, ou clique no ícone dos disquetes duplos na barra de ferramentas, conforme vimos nas **figuras 33** e **34**. Vamos criar um arquivo do tipo **HTML**, chamado **index.html**, para isto clique com o botão do mouse sobre o menu **Arquivo**, em seguida selecione o item **Novo**, ou pressione, ao mesmo tempo, as teclas de atalho **Ctrl+N**, conforme vimos na **figura 35**. Em seguida, clique com o botão do mouse sobre o menu **Arquivo**, e selecione o item **Salvar como...**, ou pressione ao mesmo tempo as teclas de atalho **Ctrl+Alt+S**, conforme vimos na **figura 25**. Vai abrir a janela **Salvar como**, no item **Salvar em:**, clique na setinha para baixo da caixa de seleção **combobox** e selecione **Disco local (C:)**, se você renomeou o seu **Disco local (C:)**, clique no nome do disco que você escolheu — no meu caso eu chamei de **Win10 (C:) —**, em seguida clique duas vezes com o botão do mouse sobre a pasta **projetos_livro**, clique duas vezes com o botão do mouse sobre a pasta **javascript**, em seguida clique duas vezes com o botão do mouse sobre a pasta **aplicativo_003**, no item **Nome:**, digite **index**, no item **Tipo:**, selecione **Hyper Text Markup Language**, conforme vimos na **figura 36**. Clique no botão **Salvar**. Para saber se o algoritmo foi salvo no caminho que especificamos, basta verificar no topo da janela do **Notepad++**, que mostra o caminho onde salvamos nosso arquivo **HTML**, conforme vimos na **figura 29**. Veja que o cursor do mouse está posicionado na **linha 1**, neste local digite o código abaixo:

```
<!DOCTYPE html>

<html lang="pt-BR">
<head>
  <meta charset="utf-8" />
  <title>Aprendendo Algoritmos com JavaScript</title>
</head>
<body>
    <script src="scripts/aplicativo_003.js"></script>
    <script>document.write("A Soma de a + b, é: " + resultado);</
script>
</body>
</html>
```

Observe que à medida que vamos digitando, o código vai aparecer automaticamente, em uma caixa de seleção, basta selecionar o mesmo para completar, conforme vimos na **figura 37**. Veja como ficou o código completo, conforme **figura 81**:

```
<!DOCTYPE html>

<html lang="pt-BR">
<head>
    <meta charset="utf-8" />
    <title>Aprendendo Algoritmos com JavaScript</title>
</head>
<body>
   <script src="scripts/aplicativo_003.js"></script>
   <script>document.write("A Soma de a + b, é: " + resultado);</script>
</body>
</html>
```

Figura 81

Salve o aplicativo, para isto, clique com o botão direito do mouse sobre o menu **Arquivo**, em seguida selecione o item **Salvar**, ou pressione, ao mesmo tempo, as teclas de atalho **Ctrl+S**, ou selecione o item **Salvar todos**, ou pressione, ao mesmo tempo, as teclas de atalho **Ctrl+Shift+S**, ou clique no ícone dos disquetes duplos na barra de ferramentas, conforme vimos nas **figuras 33** e **34**. Vamos executar nosso aplicativo, para isto vamos até o menu **Executar**, observe que tem todos os principais navegadores web, vamos selecionar o item **Google Chrome**, conforme vimos na **figura 39**. Vai aparecer a janela do **Chrome**, juntamente com uma caixa de diálogo, com o título: **Digite um Valor Numérico para a Variável a:**, logo abaixo uma caixa de texto para inserirmos um valor numérico qualquer, vou digitar 5, conforme **figura 82**:

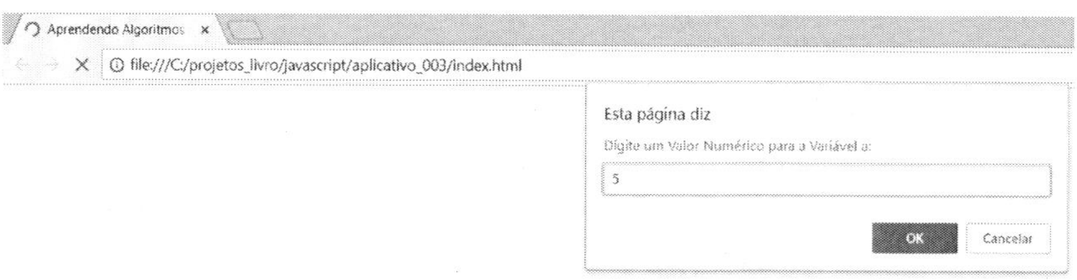

Figura 82

Clique no botão **OK**, e veja que vai aparecer uma caixa de diálogo, com o título: **Digite um Valor Numérico para a Variável b:**, logo abaixo uma caixa de texto para inserirmos um valor numérico qualquer, vou digitar 5, conforme **figura 83**:

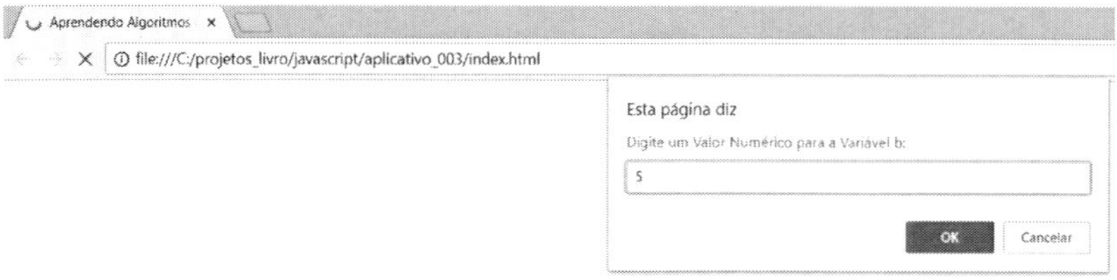

Figura 83

Clique no botão **OK**, e veja o resultado no corpo da página **HTML**, conforme **figura 84**:

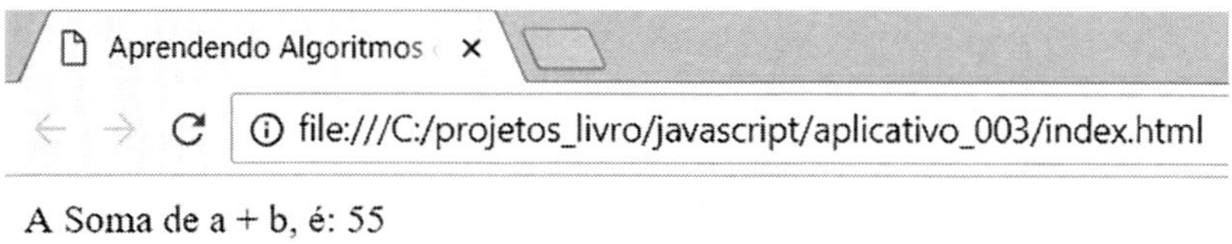

Figura 84

Observe que o resultado foi **55**, e deveria ser **10**, porque este resultado? A explicação é muito simples, no caso de soma, quando utilizamos o comando **prompt**, o **JavaScript**, entende que tudo que é digitado em uma caixa de texto, seja uma **string**, neste caso ele está concatenando, ou seja, juntando as duas **strings**, o que é correto. Se fosse qualquer outra operação, ele entenderia que o que foi digitado seria um número. Para resolvermos isto, vamos utilizar uma função do **JavaScript**, chamada **parseInt()**, que tem como objetivo transformar texto em número, assim poderemos fazer as operações matemáticas corretamente. Feche o navegador, para isto basta clicar no ícone do **X** que fica no canto superior direito do mesmo, e retorne para o **Notepad++**. Vamos alterar nosso script **aplicativo_003.js**, para isto abra o arquivo **aplicativo_003.js**, basta clicar na aba com o nome do arquivo, conforme vimos na **figura 46**. Se o mesmo estiver fechado, vá até o menu **Arquivo**, e selecione o item **Abrir**, ou pressione ao mesmo tempo as teclas **Ctrl+O**, conforme vimos na **figura 47**. Vai abrir a janela **Abrir**, clique duas vezes com o botão do mouse sobre a pasta **scripts**, em seguida clique duas vezes com o botão do mouse sobre o arquivo **aplicativo_003**, conforme vimos na **figura 48**. Ou podemos abrir o mesmo diretamente no menu **Arquivo**, no item recentes, conforme vimos na **figura 49**. Independentemente da forma escolhida para abrir o arquivo, vai aparecer a janela principal do mesmo, conforme vimos na **figura 32**. Posicione o cursor do mouse no início da **linha 8**, em seguida segure a tecla **Shift+Setinha para direita** e selecione as **linhas 8** e **9**, até o final, conforme **figura 85**:

```
7  // Seção de Comandos
8  a = prompt("Digite um Valor Numérico para a Variável a: ");
9  b = prompt("Digite um Valor Numérico para a Variável a: ");
10 resultado = (a + b);
```

Figura 85

Pressione a tecla **Delete** do teclado, no local onde o cursor do mouse está piscando, na **linha 8**, digite o código abaixo:

a = parseInt(prompt("Digite um Valor Numérico para a Variável a: "));
b = parseInt(prompt("Digite um Valor Numérico para a Variável b: "));

Veja como ficou o código completo, conforme **figura 86**:

```
1  // Função : Mostra o funcionamento do comandos prompt
2  // Autor : Professor Msc Rafael Soares
3  // Data : 29/06/2018
4  // Seção de Declarações
5  var a, b, resultado;
6
7  // Seção de Comandos
8  a = parseInt(prompt("Digite um Valor Numérico para a Variável a: "));
9  b = parseInt(prompt("Digite um Valor Numérico para a Variável b: "));
10 resultado = (a + b);
```

Figura 86

Salve o aplicativo, para isto, clique com o botão do mouse sobre o menu **Arquivo**, em seguida selecione o item **Salvar**, ou pressione, ao mesmo tempo, as teclas de atalho **Ctrl+S**, ou selecione o item **Salvar todos**, ou pressione, ao mesmo tempo, as teclas de atalho **Ctrl+Shift+S**, ou clique no ícone dos disquetes duplos na barra de ferramentas, conforme vimos nas **figuras 33** e **34**. Vamos retornar para o arquivo **index.html**, basta clicar na aba com o nome do arquivo, conforme vimos na **figura 46**, se o mesmo estiver fechado, vá até o menu **Arquivo**, e selecione o item **Abrir**, ou pressione, ao mesmo tempo, as teclas **Ctrl+O**, conforme vimos na **figura 47**. Vai abrir a janela **Abrir**, procure a pasta **aplicativo_003** e clique com o botão do mouse sobre a mesma, em seguida clique duas vezes com o botão do mouse sobre o arquivo **index**, conforme vimos na **figura 48**. Ou podemos abrir o mesmo diretamente no menu **Arquivo**, no item recentes, conforme vimos na **figura 49**. Independentemente da forma escolhida para abrir o arquivo, vai aparecer a janela principal do mesmo, conforme vimos na **figura 81**. Vamos executar nosso aplicativo, para isto vamos até o menu **Executar**, observe que tem todos os principais navegadores web, vamos selecionar o item **Google Chrome**, conforme vimos na **figura 39**. Vai aparecer a janela do **Chrome**, conforme vimos na **figura 40**.

Vai aparecer a janela do **Chrome**, juntamente com uma caixa de diálogo, com o título: **Digite um Valor Numérico para a Variável a:**, logo abaixo uma caixa de texto para inserirmos um valor numérico qualquer, vou digitar 5, conforme vimos na **figura 82**. Clique no botão **OK**, e veja que vai aparecer uma caixa de diálogo, com o título: **Digite um Valor Numérico para a Variável b:**, logo abaixo uma caixa de texto para inserirmos um valor numérico qualquer, vou digitar 5, conforme vimos na **figura 83**. Clique no botão **OK**, e veja o resultado no corpo da página **HTML**, conforme **figura 87**:

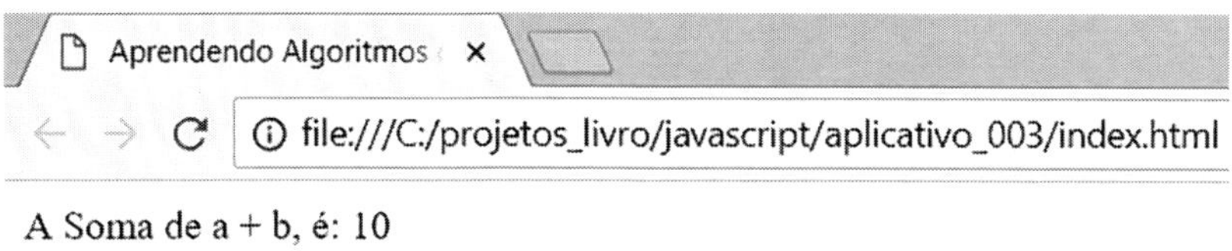

Figura 87

Vamos digitar valores numéricos do tipo decimal, ou ponto flutuante, para isto clique no botão **Reload – Recarregar esta página** do navegador **Chrome**, conforme **figura 88**:

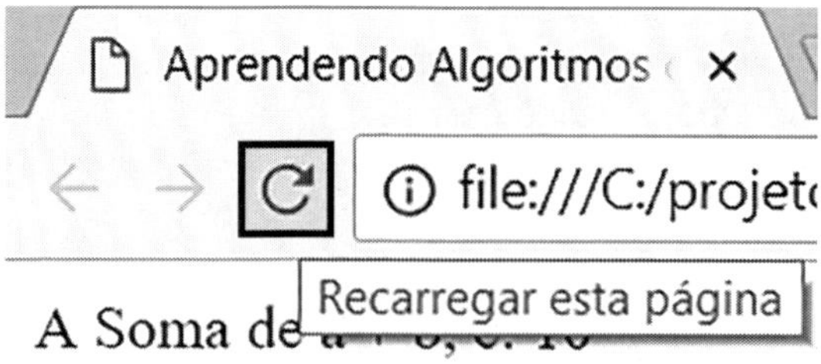

Figura 88

Vai aparecer novamente a caixa de diálogo, com o título: **Digite um Valor Numérico para a Variável a:**, logo abaixo uma caixa de texto para inserirmos um valor numérico qualquer, vou digitar 1.5, conforme vimos na **figura 82**. Clique no botão **OK**, e veja que vai aparecer uma caixa de diálogo, com o título: **Digite um Valor Numérico para a Variável b:**, logo abaixo uma caixa de texto para inserirmos um valor numérico qualquer, vou digitar 1.5, conforme vimos na **figura 83**. Clique no botão **OK**, e vejam o resultado no corpo da página **HTML**, conforme **figura 89**:

Figura 89

Observe que a resposta está errada, deveria ser três, e não dois. O que estamos fazendo é tentando atribuir um valor do tipo **real** em uma variável do tipo **inteiro**. O **JavaScript não entende como errado, simplesmente el**e despreza a casa decimal e pega somente a parte inteira, neste caso, do valor 1.5, ele pegou somente o número 1 e desprezou o 0.5. Para sanar este erro de sintaxe, feche o navegador, para isto basta clicar no ícone do **X** que fica no canto superior direito do mesmo, e retorne para o **Notepad++**. Vamos alterar nosso script **aplicativo_003.js**, para isto abra o arquivo **aplicativo_003.js**, basta clicar na aba com o nome do arquivo, conforme vimos na **figura 46**. Se o mesmo estiver fechado, vá até o menu **Arquivo**, e selecione o item **Abrir**, ou pressione, ao mesmo tempo, as teclas **Ctrl+O**, conforme vimos na **figura 47**. Vai abrir a janela **Abrir**, clique duas vezes com o botão do mouse sobre a pasta **scripts**, em seguida clique duas vezes com o botão do mouse sobre o arquivo **aplicativo_003**, conforme vimos na **figura 48**. Ou podemos abrir o mesmo diretamente no menu **Arquivo**, no item recentes, conforme vimos na **figura 49**. Independentemente da forma escolhida para abrir o arquivo, vai aparecer a janela principal do mesmo, conforme vimos na **figura 32**. Na **linha 8**, onde está escrito **parseInt**, delete e digite **parseFloat**, em seguida faça o mesmo na **linha 9**, veja como ficou o código completo, conforme **figura 90**:

```
// Função : Mostra o funcionamento do comandos prompt
// Autor : Professor Msc Rafael Soares
// Data : 29/06/2018
// Seção de Declarações
var a, b, resultado;

// Seção de Comandos
a = parseFloat(prompt("Digite um Valor Numérico para a Variável a: "));
b = parseFloat(prompt("Digite um Valor Numérico para a Variável b: "));
resultado = (a + b);
```

Figura 90

Salve o aplicativo, para isto, clique com o botão do mouse sobre o menu **Arquivo**, em seguida selecione o item **Salvar**, ou pressione, ao mesmo tempo, as teclas de atalho **Ctrl+S**, ou selecione o item **Salvar todos**, ou pressione, ao mesmo tempo, as teclas de atalho **Ctrl+Shift+S**, ou clique no ícone dos disquetes duplos na barra de ferramentas, conforme vimos nas **figuras 33** e **34**. Vamos retornar para o arquivo **index.html**, basta clicar na aba com o nome do arquivo, conforme vimos na **figura 46**, se o mesmo estiver fechado, vá até o menu **Arquivo**, e selecione o item **Abrir**, ou pressione, ao mesmo tempo, as teclas **Ctrl+O**, conforme vimos na **figura 47**. Vai abrir a janela **Abrir**, procure a pasta **aplicativo_003** e clique com o botão do mouse sobre a mesma, em seguida clique duas vezes com o botão do mouse sobre o arquivo **index**, conforme vimos na **figura 48**. Ou podemos abrir o mesmo diretamente no menu **Arquivo**, no item recentes, conforme vimos na **figura 49**. Independentemente da forma escolhida para abrir o arquivo, vai aparecer a janela principal do mesmo, conforme vimos na **figura 81**. Vamos executar nosso aplicativo, para isto vamos até o menu **Executar**, observe que tem todos os principais navegadores web, vamos selecionar o item **Google Chrome**, conforme vimos na **figura 39**. Vai aparecer a janela do **Chrome**, conforme vimos na **figura 40**, juntamente com uma caixa de diálogo, com o título: **Digite um Valor Numérico para a Variável a:**, logo abaixo uma caixa de texto para inserirmos um valor numérico decimal qualquer, vou digitar 1.5, conforme vimos na **figura 82**. Clique no botão **OK**, e veja que vai aparecer uma caixa de diálogo, com o título: **Digite um Valor Numérico para a Variável b:**, logo abaixo uma caixa de texto para inserirmos um valor numérico decimal qualquer, vou digitar 1.5, conforme vimos na **figura 83**. Clique no botão **OK**. No caso de valores decimais, devemos usar a notação de **ponto** e não de

vírgula, e veja o resultado no corpo da página **HTML**, conforme **figura 91**:

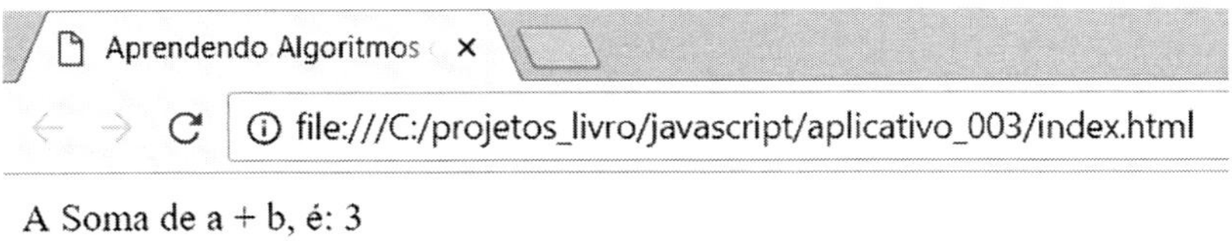

Figura 91

Veja que agora o valor está correto. Feche o navegador, para isto basta clicar no ícone do **X** que fica no canto superior direito do mesmo, e retorne para o **Notepad++**. Veremos no próximo capítulo, mais sobre funções numéricas.

Capítulo 02 – Operadores Matemáticos no Editor e Interpretador de Pseudocódigos VisuAlg e na Linguagem de Programação JavaScript

OPERADORES ARITMÉTICOS

Devemos salientar que para podermos construir algoritmos e aplicativos que realizam cálculos matemáticos, todas as expressões aritméticas devem ser linearizadas, ou seja, colocadas em linhas, devendo também ser feito o mapeamento dos operadores da aritmética tradicional para os utilizados no **VisuAlg** e no **JavaScript**. Vejamos o exemplo na **figura 92**:

Linearização de Expressões	
Tradicional	Computacional
$\left\{\left[\frac{7}{3}-(7+2)\right]+5\right\}.2$	((7/3-(7+2)+5))*2

Figura 92

Veja na tabela abaixo os operadores aritméticos disponíveis no **VisuAlg**:

Operadores Aritméticos	Português Estruturado	Descrição
Adição	+	Operadores aritméticos tradicionais de adição.
Subtração	-	Operadores aritméticos tradicionais de subtração.

Multiplicação	*	Operadores aritméticos tradicionais de multiplicação.
Divisão	/	Operadores aritméticos tradicionais de Divisão.
Divisão Inteira	\	Operador de divisão inteira, sempre vai ter o resto inteiro, por exemplo, 5 \ 2 = 2.
Modulo (resto da divisão)	%	Operador de módulo (isto é, resto da divisão inteira). Por exemplo, 8 % 3 = 2.
Potenciação	↑ ou ^	Operador de Potenciação.
Incremento	a+1	Operador de Incremento, acrescentar 1 ao conteúdo da variável.
Decremento	a-1	Operador de Decremento, diminuir 1 do conteúdo da variável.
Unários	+1, -1	São aplicados a um único operando. São os operadores aritméticos de maior precedência. Exemplos: -3, +x. Enquanto o operador unário - inverte o sinal do seu operando, o operador + não altera em nada o seu valor.

Veja na tabela abaixo os operadores aritméticos disponíveis no **JavaScript**:

Operadores Aritméticos	JavaScript	Descrição
Adição	+	Operadores aritméticos tradicionais de adição.
Subtração	-	Operadores aritméticos tradicionais de subtração.
Multiplicação	*	Operadores aritméticos tradicionais de multiplicação.
Divisão	/	Operadores aritméticos tradicionais de Divisão.
Módulo (resto da divisão)	%	Operador binário. Operador de módulo (isto é, resto da divisão inteira). Por exemplo, 8 % 3 = 2.
Exponenciação/ Potenciação	a ** b ou Math. pow(x,y);	Operador de exponenciação, calcula a base elevada à potência do expoente, **2 ** 3** retorna 8, **Math. pow(2,3)**; retorna 8

Incremento	++	Operador unário. Adiciona um ao seu operando. Se usado como operador prefixado **(++x)**, retorna o valor de seu operando após a adição. Se usado como operador pósfixado **(x++)**, retorna o valor de seu operando antes da adição.
Decremento	--	Operador unário. Subtrai um de seu operando. O valor de retorno é análogo àquele do operador de incremento.
Unários	+, -	São aplicados a um único operando. São os operadores aritméticos de maior precedência. Exemplos: +"3" retorna 3., +true retorna 1. Se x é 3, então -x retorna -3.

Veja como os operadores aritméticos são implementados no **VisuAlg**, vamos retornar para o nosso algoritmo **algoritmo_003** no **VisuAlg**, se o mesmo estiver aberto, basta posicionar o botão do mouse sobre o ícone do **VisuAlg** na barra de tarefas do **Windows 10**, vai aparecer uma miniatura do algoritmo, conforme vimos na **figura 56**. Clique sobre esta miniatura e vamos retornar à tela principal do mesmo. Caso o **VisuAlg** esteja fechado, para abrí-lo novamente, basta clicar sobre o ícone do **VisuAlg** na barra de tarefas do **Windows 10**, conforme vimos na **figura 156** no **Anexo I**, vai abrir a tela principal do mesmo, clique com o botão do mouse sobre o menu **Arquivo**, em seguida selecione o item **Novo**, ou pressione, ao mesmo tempo, as teclas de atalho **Ctrl+N**, conforme vimos na **figura 57**.

Antes de começarmos a digitar algo, vamos salvar nosso algoritmo, para isto, clique com o botão do mouse sobre o menu **Arquivo**, em seguida selecione o item **Salvar**, ou pressione, ao mesmo tempo, as teclas de atalho **Ctrl+S**, conforme vimos na **figura 4**. Ou clique no ícone do disquete no menu de ferramentas, conforme vimos na **figura 5**. Independentemente da forma escolhida para salvar o algoritmo vai abrir a janela **Salvar como**, no item **Salvar em:**, selecione **Disco local (C:)**, se você renomeou o seu **Disco local (C:)**, clique no nome do disco que você escolheu — no meu caso eu chamei de **Win10 (C:)** —, em seguida selecione a pasta **projetos_livro**, e clique no botão **Abrir** ou clique duas vezes com o botão do mouse sobre a pasta, em seguida selecione a pasta **algoritmos**, e clique no botão **Abrir** ou clique duas vezes com o botão do mouse sobre a pasta. No item **Nome:**, digite **algoritmo_004**, conforme vimos na **figura 6**. Clique no botão **Salvar**. Para saber se o algoritmo foi salvo no caminho que especificamos, basta verificar no topo da janela do **VisuAlg**, que mostra o caminho onde salvamos nosso algoritmo, conforme vimos na

figura 7. Não esqueça de configurar a numeração de linhas, pois é muito importante, principalmente na indicação de erros. Para isto, clique no menu **Exibir**, e selecione o item **Número de linhas**, conforme vimos na **figura 8**. Ou clique no ícone **Numerar linhas** no menu de ferramentas, conforme vimos na **figura 9**. Agora posicione o cursor no início da **linha 1**, em seguida pressione, ao mesmo tempo, as teclas **Ctrl+T**, veja como ficou, conforme vimos na **figura 12**. Pressione a tecla **Delete** do teclado, e observe que o cursor do mouse vai ficar piscando na **linha 1**, neste local digite o código abaixo:

```
algoritmo "Operadores_Aritmeticos"
// Função : Mostra o funcionamento dos operadores aritméticos no
VisuAlg
// Autor : Professor Msc Rafael Soares
// Data : 19/10/2018
// Seção de Declarações
var
a, b, c, d : real
inicio
// Seção de Comandos
a <- 2
b <- 3
c <- 4
d <- 5
escreval("Adição : a + b = ", a+b)
escreval("Subtração: a - c = ", a-c)
escreval("Multiplicação: c * d = ", c*d)
escreval("Divisão: a / d = ", d/a)
escreval("Divisão Inteira: a \ d = ", d\a)
escreval("Exponenciação: a ^ d = ", a^d)
escreval("Módulo: a % d = ", d % a)
escreval("Potenciação: ^ c = ", 2^c)
escreval("Incremento: b+1 = ", b+1)
escreval("Decremnto: c-1 = ", c-1)
escreval("Unário: -d = ", -d)
fimalgoritmo
```

Salve o algoritmo, conforme vimos nas **figuras 4** e **5**. Como vamos apenas visualizar as informações, não precisamos da janela do **DOS**, vamos alterar a exibição da janela de entrada e saída do **VisuAlg**, clique no ícone **Executar o**

algoritmo como DOS no menu de ferramentas, conforme vimos na **figura 77**. Vamos executar o algoritmo, para isto vamos até o menu **Algoritmo**, e vamos selecionar o item **Executar**, ou pressionar a tecla **F9**, conforme vimos na **figura 14**. Ou clique no ícone **Executar** no menu de ferramentas, conforme vimos na **figura 15**. Veja que as informações vão aparecer na janela de visualização de resultados, conforme **figura 93**:

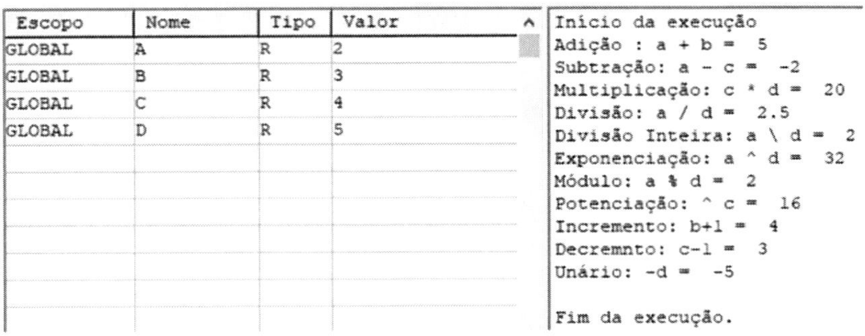

Figura 93

Veja como os operadores aritméticos são implementados no **JavaScript**, vamos retornar para o nosso aplicativo **aplicativo_003** no **Notepad++**, se o mesmo estiver aberto, basta posicionar o botão do mouse sobre o ícone do **Notepad++** na barra de tarefas do **Windows 10**, vai aparecer uma miniatura do aplicativo, conforme vimos na **figura 61**. Clique sobre esta miniatura e vamos retornar à tela principal do mesmo. Caso o **Notepad++** esteja fechado, para abrí-lo novamente, basta clicar sobre o ícone do **Notepad++** na barra de tarefas do **Windows 10**, conforme vimos na **figura 156** no **Anexo I**, vai abrir a tela principal do mesmo, antes de começarmos a digitar algo, vamos fechar os arquivos **aplicativo_003** e **index.html**, para isto clique no ícone do quadradinho vermelho com um **X** dentro, conforme vimos na **figura 24**. Vamos salvar nosso aplicativo, para isto, clique com o botão do mouse sobre o menu **Arquivo**, em seguida selecione o item **Salvar como...**, ou pressione, ao mesmo tempo, as teclas de atalho **Ctrl+Alt+S**, conforme vimos na **figura 25**. Vai abrir a janela **Salvar como**, no item **Salvar em:**, clique na setinha para baixo da caixa de seleção **combobox** e selecione **Disco local (C:)**, se você renomeou o seu **Disco local (C:)**, clique no nome do disco que você escolheu — no meu caso eu chamei de **Win10 (C:)** —, em seguida clique duas vezes com o botão do mouse sobre a pasta **projetos_livro**, clique duas vezes com o botão do mouse sobre a pasta **javascript**, e clique no ícone **Criar Nova Pasta**, conforme vimos na **figura 26**. No nome da pasta, digite **aplicativo_004**, pressione a tecla **Enter** duas vezes, conforme vimos na **figura 27**. Repita o procedimento acima e crie outra pasta, clique no ícone **Criar Nova Pasta**, conforme vimos na **figura 26**, no nome da pasta, digite **scripts**, pressione a tecla **Enter** duas vezes. No item **Nome:**, digite **aplicativo_004**, no item **Tipo:**, selecione **JavaScriptFile**, conforme vimos na **figura 28**. Clique no botão **Salvar**. Para saber se o algoritmo foi salvo no caminho que especificamos, basta verificar no topo da janela do **Notepad++**, que mostra o caminho onde salvamos nosso aplicativo, conforme vimos na **figura 29**. Clique no botão **Salvar & Fechar**. Veja que o cursor do mouse está posicionado na **linha 1**, neste local digite o código abaixo:

```
// Função : Mostra o funcionamento dos operadores aritméticos no VisuAlg
// Autor : Professor Msc Rafael Soares
// Data : 19/10/2018
// Seção de Declarações
var a, b, c, d ;
// Seção de Comandos
a = 2;
b = 3;
c = 4;
d = 5;
```

Salve o aplicativo, para isto, clique com o botão do mouse sobre o menu **Arquivo**, em seguida selecione o item **Salvar**, ou pressione, ao mesmo tempo, as teclas de atalho **Ctrl+S**, ou selecione o item **Salvar todos**, ou pressione, ao mesmo tempo, as teclas de atalho **Ctrl+Shift+S**, ou clique no ícone dos disquetes duplos na barra de ferramentas, conforme vimos nas **figuras 33** e **34**. Vamos criar um arquivo do tipo **HTML**, chamado **index.html**, para isto clique com o botão do mouse sobre o menu **Arquivo**, em seguida selecione o item **Novo**, ou pressione, ao mesmo tempo, as teclas de atalho **Ctrl+N**, conforme vimos na **figura 35**. Em seguida, clique com o botão do mouse sobre o menu **Arquivo**, e selecione o item **Salvar como...**, ou pressione, ao mesmo tempo, as teclas de atalho **Ctrl+Alt+S**, conforme vimos na **figura 25**. Vai abrir a janela **Salvar como**, no item **Salvar em:**, clique na setinha para baixo da caixa de seleção **combobox** e selecione **Disco local (C:)**, se você renomeou o seu **Disco local (C:)**, clique no nome do disco que você escolheu — no meu caso eu chamei de **Win10 (C:)** —, em seguida clique duas vezes com o botão do mouse sobre a pasta **projetos_livro**, clique duas vezes com o botão do mouse sobre a pasta **javascript**, em seguida clique duas vezes com o botão do mouse sobre a pasta **aplicativo_004**, no item **Nome:**, digite **index**, no item **Tipo:**, selecione **Hyper Text Markup Language**, conforme vimos na **figura 36**. Clique no botão **Salvar**. Para saber se o algoritmo foi salvo no caminho que especificamos, basta verificar no topo da janela do **Notepad++**, que mostra o caminho onde salvamos nosso arquivo **HTML**, conforme vimos na **figura 29**. Veja que o cursor do mouse está posicionado na **linha 1**, neste local digite o código abaixo:

```
<!DOCTYPE html>

<html lang="pt-BR">
<head>
  <meta charset="utf-8" />
  <title>Aprendendo Algoritmos com JavaScript</title>
</head>
<body>
      <script src="scripts/aplicativo_004.js"></script>
      <script>document.write("Adição : a + b = " + (a+b));</script>
      <br>
      <script>document.write("Subtração: a - c = " + (a-c));</script>
      <br>
      <script>document.write("Multiplicação: c * d = " + (c*d));</script>
      <br>
      <script>document.write("Divisão: a / d = " + (d/a));</script>
      <br>
      <script>document.write("Exponenciação: a ** c = " + (a**c));</
script>
      <br>
      <script>document.write("Módulo: a % d = " + (a % d));</script>
      <br>
      <script>document.write("Potenciação: Math.pow(2,c) = " + Math.
pow(2,c));</script>
      <br>
      <script>document.write("Incremento: b+1 = " + (b+1));</script>
      <br>
      <script>document.write("Decremnto: c-1 = " + (c-1));</script>
      <br>
```

```
        <script>document.write("Unário: -d = " + (-d));</script>
    </body>
    </html>
```

Observe que à medida que vamos digitando, o código vai aparecer automaticamente, em uma caixa de seleção, basta selecionar o mesmo para completar, conforme vimos na **figura 37**. Salve o aplicativo, para isto, clique com o botão do mouse sobre o menu **Arquivo**, em seguida selecione o item **Salvar**, ou pressione, ao mesmo tempo, as teclas de atalho **Ctrl+S**, ou selecione o item **Salvar todos**, ou pressione, ao mesmo tempo, as teclas de atalho **Ctrl+Shift+S**, ou clique no ícone dos disquetes duplos na barra de ferramentas, conforme vimos nas **figuras 33** e **34**. Vamos executar nosso aplicativo, para isto vamos até o menu **Executar**, observe que tem todos os principais navegadores web, vamos selecionar o item **Google Chrome**, conforme vimos na **figura 39**. Vai aparecer a janela do **Chrome**, com os resultados, conforme **figura 94**:

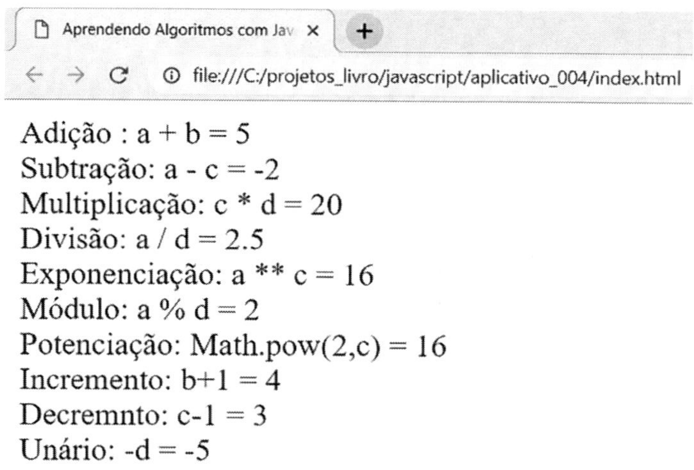

Figura 94

OPERADORES DE CARACTERES

Chamamos de operador de concatenação de strings, isto é, cadeias de caracteres, quando usado com dois valores que podem ser uma variável ou uma constante, do tipo **caractere**. No **VisuAlg** a representação e feito utilizando o caractere mais (**+**), por exemplo: **"Distrito " + " Federal"** = **"Distrito Federal"**. Na linguagem **JavaScript**, também utilizamos o caractere mais (**+**) ou utilizamos o método **concat()**.

Veja como os operadores de caracteres são implementados no **VisuAlg**, vamos retornar para o nosso algoritmo **algoritmo_004** no **VisuAlg**, se o mesmo estiver aberto, basta posicionar o botão do mouse sobre o ícone do **VisuAlg** na barra de tarefas do **Windows 10**, vai aparecer uma miniatura do algoritmo, conforme vimos na **figura 56**. Clique sobre esta miniatura e vamos retornar à tela principal do mesmo. Caso o **VisuAlg** esteja fechado, para abrí-lo novamente, basta clicar sobre o ícone do **VisuAlg** na barra de tarefas do **Windows 10**, conforme vimos na **figura 156** no **Anexo I**, vai abrir a tela principal do mesmo, clique com o botão do mouse sobre o menu **Arquivo**, em seguida selecione o item **Novo**, ou pressione, ao mesmo tempo, as teclas de atalho **Ctrl+N**, conforme vimos na **figura 57**.

Antes de começarmos a digitar algo, vamos salvar nosso algoritmo, para isto, clique com o botão do mouse sobre o menu **Arquivo**, em seguida selecione o item **Salvar**, ou pressione, ao mesmo tempo, as teclas de atalho **Ctrl+S**, conforme vimos na **figura 4**. Ou clique no ícone do disquete no menu de ferramentas, conforme vimos na **figura 5**. Independentemente da forma escolhida para salvar o algoritmo vai abrir a janela **Salvar como**, no item **Salvar em:**, selecione **Disco local (C:)**, se você renomeou o seu **Disco local (C:)**, clique no nome do disco que você escolheu — no meu caso eu chamei de **Win10 (C:)** —, em seguida selecione a pasta **projetos_livro**, e clique no botão **Abrir** ou clique duas vezes com o botão do mouse sobre a pasta, em seguida selecione a pasta **algoritmos**, e clique no botão **Abrir** ou clique duas vezes com o botão do mouse sobre a pasta. No item **Nome:**, digite **algoritmo_005**, conforme vimos na **figura 6**. Clique no botão **Salvar**. Para saber se o algoritmo foi salvo no caminho que especificamos, basta verificar no topo da janela do **VisuAlg**, que mostra o caminho onde salvamos nosso algoritmo, conforme vimos na **figura 7**. Não esqueça de configurar a numeração de linhas, pois é muito importante, principalmente na indicação de erros. Para isto, clique no menu **Exibir**, e selecione o item **Número de linhas**, conforme vimos na **figura 8**. Ou clique no ícone **Numerar linhas** no menu de ferramentas, conforme vimos na **figura 9**. Agora posicione o cursor no início da **linha 1**, em seguida pressione, ao mesmo tempo, as teclas **Ctrl+T**, veja como ficou, conforme vimos na **figura 12**. Pressione a tecla **Delete** do teclado, e observe que o cursor do mouse vai ficar piscando na **linha 1**, neste local digite o código abaixo:

```
algoritmo "Operadores de Caracteres"
// Função : Concatenação de Strings
// Autor : Professor Mestre Rafael Soares de Almeida
// Data : 19/10/2018
// Seção de Declarações
var
cadeia1, cadeia2 : caracter
inicio
// Seção de Comandos
cadeia1 <- "Rafael"
cadeia2 <- " Soares"
escreval(cadeia1 + cadeia2)
escreva("Distrito" + " Federal")
fimalgoritmo
```

Salve o algoritmo, conforme vimos nas **figuras 4** e **5**. Como vamos apenas visualizar as informações, não precisamos da janela do **DOS**, vamos alterar a exibição da janela de entrada e saída do **VisuAlg**, clique no ícone **Executar o algoritmo como DOS** no menu de ferramentas, conforme vimos na **figura 77**. Vamos executar o algoritmo, para isto vamos até o menu **Algoritmo**, e vamos selecionar o item **Executar**, ou pressionar a tecla **F9**, conforme vimos na **figura 14**. Ou clique no ícone **Executar** no menu de ferramentas, conforme vimos na **figura 15**. Veja que as informações vão aparecer na janela de visualização de resultados, conforme **figura 95**:

Escopo	Nome	Tipo	Valor
GLOBAL	CADEIA1	C	"Rafael"
GLOBAL	CADEIA2	C	" Soares"

```
Início da execução
Rafael Soares
Distrito Federal
Fim da execução.
```

Figura 95

Veja como os operadores aritméticos são implementados no **JavaScript**, vamos retornar para o nosso aplicativo **aplicativo_004** no **Notepad++**, se o mesmo estiver aberto, basta posicionar o botão do mouse sobre o ícone do **Notepad++** na barra de tarefas do **Windows 10**, vai aparecer uma miniatura do aplicativo, conforme vimos na **figura 61**. Clique sobre esta miniatura e vamos retornar à tela principal do mesmo. Caso o **Notepad++** esteja fechado, para abrí-lo novamente, basta clicar sobre o ícone do **Notepad++** na barra de tarefas do **Windows 10**, conforme vimos na **figura 156** no **Anexo I**, vai abrir a tela principal do mesmo, antes de começarmos a digitar algo, vamos fechar os arquivos **aplicativo_004** e **index.html**, para isto clique no ícone do quadradinho vermelho com um **X** dentro, conforme vimos na **figura 24**. Vamos salvar nosso aplicativo, para isto, clique com o botão do mouse sobre o menu **Arquivo**, em seguida selecione o item **Salvar como...**, ou pressione, ao mesmo tempo, as teclas de atalho **Ctrl+Alt+S**, conforme vimos na **figura 25**. Vai abrir a janela **Salvar como**, no item **Salvar em:**, clique na setinha para baixo da caixa de seleção **combobox** e selecione **Disco local (C:)**, se você renomeou o seu **Disco local (C:)**, clique no nome do disco que você escolheu — no meu caso eu chamei de **Win10 (C:)** —, em seguida clique duas vezes com o botão do mouse sobre a pasta **projetos_livro**, clique duas vezes com o botão do mouse sobre a pasta **javascript**, e clique no ícone **Criar Nova Pasta**, conforme vimos na **figura 26**. No nome da pasta, digite **aplicativo_005**, pressione a tecla **Enter** duas vezes, conforme vimos na **figura 27**. Repita o procedimento acima e crie outra pasta, clique no ícone **Criar Nova Pasta**, conforme vimos na **figura 26**, no nome da pasta, digite **scripts**, pressione a tecla **Enter** duas vezes. No item **Nome:**, digite **aplicativo_005**, no item **Tipo:**, selecione **JavaScriptFile**, conforme vimos na **figura 28**. Clique no botão **Salvar**. Para saber se o algoritmo foi salvo no caminho que especificamos, basta verificar no topo da janela do **Notepad++**, que mostra o caminho onde salvamos nosso aplicativo, conforme vimos na **figura 29**. Clique no botão **Salvar & Fechar**. Veja que o cursor do mouse está posicionado na **linha 1**, neste local digite o código abaixo:

```
// Função : Concatenação de Strings
// Autor : Professor Mestre Rafael Soares de Almeida
// Data : 19/10/2018
// Seção de Declarações
var cadeia1, cadeia2;
// Seção de Comandos
cadeia1 = "Rafael"
cadeia2 = " Soares"
```

Salve o aplicativo, para isto, clique com o botão do mouse sobre o menu **Arquivo**, em seguida selecione o item **Salvar**, ou pressione, ao mesmo tempo, as teclas de atalho **Ctrl+S**, ou selecione o item **Salvar todos**, ou pressione, ao mesmo tempo, as teclas de atalho **Ctrl+Shift+S**, ou clique no ícone dos disquetes duplos na barra de ferramentas, conforme vimos nas **figuras 33** e **34**. Vamos criar um arquivo do tipo **HTML**, chamado **index.html**, para isto clique com o botão do mouse sobre o menu **Arquivo**, em seguida selecione o item **Novo**, ou pressione, ao mesmo tempo, as teclas de atalho **Ctrl+N**, conforme vimos na **figura 35**. Em seguida, clique com o botão do mouse sobre o menu **Arquivo**, e selecione o item **Salvar como...**, ou pressione, ao mesmo tempo, as teclas de atalho **Ctrl+Alt+S**, conforme vimos na **figura 25**. Vai abrir a janela **Salvar como**, no item **Salvar em:**, clique na setinha para baixo da caixa de seleção **combobox** e selecione **Disco local (C:)**, se você renomeou o seu **Disco local (C:)**, clique no nome do disco que você escolheu — no meu caso eu chamei de **Win10 (C:)** —, em seguida clique duas vezes com o botão do mouse sobre a pasta **projetos_livro**, clique duas vezes com o botão do mouse sobre a pasta **javascript**, em seguida clique duas vezes com o botão do mouse sobre a pasta **aplicativo_005**, no item **Nome:**, digite **index**, no item **Tipo:**, selecione **Hyper Text Markup Language**, conforme vimos na **figura 36**. Clique no botão **Salvar**. Para saber se o algoritmo foi salvo no caminho que especificamos, basta verificar no topo da janela do **Notepad++**, que mostra o caminho onde salvamos nosso arquivo **HTML**, conforme vimos na **figura 29**. Veja que o cursor do mouse está posicionado na **linha 1**, neste local digite o código abaixo:

```
<!DOCTYPE html>

<html lang="pt-BR">
<head>
  <meta charset="utf-8" />
  <title>Aprendendo Algoritmos com JavaScript</title>
</head>
<body>
      <script src="scripts/aplicativo_005.js"></script>
      <script>document.write(cadeia1.concat(cadeia2));</script>
      <br>
      <script>document.write("Distrito" + " Federal");</script>
</body>
</html>
```

Observe que à medida que vamos digitando, o código vai aparecer automaticamente, em uma caixa de seleção, basta selecionar o mesmo para completar, conforme vimos na **figura 37**. Salve o aplicativo, para isto, clique com o botão do mouse sobre o menu **Arquivo**, em seguida selecione o item **Salvar**, ou pressione, ao mesmo tempo, as teclas de atalho **Ctrl+S**, ou selecione o item **Salvar todos**, ou pressione, ao mesmo tempo, as teclas de atalho **Ctrl+Shift+S**, ou clique no ícone dos disquetes duplos na barra de ferramentas, conforme vimos nas **figuras 33** e **34**. Vamos executar nosso aplicativo, para isto vamos até o menu **Executar**, observe que tem todos os principais navegadores web, vamos selecionar o item **Google Chrome**, conforme vimos na **figura 39**. Vai aparecer a janela do **Chrome**, com os resultados, conforme **figura 96**:

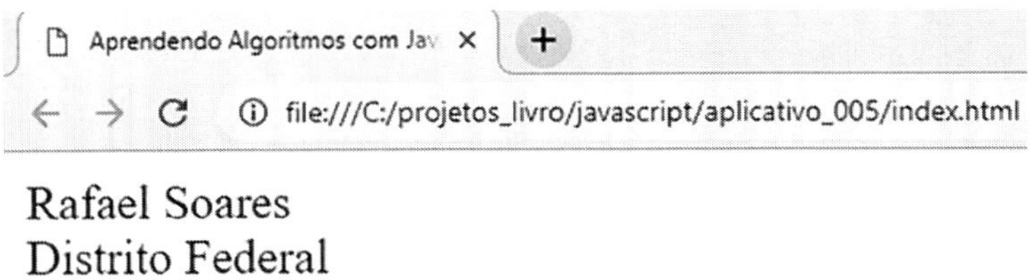

Figura 96

OPERADORES RELACIONAIS OU DE COMPARAÇÃO

Os operadores relacionais ou de comparação realizam a comparação entre dois operandos ou duas expressões e resultam em valores lógicos (**VERDADEIRO** ou **FALSO**). Estes operadores são utilizados em expressões lógicas do tipo condicional, múltipla escolha entre outras, para verificar a relação entre dois valores do mesmo tipo. Veja na tabela abaixo os operadores relacionais no **VisuAlg**:

Operadores Relacionais	Representação no VisuAlg
Maior que	>
Menor que	<
Maior ou igual	>=
Menor ou igual	<=
Igual	=
Diferente	<>

Veja na tabela abaixo os operadores relacionais no **JavaScript**:

Operadores Relacionais	Representação no JavaScript
Maior que	>
Menor que	<
Maior ou igual a	>=
Menor ou igual a	<=
Igual	==
Diferente	!=>
Estritamente igual (verifica conteúdo e tipo da variável).	===
Estritamente diferente (verifica conteúdo e tipo da variável)	!==

Veja como os operadores relacionais ou de comparação são implementados no **VisuAlg**, vamos retornar para o nosso algoritmo **algoritmo_005** no **VisuAlg**, se o mesmo estiver aberto, basta posicionar o botão do mouse sobre o ícone do **VisuAlg** na barra de tarefas do **Windows 10**, vai aparecer uma miniatura do algoritmo, conforme vimos na **figura 56**. Clique sobre esta miniatura e vamos retornar à tela principal do mesmo. Caso o **VisuAlg** esteja fechado, para abrí-lo novamente, basta clicar sobre o ícone do **VisuAlg** na barra de tarefas do **Windows 10**, conforme vimos na **figura 156** no **Anexo I**, vai abrir a tela principal do mesmo, clique com o botão do mouse sobre o menu **Arquivo**, em seguida selecione o item **Novo**, ou pressione, ao mesmo tempo, as teclas de atalho **Ctrl+N**, conforme vimos na **figura 57**.

Antes de começarmos a digitar algo, vamos salvar nosso algoritmo, para isto, clique com o botão do mouse sobre o menu **Arquivo**, em seguida selecione o item **Salvar**, ou pressione, ao mesmo tempo, as teclas de atalho **Ctrl+S**, conforme vimos na **figura 4**. Ou clique no ícone do disquete no menu de ferramentas, conforme vimos na **figura 5**. Independentemente da forma escolhida para salvar o algoritmo vai abrir a janela **Salvar como**, no item **Salvar em:**, selecione **Disco local (C:)**, se você renomeou o seu **Disco local (C:)**, clique no nome do disco que você escolheu — no meu caso eu chamei de **Win10 (C:)** —, em seguida selecione a pasta **projetos_livro**, e clique no botão **Abrir** ou clique duas vezes com o botão do mouse sobre a pasta, em seguida selecione a pasta **algoritmos**, e clique no botão **Abrir** ou clique duas vezes com o botão do mouse sobre a pasta. No item **Nome:**, digite **algoritmo_006**, conforme vimos na **figura 6**. Clique no botão **Salvar**. Para saber se o algoritmo foi salvo no caminho que especificamos, basta verificar no topo da janela do **VisuAlg**, que mostra o caminho onde salvamos nosso algoritmo, conforme vimos na **figura 7**. Não esqueça de configurar a numeração de linhas, pois é muito importante, principalmente na indicação de erros. Para isto, clique no menu **Exibir**, e selecione o item **Número de linhas**, conforme vimos na **figura 8**. Ou clique no ícone **Numerar linhas** no menu de ferramentas, conforme vimos na **figura 9**. Agora posicione o cursor no início da **linha 1**, em seguida pressione, ao mesmo tempo, as teclas **Ctrl+T**, veja como ficou, conforme vimos na **figura 12**. Pressione a tecla **Delete** do teclado, e observe que o cursor do mouse vai ficar piscando na **linha 1**, neste local digite o código abaixo:

```
algoritmo “Operadores Relacionais”
// Função : Compara duas expressões lógicas de mesmo tipo
// Autor : Professor Mestre Rafael Soares
// Data : 21/10/2018
// Seção de Declarações
var
valor1, valor2 : inteiro
inicio
// Seção de Comandos
valor1 <- 5
valor2 <- 4
se valor1 > valor2 entao
  escreval(valor1, “ >”, valor2, “ Esta Condição é Verdadeira”)
senao
  escreval(valor1, “ >”, valor2, “ Esta Condição é Falsa”)
fimse
se valor1 < valor2 entao
  escreval(valor1, “ <”, valor2, “ Esta Condição é Verdadeira”)
senao
  escreval(valor1, “ <”, valor2, “ Esta Condição é Falsa”)
fimse
se valor1 >= valor2 entao
  escreval(valor1, “ >=”, valor2, “ Esta Condição é Verdadeira”)
senao
  escreval(valor1, “ >=”, valor2, “ Esta Condição é Falsa”)
fimse
```

```
se valor1 <= valor2 entao
  escreval(valor1, " <=", valor2, " Esta Condição é Verdadeira")
senao
  escreval(valor1, " <=", valor2, " Esta Condição é Falsa")
fimse
se valor1 = 5 entao
  escreval(valor1, " =", 5, " Esta Condição é Verdadeira")
senao
  escreval(valor1, " =", 5, " Esta Condição é Falsa")
fimse
se valor1 <> valor2 entao
  escreval(valor1, " <>", valor2, " Esta Condição é Verdadeira")
senao
  escreval(valor1, " <>", valor2, " Esta Condição é Falsa")
fimse
fimalgoritmo
```

Salve o algoritmo, conforme vimos nas **figuras 4** e **5**. Neste tipo de código, temos que fazer a indentação do mesmo, ou seja, a tabulação do pseudocódigo, tabulando cada comando interno com espaços à esquerda, para isto clique no menu **Editar**, e selecione o item **Corrigir indentação**, conforme **figura 97**:

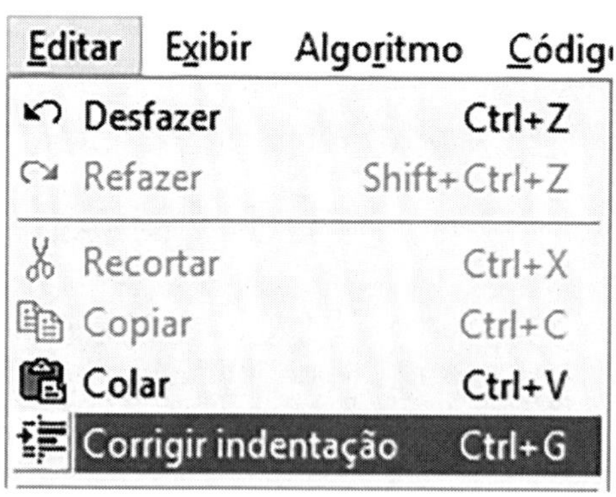

Figura 97

Ou clique no ícone **Corrigir indentação (Ctrl+G)** no menu de ferramentas, conforme **figura 98**:

Figura 98

Ou pressione, ao mesmo tempo, as teclas **Ctrl+G**. É muito importante fazer a indentação do código, pois desta forma, deixaremos o nosso código mais legível. Sempre faça a indentação ao final da digitação do código. Como vamos apenas visualizar as informações, não precisamos da janela do **DOS**, vamos alterar a exibição da janela de entrada e saída do **VisuAlg**, clique no ícone **Executar o algoritmo como DOS** no menu de ferramentas, conforme vimos na **figura 77**. Vamos executar o algoritmo, para isto vamos até o menu **Algoritmo**, e vamos selecionar o item **Executar**, ou pressionar a tecla **F9**, conforme vimos na **figura 14**. Ou clique no ícone **Executar** no menu de ferramentas, conforme vimos na **figura 15**. Veja que as informações vão aparecer na janela de visualização de resultados, conforme **figura 99**:

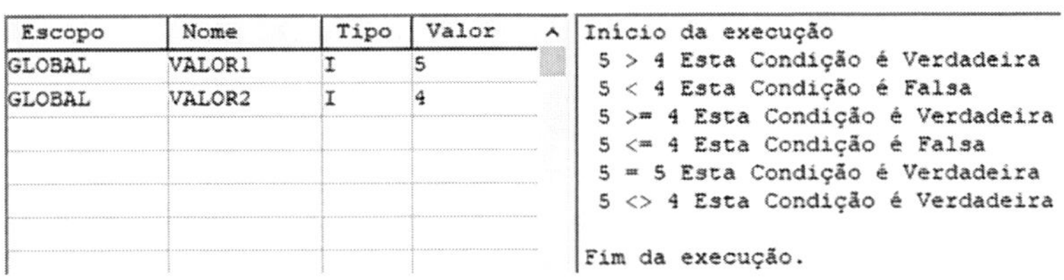

Figura 99

Uma observação que deve ser feita é que na linguagem **VisuAlg**, as comparações entre strings não fazem distinção entre as letras maiúsculas das letras minúsculas. Desta forma, "**ABC**" é igual a "**abc**". No caso de valores lógicos os mesmos vão obedecer à seguinte ordem: **FALSO < VERDADEIRO**, ou seja, falso é menor que verdadeiro. Veremos mais sobre expressões lógicas nos próximos tópicos.

Veja como os operadores relacionais ou de comparação são implementados no **JavaScript**, vamos retornar para o nosso aplicativo **aplicativo_005** no **Notepad++**, se o mesmo estiver aberto, basta posicionar o botão do mouse sobre o ícone do **Notepad++** na barra de tarefas do **Windows 10**, vai aparecer uma miniatura do aplicativo, conforme vimos na **figura 61**. Clique sobre esta miniatura e vamos retornar à tela principal do mesmo. Caso o **Notepad++** esteja fechado, para abrí-lo novamente, basta clicar sobre o ícone do **Notepad++** na barra de tarefas do **Windows 10**, conforme vimos na **figura 156** no **Anexo I**, vai abrir a tela principal do mesmo, antes de começarmos a digitar algo, vamos fechar os arquivos **aplicativo_005** e **index.html**, para isto clique no ícone do quadradinho vermelho com um **X** dentro, conforme vimos na **figura 24**. Vamos salvar nosso aplicativo, para isto, clique com o botão do mouse sobre o menu **Arquivo**, em seguida selecione o item **Salvar como...**, ou pressione, ao mesmo tempo, as teclas de atalho **Ctrl+Alt+S**, conforme vimos na **figura 25**. Vai abrir a janela **Salvar como**, no item **Salvar em:**, clique na setinha para baixo da caixa de seleção **combobox** e selecione **Disco local (C:)**, se você renomeou o seu **Disco local (C:)**, clique no nome do disco que você escolheu — no meu caso eu chamei de **Win10 (C:)** —, em seguida clique duas vezes com o botão do mouse sobre a pasta **projetos_livro**, clique duas vezes com o botão do mouse sobre a pasta **javascript**, e clique no ícone **Criar Nova Pasta**, conforme vimos na **figura 26**. No nome da pasta, digite **aplicativo_006**, pressione a tecla **Enter** duas vezes, conforme vimos na **figura 27**. Repita o procedimento acima e crie outra pasta, clique no ícone **Criar Nova Pasta**, conforme vimos na **figura 26**, no nome da pasta, digite **scripts**, pressione a tecla **Enter** duas vezes. No item **Nome:**, digite **aplicativo_006**, no item **Tipo:**, selecione **JavaScriptFile**, conforme vimos na **figura 28**. Clique no botão **Salvar**. Para saber se o algoritmo foi salvo no caminho que especificamos, basta verificar no topo da janela do **Notepad++**, que mostra o caminho onde salvamos nosso aplicativo, conforme vimos na **figura 29**. Clique no botão **Salvar & Fechar**. Veja que o cursor do mouse está posicionado na **linha 1**, neste local digite o código abaixo:

```
// Função : Compara duas expressões lógicas de mesmo tipo
// Autor : Professor Mestre Rafael Soares
// Data : 21/10/2018
// Seção de Declarações
var valor1, valor2;
// Seção de Comandos
valor1 = 5;
valor2 = 4;
```

Salve o aplicativo, para isto, clique com o botão do mouse sobre o menu **Arquivo**, em seguida selecione o item **Salvar**, ou pressione, ao mesmo tempo, as teclas de atalho **Ctrl+S**, ou selecione o item **Salvar todos**, ou pressione, ao mesmo tempo, as teclas de atalho **Ctrl+Shift+S**, ou clique no ícone dos disquetes duplos na barra de ferramentas, conforme vimos nas **figuras 33** e **34**. Vamos criar um arquivo do tipo **HTML**, chamado **index.html**, para isto clique com o botão do mouse sobre o menu **Arquivo**, em seguida selecione o item **Novo**, ou pressione, ao mesmo tempo, as teclas de atalho **Ctrl+N**, conforme vimos na **figura 35**. Em seguida, clique com o botão do mouse sobre o menu **Arquivo**, e selecione o item **Salvar como...**, ou pressione, ao mesmo tempo, as teclas de atalho **Ctrl+Alt+S**, conforme vimos na **figura 25**. Vai abrir a janela **Salvar como**, no item **Salvar em:**, clique na setinha para baixo da caixa de seleção **combobox** e selecione **Disco local (C:)**, se você renomeou o seu **Disco local (C:)**, clique no nome do disco que você escolheu — no meu caso eu chamei de **Win10 (C:) —**, em seguida clique duas vezes com o botão do mouse sobre a pasta **projetos_livro**, clique duas vezes com o botão do mouse sobre a pasta **javascript**, em seguida clique duas vezes com o botão do mouse sobre a pasta **aplicativo_006**, no item **Nome:**, digite **index**, no item **Tipo:**, selecione **Hyper Text Markup Language**, conforme vimos na **figura 36**. Clique no botão **Salvar**. Para saber se o algoritmo foi salvo no caminho que especificamos, basta verificar no topo da janela do **Notepad++**, que mostra o caminho onde salvamos nosso arquivo **HTML**, conforme vimos na **figura 29**. Veja que o cursor do mouse está posicionado na **linha 1**, neste local digite o código abaixo:

```
<!DOCTYPE html>

<html lang="pt-BR">
<head>
   <meta charset="utf-8" />
   <title>Aprendendo Algoritmos com JavaScript</title>
</head>
<body>
      <script src="scripts/aplicativo_006.js"></script>
      <script>
      if (valor1 > valor2)
      {
               document.write(valor1 + "  > " + valor2 + " - Esta Condição
é Verdadeira")
      }
      else
      {
```

```
            document.write(valor1 + "  > " + valor2 + " - Esta Condição
é Falsa")
        };
        </script>
        <br>
        <script>
        if (valor1 < valor2)
        {
            document.write(valor1 + "  < " + valor2 + " - Esta Condição
é Verdadeira")
        }
        else
        {
            document.write(valor1 + "  < " + valor2 + " - Esta Condição
é Falsa")
        };
        </script>
        <br>
        <script>
        if (valor1 >= valor2)
        {
            document.write(valor1 + "  >= " + valor2 + " - Esta
Condição é Verdadeira")
        }
        else
        {
            document.write(valor1 + "  >= " + valor2 + " - Esta
Condição é Falsa")
        };
        </script>
        <br>
        <script>
        if (valor1 <= valor2)
        {
            document.write(valor1 + "  <= " + valor2 + " - Esta
Condição é Verdadeira")
        }
        else
        {
```

```
			document.write(valor1 + "  <= " + valor2 + " - Esta
Condição é Falsa")
		};
		</script>
		<br>
		<script>
		if (valor1 == 5)
		{
			document.write(valor1 + "  == " + 5 + " - Esta Condição é
Verdadeira")
		}
		else
		{
			document.write(valor1 + "  == " + 5 + " - Esta Condição é
Falsa")
		};
		</script>
		<br>
		<script>
		if (valor1 != valor2)
		{
			document.write(valor1 + "  != " + valor2 + " - Esta Condição
é Verdadeira")
		}
		else
		{
			document.write(valor1 + "  != " + valor2 + " - Esta Condição
é Falsa")
		};
		</script>
		<br>
		<script>
		document.write("Estritamente igual - verifica conteúdo e tipo da
variável")
		document.write("<br>")
		if (valor1 === 5)
		{
			document.write(valor1 + "  === " + 5 + " - Esta Condição é
Verdadeira")
```

```
        }
        else
        {
                document.write(valor1 + "  === " + 5 + " - Esta Condição é
Falsa")
        };
        </script>
        <br>
    <script>
        document.write("Estritamente diferente - verifica conteúdo e tipo
da variável")
        document.write("<br>")
        if (valor1 !== 5)
        {
                document.write(valor1 + "  !== " + 5 + " - Esta Condição é
Verdadeira")
        }
        else
        {
                document.write(valor1 + "  !== " + 5 + " - Esta Condição é
Falsa")
        };
        </script>
    </body>
    </html>
```

Observe que a medida que vamos digitando, o código vai aparecer automaticamente, em uma caixa de seleção, basta selecionar o mesmo para completar, conforme vimos na **figura 37**. Salve o aplicativo, para isto, clique com o botão do mouse sobre o menu **Arquivo**, em seguida selecione

o item **Salvar**, ou pressione, ao mesmo tempo, as teclas de atalho **Ctrl+S**, ou selecione o item **Salvar todos**, ou pressione, ao mesmo tempo, as teclas de atalho **Ctrl+Shift+S**, ou clique no ícone dos disquetes duplos na barra de ferramentas, conforme vimos nas **figuras 33** e **34**. Vamos executar nosso aplicativo, para isto vamos até o menu **Executar**, observe que tem todos os principais navegadores web, vamos selecionar o item **Google Chrome**, conforme vimos na **figura 39**. Vai aparecer a janela do **Chrome**, com os resultados, conforme **figura 100**:

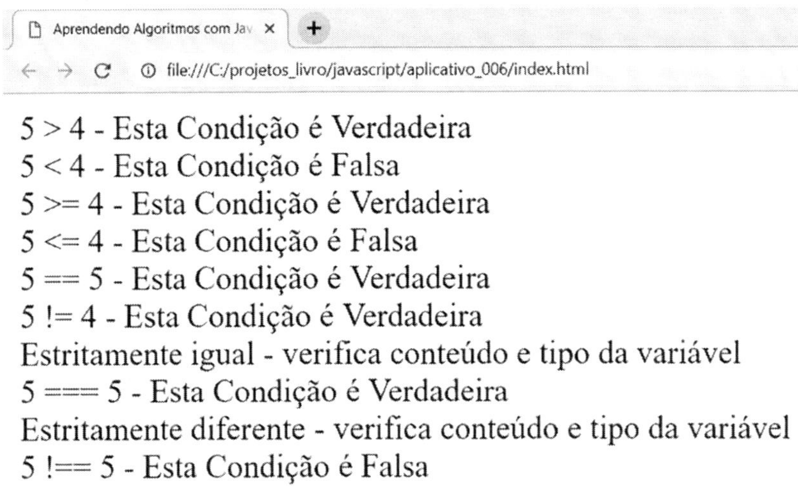

Figura 100

Observem na **linha 79** do arquivo **index.html**, temos o item estritamente igual **(5 === 5)**, foi verdadeiro porque o tipo e o conteúdo da variável, são iguais, ou seja, ambas são do tipo inteiro. Para que fosse falso, teria que ser uma comparação, conforme código abaixo:

if (valor1 === "5")

Neste caso o tipo da variável é inteiro e o conteúdo é do tipo string, neste caso esta condição seria falsa. A outra forma de deixar este item falso, seria alterar a atribuição do valor da variável **valor1** na **linha 7** do arquivo **aplicativo_006.js**, conforme código abaixo:

valor1 = "5";

Observe na **linha 90** do arquivo **index.html**, temos o item estritamente diferente **(5 !== 5)**, foi falso porque o tipo e o conteúdo da variável, são iguais, ou seja, ambas são do tipo inteiro. Para que fosse verdadeiro, teria que ser uma comparação, conforme código abaixo:

if (valor1 !== "5")

Neste caso o tipo da variável é inteiro e o conteúdo é do tipo string, neste caso esta condição seria falsa. A outra forma de deixar este item falso, seria alterar a atribuição do valor da variável **valor1** na **linha 7** do arquivo **aplicativo_006.js**, conforme código abaixo:

valor1 = "5";

OPERADORES LÓGICOS

Os operadores lógicos vão atuar também sobre as expressões e vão resultar valores lógicos **VERDADEIRO** ou **FALSO**, são utilizados tipicamente com valores booleanos (lógicos); neste caso, retornam um valor booleano. Veja na tabela abaixo os operadores lógicos no **VisuAlg**:

Operadores Lógicos	Representação no VisuAlg	Significado
Multiplicação Lógica ou Conjunção	e	O resultado vai ser **VERDADEIRO** se ambas as partes forem **verdadeiras**.
Adição Lógica ou Disjunção	ou	O resultado vai ser **VERDADEIRO** se pelo menos uma das partes for verdadeira.
Não lógico	nao	O resultado é a inversão do valor lógico, neste caso se for **VERDADEIRO** torna-se **FALSO**, se for **FALSO** torna-se **VERDADEIRO**.
Disjunção Exclusiva	xou	O resultado é **VERDADEIRO** somente se um dos dois for **VERDADEIRO** e o outro **FALSO** (ou vice-versa). Ou seja, eles são mutuamente exclusivos.

Veja na tabela abaixo os operadores lógicos no **JavaScript**:

Operadores Relacionais	Representação no JavaScript	Significado
Multiplicação Lógica ou Conjunção – AND	&&	**(E lógico)** – Retorna **expressao1** caso possa ser convertido para falso; senão, retorna **expressao2**. Assim, quando utilizado com valores booleanos, **&&** retorna verdadeiro caso ambos operandos sejam verdadeiros; caso contrário, retorna falso. Exemplos de expressões que podem ser convertidas para falso são aquelas que são avaliadas como nulo, 0, string vazia ("") ou undefined.
Adição Lógica ou Disjunção – OR	||	**(OU lógico)** – Retorna **expressao1** caso possa ser convertido para verdadeiro; senão, retorna **expressao2**. Assim, quando utilizado com valores booleanos, **||** retorna verdadeiro caso ambos os operandos sejam verdadeiros; se ambos forem falsos, retorna falso.
Não lógico – NOT	!	**(Negação lógica)** – Retorna falso caso o único operando possa ser convertido para verdadeiro; senão, retorna verdadeiro.
Disjunção Exclusiva – XOR	!!(^)	O resultado é **VERDADEIRO** somente se um dos dois for **VERDADEIRO** e o outro **FALSO** (ou vice-versa). Ou seja, eles são mutuamente exclusivos.

Entretanto, na linguagem **JavaScript** os operadores **&&** e **||** na verdade retornam o valor de um dos operandos especificados, de forma que se esses operadores forem utilizados com valores não booleanos, eles possam retornar um valor não booleano. Você deve estar se perguntando: como chego nestes valores? Existe um método da matemática booleana, chamado **tabela-verdade**, que mostra os resultados das aplicações dos operadores lógicos de acordo com os valores dos operadores envolvidos. Veja abaixo a **tabela-verdade**:

A	B	A e B A && B	A ou B A || B	A xou B A ^ B	nao A ! A	nao B ! B
VERDADEIRO	VERDADEIRO	VERDADEIRO	VERDADEIRO	FALSO	FALSO	FALSO
VERDADEIRO	FALSO	FALSO	VERDADEIRO	VERDADEIRO	FALSO	VERDADEIRO
FALSO	VERDADEIRO	FALSO	VERDADEIRO	VERDADEIRO	VERDADEIRO	FALSO
FALSO	FALSO	FALSO	FALSO	FALSO	VERDADEIRO	VERDADEIRO

Veja como **Multiplicação Lógica ou Conjunção (e)** é implementada no **VisuAlg**, vamos retornar para o nosso algoritmo **algoritmo_006** no **VisuAlg**, se o mesmo estiver aberto, basta posicionar o botão do mouse sobre o ícone do **VisuAlg** na barra de tarefas do **Windows 10**, vai aparecer uma miniatura do algoritmo, conforme vimos na **figura 56**. Clique sobre esta miniatura e vamos retornar à tela principal do mesmo. Caso o **VisuAlg** esteja fechado, para abrí-lo novamente, basta clicar sobre o ícone do **VisuAlg** na barra de tarefas do **Windows 10**, conforme vimos na **figura 156** no **Anexo I**, vai abrir a tela principal do mesmo, clique com o botão do mouse sobre o menu **Arquivo**, em seguida selecione o item **Novo**, ou pressione, ao mesmo tempo, as teclas de atalho **Ctrl+N**, conforme vimos na **figura 57**.

Antes de começarmos a digitar algo, vamos salvar nosso algoritmo, para isto, clique com o botão do mouse sobre o menu **Arquivo**, em seguida selecione o item **Salvar**, ou pressione, ao mesmo tempo, as teclas de atalho **Ctrl+S**, conforme vimos na **figura 4**. Ou clique no ícone do disquete no menu de ferramentas, conforme vimos na **figura 5**. Independentemente da forma escolhida para salvar o algoritmo vai abrir a janela **Salvar como**, no item **Salvar em:**, selecione **Disco local (C:)**, se você renomeou o seu **Disco local (C:)**, clique no nome do disco que você escolheu — no meu caso eu chamei de **Win10 (C:)** —, em seguida selecione a pasta **projetos_livro**, e clique no botão **Abrir** ou clique duas vezes com o botão do mouse sobre a pasta, em seguida selecione a pasta **algoritmos**, e clique no botão **Abrir** ou clique duas vezes com o botão do mouse sobre a pasta. No item **Nome:**, digite **algoritmo_007**, conforme vimos na **figura 6**. Clique no botão **Salvar**. Para saber se o algoritmo foi salvo no caminho que especificamos, basta verificar no topo da janela do **VisuAlg**, que mostra o caminho onde salvamos nosso algoritmo, conforme vimos na **figura 7**. Não esqueça de configurar a numeração de linhas, pois é muito importante, principalmente na indicação de erros. Para isto, clique no menu **Exibir**, e selecione o item **Número de linhas**, conforme vimos na **figura 8**. Ou clique no ícone **Numerar linhas** no menu de ferramentas, conforme vimos na

figura 9. Agora posicione o cursor no início da **linha 1**, em seguida pressione, ao mesmo tempo, as teclas **Ctrl+T**, veja como ficou, conforme vimos na **figura 12**. Pressione a tecla **Delete** do teclado, e observe que o cursor do mouse vai ficar piscando na **linha 1**, neste local digite o código abaixo:

```
algoritmo "Operadores Lógicos"
// Função : Multiplicação Lógica ou Conjunção (e)
// Autor : Professor Mestre Rafael Soares
// Data : 21/10/2018
// Seção de Declarações
var
a, b, s : logico
inicio
// Seção de Comandos
a <- verdadeiro
b <- verdadeiro
s <- a e b
escreval("**********************************************************
*****")
escreval("**** Tabela Verdade da Multiplicação Lógica ou Conjunção *****")
escreval("*********** A e B *********** Saída
**************************")
escreval("|", a , " | ", b , " | " , s)
a <- verdadeiro
b <- falso
s <- a e b
escreval("|", a , " | ", b , "     | " , s)
a <- falso
b <- verdadeiro
s <- a e b
escreval("|", a , "     | ", b , " | " , s)
a <- falso
b <- falso
s <- a e b
escreval("|", a , "     | ", b , "     | " , s)
fimalgoritmo
```

Salve o algoritmo, conforme vimos nas **figuras 4** e **5**. Não esqueça de fazer a indentação do código, conforme vimos nas **figuras 97** e **98**, ou pressione, ao mesmo tempo, as teclas **Ctrl+G**. É muito importante fazer a indentação do código, pois desta forma, deixaremos o nosso código mais legível. Como vamos apenas visualizar as informações, não precisamos da janela do **DOS**, vamos alterar a exibição da janela de entrada e saída do **VisuAlg**, clique no ícone **Executar o algoritmo como DOS** no menu de ferramentas, conforme vimos na **figura 77**. Vamos executar o algoritmo, para isto vamos até o menu **Algoritmo**, e vamos selecionar o item **Executar**, ou pressionar a tecla **F9**, conforme vimos na **figura 14**. Ou clique no ícone **Executar** no menu de ferramentas, conforme vimos na **figura 15**. Veja que as informações vão aparecer na janela de visualização de resultados, conforme **figura 101**:

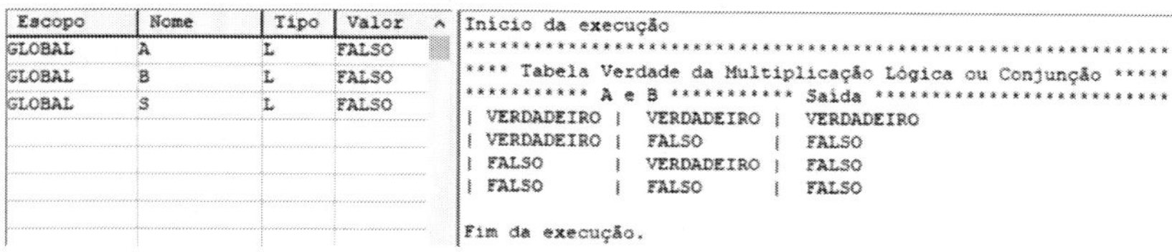

Figura 101

Veja como **Adição Lógica ou Disjunção (ou)**, é implementada no **VisuAlg**, vamos retornar para o nosso algoritmo **algoritmo_007** no **VisuAlg**, se o mesmo estiver aberto, basta posicionar o botão do mouse sobre o ícone do **VisuAlg** na barra de tarefas do **Windows 10**, vai aparecer uma miniatura do algoritmo, conforme vimos na **figura 56**. Clique sobre esta miniatura e vamos retornar à tela principal do mesmo. Caso o **VisuAlg** esteja fechado, para abrí-lo novamente, basta clicar sobre o ícone do **VisuAlg** na barra de tarefas do **Windows 10**, conforme vimos na **figura 156** no **Anexo I**, vai abrir a tela principal do mesmo, clique com o botão do mouse sobre o menu **Arquivo**, em seguida selecione o item **Novo**, ou pressione, ao mesmo tempo, as teclas de atalho **Ctrl+N**, conforme vimos na **figura 57**.

Antes de começarmos a digitar algo, vamos salvar nosso algoritmo, para isto, clique com o botão do mouse sobre o menu **Arquivo**, em seguida selecione o item **Salvar**, ou pressione, ao mesmo tempo, as teclas de atalho **Ctrl+S**, conforme vimos na **figura 4**. Ou clique no ícone do disquete no menu de ferramentas, conforme vimos na **figura 5**. Independentemente da forma escolhida para salvar o algoritmo vai abrir a janela **Salvar como**, no item **Salvar em:**, selecione **Disco local (C:)**, se você renomeou o seu **Disco local (C:)**, clique no nome do disco que você escolheu — no meu caso eu chamei de **Win10 (C:)** —, em seguida selecione a pasta **projetos_livro**, e clique no botão **Abrir** ou clique duas vezes com o botão do mouse sobre a pasta, em seguida selecione a pasta **algoritmos**, e clique no botão **Abrir** ou clique duas vezes com o botão do mouse sobre a pasta. No item **Nome:**, digite **algoritmo_008**, conforme vimos na **figura 6**. Clique no botão **Salvar**. Para saber se o algoritmo foi salvo no caminho que especificamos, basta verificar no topo da janela do **VisuAlg**, que mostra o caminho onde salvamos nosso algoritmo, conforme vimos na **figura 7**. Não esqueça de configurar a numeração de linhas, pois é muito importante, principalmente na indicação de erros. Para isto, clique no menu **Exibir**, e selecione o item **Número de linhas**, conforme vimos na **figura 8**. Ou clique no ícone **Numerar linhas** no menu de ferramentas, conforme vimos na **figura 9**. Agora posicione o cursor no início da **linha 1**, em seguida pressione, ao mesmo tempo, as teclas **Ctrl+T**, veja como ficou, conforme vimos na **figura 12**. Pressione a tecla **Delete** do teclado, e observe que o cursor do mouse vai ficar piscando na **linha 1**, neste local digite o código abaixo:

```
algoritmo "Operadores Lógicos"
// Função : Adição Lógica ou Disjunção (ou)
// Autor : Professor Mestre Rafael Soares
// Data : 21/10/2018
// Seção de Declarações
var
a, b, s : logico
inicio
// Seção de Comandos
a <- verdadeiro
b <- verdadeiro
s <- a ou b
escreval("*****************************************************
**")
escreval("*** Tabela Verdade da Adição Lógica ou Disjunção ***")
escreval("********** A ou B ********** Saída *****************")
escreval("|", a , " | ", b , " | " , s)
a <- verdadeiro
b <- falso
s <- a ou b
escreval("|", a , " | ", b , "     | " , s)
a <- falso
b <- verdadeiro
s <- a ou b
escreval("|", a , "     | ", b , " | " , s)
a <- falso
b <- falso
```

```
s <- a ou b
escreval("|", a , "     | ", b , "     | " , s)
fimalgoritmo
```

Salve o algoritmo, conforme vimos nas **figuras 4** e **5**. Não esqueça de fazer a indentação do código, conforme vimos nas **figuras 97** e **98**, ou pressione, ao mesmo tempo, as teclas **Ctrl+G**. É muito importante fazer a indentação do código, pois desta forma, deixaremos o nosso código mais legível. Como vamos apenas visualizar as informações, não precisamos da janela do **DOS**, vamos alterar a exibição da janela de entrada e saída do **VisuAlg**, clique no ícone **Executar o algoritmo como DOS** no menu de ferramentas, conforme vimos na **figura 77**. Vamos executar o algoritmo, para isto vamos até o menu **Algoritmo**, e vamos selecionar o item **Executar**, ou pressionar a tecla **F9**, conforme vimos na **figura 14**. Ou clique no ícone **Executar** no menu de ferramentas, conforme vimos na **figura 15**. Veja que as informações vão aparecer na janela de visualização de resultados, conforme **figura 102**:

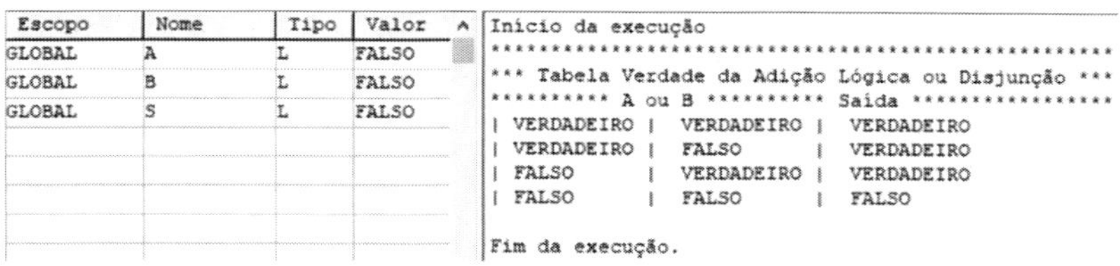

Figura 102

Veja como **Disjunção Exclusiva (xou)** é implementada no **VisuAlg**, vamos retornar para o nosso algoritmo **algoritmo_008** no **VisuAlg**, se o mesmo estiver aberto, basta posicionar o botão do mouse sobre o ícone do **VisuAlg** na barra de tarefas do **Windows 10**, vai aparecer uma miniatura do algoritmo, conforme vimos na **figura 56**. Clique sobre esta miniatura e vamos retornar à tela principal do mesmo. Caso o **VisuAlg** esteja fechado, para abrí-lo novamente, basta clicar sobre o ícone do **VisuAlg** na barra de tarefas do **Windows 10**, conforme vimos na **figura 156** no **Anexo I**, vai abrir a tela principal do mesmo, clique com o botão do mouse sobre o menu **Arquivo**, em seguida selecione o item **Novo**, ou pressione, ao mesmo tempo, as teclas de atalho **Ctrl+N**, conforme vimos na **figura 57**.

Antes de começarmos a digitar algo, vamos salvar nosso algoritmo, para isto, clique com o botão do mouse sobre o menu **Arquivo**, em seguida selecione o item **Salvar**, ou pressione, ao mesmo tempo, as teclas de atalho

Ctrl+S, conforme vimos na **figura 4**. Ou clique no ícone do disquete no menu de ferramentas, conforme vimos na **figura 5**. Independentemente da forma escolhida para salvar o algoritmo vai abrir a janela **Salvar como**, no item **Salvar em:**, selecione **Disco local (C:)**, se você renomeou o seu **Disco local (C:)**, clique no nome do disco que você escolheu — no meu caso eu chamei de **Win10 (C:)** —, em seguida selecione a pasta **projetos_livro**, e clique no botão **Abrir** ou clique duas vezes com o botão do mouse sobre a pasta, em seguida selecione a pasta **algoritmos**, e clique no botão **Abrir** ou clique duas vezes com o botão do mouse sobre a pasta. No item **Nome:**, digite **algoritmo_009**, conforme vimos na **figura 6**. Clique no botão **Salvar**. Para saber se o algoritmo foi salvo no caminho que especificamos, basta verificar no topo da janela do **VisuAlg**, que mostra o caminho onde salvamos nosso algoritmo, conforme vimos na **figura 7**. Não esqueça de configurar a numeração de linhas, pois é muito importante, principalmente na indicação de erros. Para isto, clique no menu **Exibir**, e selecione o item **Número de linhas**, conforme vimos na **figura 8**. Ou clique no ícone **Numerar linhas** no menu de ferramentas, conforme vimos na **figura 9**. Agora posicione o cursor no início da **linha 1**, em seguida pressione, ao mesmo tempo, as teclas **Ctrl+T**, veja como ficou, conforme vimos na **figura 12**. Pressione a tecla **Delete** do teclado, e observe que o cursor do mouse vai ficar piscando na **linha 1**, neste local digite o código abaixo:

```
algoritmo "Operadores Lógicos"
// Função : Disjunção Exclusiva (xou)
// Autor : Professor Mestre Rafael Soares
// Data : 21/10/2018
// Seção de Declarações
var
a, b, s : logico
inicio
// Seção de Comandos
a <- verdadeiro
b <- verdadeiro
s <- a xou b
escreval("**********************************************")
escreval("*** Tabela Verdade da Disjunção Exclusiva ***")
escreval("********** A xou B ********** Saída *********")
escreval("|", a , " | ", b , " | " , s)
a <- verdadeiro
b <- falso
```

```
s <- a xou b
escreval("|", a , " | ", b , "      | " , s)
a <- falso
b <- verdadeiro
s <- a xou b
escreval("|", a , "      | ", b , " | " , s)
a <- falso
b <- falso
s <- a xou b
escreval("|", a , "      | ", b , "      | " , s)
fimalgoritmo
```

Salve o algoritmo, conforme vimos nas **figuras 4** e **5**. Não esqueça de fazer a indentação do código, conforme vimos nas **figuras 97** e **98**, ou pressione, ao mesmo tempo, as teclas **Ctrl+G**. É muito importante fazer a indentação do código, pois desta forma, deixaremos o nosso código mais legível. Como vamos apenas visualizar as informações, não precisamos da janela do **DOS**, vamos alterar a exibição da janela de entrada e saída do **VisuAlg**, clique no ícone **Executar o algoritmo como DOS** no menu de ferramentas, conforme vimos na **figura 77**. Vamos executar o algoritmo, para isto vamos até o menu **Algoritmo**, e vamos selecionar o item **Executar**, ou pressionar a tecla **F9**, conforme vimos na **figura 14**. Ou clique no ícone **Executar** no menu de ferramentas, conforme vimos na **figura 15**. Veja que as informações vão aparecer na janela de visualização de resultados, conforme **figura 103**:

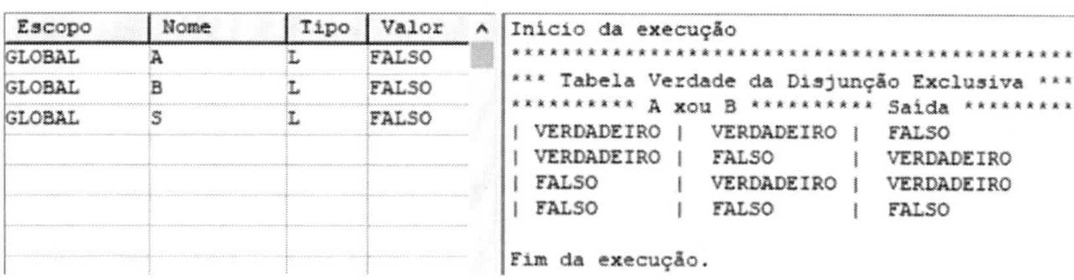

Figura 103

Veja como **Não Lógico (nao)**, é implementado no **VisuAlg**, vamos retornar para o nosso algoritmo **algoritmo_009** no **VisuAlg**, se o mesmo estiver aberto, basta posicionar o botão do mouse sobre o ícone do **VisuAlg** na barra de tarefas do **Windows 10**, vai aparecer uma miniatura do algoritmo, conforme vimos na **figura 56**. Clique sobre esta miniatura e vamos retornar à tela principal do mesmo. Caso o **VisuAlg** esteja fechado, para abrí-lo novamente, basta clicar sobre o ícone do **VisuAlg** na barra de tarefas do **Windows 10**, conforme vimos na **figura 156** no **Anexo I**, vai abrir a tela principal do mesmo, clique com o botão do mouse sobre o menu **Arquivo**, em seguida selecione o item **Novo**, ou pressione, ao mesmo tempo, as teclas de atalho **Ctrl+N**, conforme vimos na **figura 57**.

Antes de começarmos a digitar algo, vamos salvar nosso algoritmo, para isto, clique com o botão do mouse sobre o menu **Arquivo**, em seguida selecione o item **Salvar**, ou pressione, ao mesmo tempo, as teclas de atalho **Ctrl+S**, conforme vimos na **figura 4**. Ou clique no ícone do disquete no menu de ferramentas, conforme vimos na **figura 5**. Independentemente da forma escolhida para salvar o algoritmo vai abrir a janela **Salvar como**, no item **Salvar em:**, selecione **Disco local (C:)**, se você renomeou o seu **Disco local (C:)**, clique no nome do disco que você escolheu — no meu caso eu chamei de **Win10 (C:)** —, em seguida selecione a pasta **projetos_livro**, e clique no botão **Abrir** ou clique duas vezes com o botão do mouse sobre a pasta, em seguida selecione a pasta **algoritmos**, e clique no botão **Abrir** ou clique duas vezes com o botão do mouse sobre a pasta. No item **Nome:**, digite **algoritmo_010**, conforme vimos na **figura 6**. Clique no botão **Salvar**. Para saber se o algoritmo foi salvo no caminho que especificamos, basta verificar no topo da janela do **VisuAlg**, que mostra o caminho onde salvamos nosso algoritmo, conforme vimos na **figura 7**. Não esqueça de configurar a numeração de linhas, pois é muito importante, principalmente na indicação de erros. Para isto, clique no menu **Exibir**, e selecione o item **Número de linhas**, conforme vimos na **figura 8**. Ou clique no ícone **Numerar linhas** no menu de ferramentas, conforme vimos na **figura 9**. Agora posicione o cursor no início da **linha 1**, em seguida pressione, ao mesmo tempo, as teclas **Ctrl+T**, veja como ficou, conforme vimos na **figura 12**. Pressione a tecla **Delete** do teclado, e observe que o cursor do mouse vai ficar piscando na **linha 1**, neste local digite o código abaixo:

```
algoritmo "Operadores Lógicos"
// Função : Não Lógico (nao)
// Autor : Professor Mestre Rafael Soares
// Data : 21/10/2018
// Seção de Declarações
var
a, b, s : logico
inicio
```

```
// Seção de Comandos
a <- verdadeiro
s <- nao a
escreval("******************************************")
escreval("**** Tabela Verdade do Não lógico (nao) ***")
escreval("*********** nao A ********* Saída *********")
escreval("|", a , " | " , s)
a <- falso
s <- nao a
escreval("|", a , "      | " , s)
escreval("*********** nao B ********* Saída *********")
b <- verdadeiro
s <- nao b
escreval("|", b , " | " , s)
b <- falso
s <- nao b
escreval("|", b , "      | " , s)
fimalgoritmo
```

Salve o algoritmo, conforme vimos nas **figuras 4** e **5**. Não esqueça de fazer a indentação do código, conforme vimos nas **figuras 97** e **98**, ou pressione, ao mesmo tempo, as teclas **Ctrl+G**. É muito importante fazer a indentação do código, pois desta forma, deixaremos o nosso código mais legível. Como vamos apenas visualizar as informações, não precisamos da janela do **DOS**, vamos alterar a exibição da janela de entrada e saída do **VisuAlg**, clique no ícone **Executar o algoritmo como DOS** no menu de ferramentas, conforme vimos na **figura 77**. Vamos executar o algoritmo, para isto vamos até o menu **Algoritmo**, e vamos selecionar o item **Executar**, ou pressionar a tecla **F9**, conforme vimos na **figura 14**. Ou clique no ícone **Executar** no menu de ferramentas, conforme vimos na **figura 15**. Veja que as informações vão aparecer na janela de visualização de resultados, conforme **figura 104**:

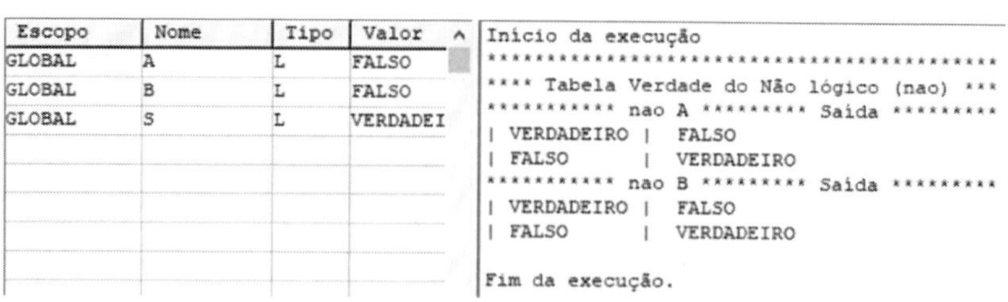

Figura 104

Veja como **Multiplicação Lógica ou Conjunção (&&)**, é implementada no **JavaScript**, vamos retornar para o nosso aplicativo **aplicativo_006** no **Notepad++**, se o mesmo estiver aberto, basta posicionar o botão do mouse sobre o ícone do **Notepad++** na barra de tarefas do **Windows 10**, vai aparecer uma miniatura do aplicativo, conforme vimos na **figura 61**. Clique sobre esta miniatura e vamos retornar à tela principal do mesmo. Caso o **Notepad++** esteja fechado, para abrí-lo novamente, basta clicar sobre o ícone do **Notepad++** na barra de tarefas do **Windows 10**, conforme vimos na **figura 156** no **Anexo I**, vai abrir a tela principal do mesmo, antes de começarmos a digitar algo, vamos fechar os arquivos **aplicativo_006** e **index.html**, para isto clique no ícone do quadradinho vermelho com um **X** dentro, conforme vimos na **figura 24**. Vamos salvar nosso aplicativo, para isto, clique com o botão do mouse sobre o menu **Arquivo**, em seguida selecione o item **Salvar como...**, ou pressione, ao mesmo tempo, as teclas de atalho **Ctrl+Alt+S**, conforme vimos na **figura 25**. Vai abrir a janela **Salvar como**, no item **Salvar em:**, clique na setinha para baixo da caixa de seleção **combobox** e selecione **Disco local (C:)**, se você renomeou o seu **Disco local (C:)**, clique no nome do disco que você escolheu — no meu caso eu chamei de **Win10 (C:)** —, em seguida clique duas vezes com o botão do mouse sobre a pasta **projetos_ livro**, clique duas vezes com o botão do mouse sobre a pasta **javascript**, e clique no ícone **Criar Nova Pasta**, conforme vimos na **figura 26**. No nome da pasta, digite **aplicativo_007**, pressione a tecla **Enter** duas vezes, conforme vimos na **figura 27**. Repita o procedimento acima e crie outra pasta, clique no ícone **Criar Nova Pasta**, conforme vimos na **figura 26**, no nome da pasta, digite **scripts**, pressione a tecla **Enter** duas vezes. No item **Nome:**, digite **aplicativo_007**, no item **Tipo:**, selecione **JavaScriptFile**, conforme vimos na **figura 28**. Clique no botão **Salvar**. Para saber se o algoritmo foi salvo no caminho que especificamos, basta verificar no topo da janela do **Notepad++**, que mostra o caminho onde salvamos nosso aplicativo, conforme vimos na **figura 29**. Clique no botão **Salvar & Fechar**. Veja que o cursor do mouse está posicionado na **linha 1**, neste local digite o código abaixo:

```
// Função : Multiplicação Lógica ou Conjunção (&&)
// Autor : Professor Mestre Rafael Soares
// Data : 21/10/2018
// Seção de Declarações
var a, b, s;
```

Salve o aplicativo, para isto, clique com o botão do mouse sobre o menu **Arquivo**, em seguida selecione o item **Salvar**, ou pressione, ao mesmo tempo, as teclas de atalho **Ctrl+S**, ou selecione o item **Salvar todos**, ou pressione, ao mesmo tempo, as teclas de atalho **Ctrl+Shift+S**, ou clique no ícone dos disquetes duplos na barra de ferramentas, conforme vimos nas **figuras 33** e **34**. Vamos criar um arquivo do tipo **HTML**, chamado **index.html**, para isto clique com o botão do mouse sobre o menu **Arquivo**, em seguida selecione o item **Novo**, ou pressione, ao mesmo tempo, as teclas de atalho **Ctrl+N**, conforme vimos na **figura 35**. Em seguida, clique com o botão do mouse sobre o menu **Arquivo**, e selecione o item **Salvar como...**, ou pressione ao mesmo tempo as teclas de atalho **Ctrl+Alt+S**, conforme vimos na **figura 25**. Vai abrir a janela **Salvar como**, no item **Salvar em:**, clique na setinha para baixo da caixa de seleção **combobox** e selecione **Disco local (C:)**, se você renomeou o seu **Disco local (C:)**, clique no nome do disco que você escolheu — no meu caso eu chamei de **Win10 (C:)** —, em seguida clique duas vezes com o botão do mouse sobre a pasta **projetos_livro**, clique duas vezes com o botão do mouse sobre a pasta **javascript**, em seguida clique duas vezes com o botão do mouse sobre a pasta **aplicativo_007**, no item **Nome:**, digite **index**, no item **Tipo:**, selecione **Hyper Text Markup Language**, conforme vimos na **figura 36**. Clique no botão **Salvar**. Para saber se o algoritmo foi salvo no caminho que especificamos, basta verificar no topo da janela do **Notepad++**, que mostra o caminho onde salvamos nosso arquivo **HTML**, conforme vimos na **figura 29**. Veja que o cursor do mouse está posicionado na **linha 1**, neste local digite o código abaixo:

```
<html lang="pt-BR">
<head>
  <meta charset="utf-8" />
  <title>Aprendendo Algoritmos com JavaScript</title>
</head>
<body>
      <script src="scripts/aplicativo_007.js"></script>
      <script>
      a = true;
      s = a && b;
      b = true;
      document.
write("*****************************************************")
      document.write("<br>");
```

```
        document.write("**** Tabela Verdade da Multiplicação Lógica ou
Conjunção *****")
        document.write("<br>");
        document.write("****   A &&  B **** Saída *****************
***************")
        document.write("<br>");
        document.write("*** | " + a + "      |       " + b + " | " + s)
        </script>
        <br>
        <script>
        a = true;
        b = false;
        s = a && b;
        document.write("*** | " + a + "      |       " + b + " | " + s)
        </script>
        <br>
        <script>
        a = false;
        b = true;
        s = a && b;
        document.write("*** | " + a + "      |       " + b + " | " + s)
        </script>
        <br>
        <script>
        a = false;
        b = false;
        s = a && b;
        document.write("*** | " + a + "      |       " + b + " | " + s)
        document.write("<br>");
        document.write("****************************************
  *************")
        </script>
    </body>
    </html>
```

Observe que à medida que vamos digitando, o código vai aparecer automaticamente, em uma caixa de seleção, basta selecionar o mesmo para completar, conforme vimos na **figura 37**. Salve o aplicativo, para isto, clique com o botão do mouse sobre o menu **Arquivo**, em seguida selecione

o item **Salvar**, ou pressione, ao mesmo tempo, as teclas de atalho **Ctrl+S**, ou selecione o item **Salvar todos**, ou pressione, ao mesmo tempo, as teclas de atalho **Ctrl+Shift+S**, ou clique no ícone dos disquetes duplos na barra de ferramentas, conforme vimos nas **figuras 33** e **34**. Vamos executar nosso aplicativo, para isto vamos até o menu **Executar**, observe que tem todos os principais navegadores web, vamos selecionar o item **Google Chrome**, conforme vimos na **figura 39**. Vai aparecer a janela do **Chrome**, com os resultados, conforme **figura 105**:

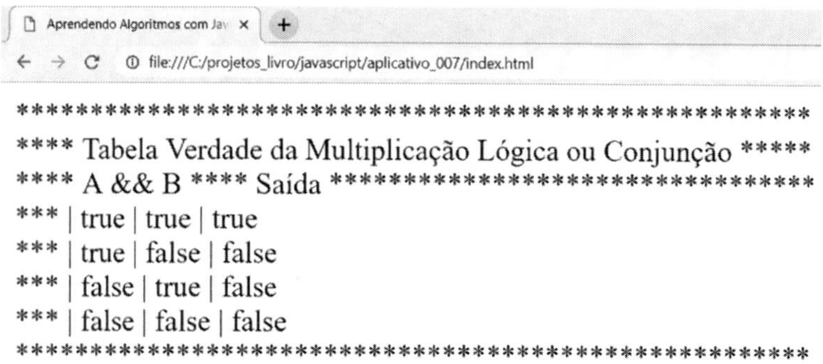

Figura 105

Veja como **Adição Lógica ou Disjunção (||)** é implementada no **JavaScript**, vamos retornar para o nosso aplicativo **aplicativo_007** no **Notepad++**, se o mesmo estiver aberto, basta posicionar o botão do mouse sobre o ícone do **Notepad++** na barra de tarefas do **Windows 10**, vai aparecer uma miniatura do aplicativo, conforme vimos na **figura 61**. Clique sobre esta miniatura e vamos retornar à tela principal do mesmo. Caso o **Notepad++** esteja fechado, para abrí-lo novamente, basta clicar sobre o ícone do **Notepad++** na barra de tarefas do **Windows 10**, conforme vimos na **figura 256** no **Anexo I**, vai abrir a tela principal do mesmo, antes de começarmos a digitar algo, vamos fechar os arquivos **aplicativo_007** e **index.html**, para isto clique no ícone do quadradinho vermelho com um **X** dentro, conforme vimos na **figura 24**. Vamos salvar nosso aplicativo, para isto, clique com o botão do mouse sobre o menu **Arquivo**, em seguida selecione o item **Salvar como...**, ou pressione, ao mesmo tempo, as teclas de atalho **Ctrl+Alt+S**, conforme vimos na **figura 25**. Vai abrir a janela **Salvar como**, no item **Salvar em:**, clique na setinha para baixo da caixa de seleção **combobox** e selecione **Disco local (C:)**, se você renomeou o seu **Disco local (C:)**, clique no nome do disco que você escolheu — no meu caso eu chamei de **Win10 (C:)** —, em seguida clique duas vezes com o botão do mouse sobre a pasta **projetos_livro**, clique duas vezes com o botão do mouse sobre a pasta **javascript**, e clique no ícone **Criar Nova Pasta**, conforme vimos na **figura 26**. No nome da pasta, digite **aplicativo_008**, pressione a tecla **Enter** duas vezes, conforme vimos na **figura 27**. Repita o procedimento acima e crie outra pasta, clique no ícone **Criar Nova Pasta**, conforme vimos na **figura 26**, no nome da pasta, digite **scripts**, pressione a tecla **Enter** duas vezes. No item **Nome:**, digite **aplicativo_008**, no item **Tipo:**, selecione **JavaScriptFile**, conforme vimos na **figura 28**. Clique no botão **Salvar**. Para saber se o algoritmo foi salvo no caminho que especificamos, basta verificar no topo da janela do **Notepad++**, que mostra o caminho onde salvamos nosso aplicativo, conforme vimos na **figura 29**. Clique no botão **Salvar & Fechar**. Vejam que o cursor do mouse está posicionado na **linha 1**, neste local digite o código abaixo:

```
// Função : Adição Lógica ou Disjunção (||)
// Autor : Professor Mestre Rafael Soares
// Data : 21/10/2018
// Seção de Declarações
var a, b, s;
```

Salve o aplicativo, para isto, clique com o botão do mouse sobre o menu **Arquivo**, em seguida selecione o item **Salvar**, ou pressione, ao mesmo tempo, as teclas de atalho **Ctrl+S**, ou selecione o item **Salvar todos**, ou pressione, ao mesmo tempo, as teclas de atalho **Ctrl+Shift+S**, ou clique no ícone dos disquetes duplos na barra de ferramentas, conforme vimos nas **figuras 33** e **34**. Vamos criar um arquivo do tipo **HTML**, chamado **index.html**, para isto clique com o botão do mouse sobre o menu **Arquivo**, em seguida selecione o item **Novo**, ou pressione, ao mesmo tempo, as teclas de atalho **Ctrl+N**, conforme vimos na **figura 35**. Em seguida, clique com o botão do mouse sobre o menu **Arquivo**, e selecione o item **Salvar como...**, ou pressione. ao mesmo tempo. as teclas de atalho **Ctrl+Alt+S**, conforme vimos na **figura 25**. Vai abrir a janela **Salvar como**, no item **Salvar em:**, clique na setinha para baixo da caixa de seleção **combobox** e selecione **Disco local (C:)**, se você renomeou o seu **Disco local (C:)**, clique no nome do disco que você escolheu — no meu caso eu chamei de **Win10 (C:)** —, em seguida clique duas vezes com o botão do mouse sobre a pasta **projetos_livro**, clique duas vezes com o botão do mouse sobre a pasta **javascript**, em seguida clique duas vezes com o botão do mouse sobre a pasta **aplicativo_008**, no item **Nome:**, digite **index**, no item **Tipo:**, selecione **Hyper Text Markup Language**, conforme vimos na **figura 36**.

Clique no botão **Salvar**. Para saber se o algoritmo foi salvo no caminho que especificamos, basta verificar no topo da janela do **Notepad++**, que mostra o caminho onde salvamos nosso arquivo **HTML**, conforme vimos na **figura 29**. Veja que o cursor do mouse está posicionado na **linha 1**, neste local digite o código abaixo:

```
<html lang="pt-BR">
<head>
  <meta charset="utf-8" />
  <title>Aprendendo Algoritmos com JavaScript</title>
</head>
<body>
      <script src="scripts/aplicativo_008.js"></script>
      <script>
      a = true;
      b = true;
      s = a || b;
      document.
write("***************************************************")
      document.write("<br>");
      document.write("**** Tabela Verdade da Adição Lógica ou
Disjunção *****")
      document.write("<br>");
      document.write("****   A ||  B **** Saída ******************
*************")
      document.write("<br>");
      document.write("*** | " + a + "      |      " + b + " | " + s)
      </script>
      <br>
      <script>
      a = true;
      b = false;
      s = a || b;
      document.write("*** | " + a + "      |      " + b + " | " + s)
      </script>
      <br>
      <script>
      a = false;
      b = true;
```

```
    s = a || b;
    document.write("*** | " + a + "     |     " + b + " | " + s)
    </script>
    <br>
    <script>
    a = false;
    b = false;
    s = a || b;
    document.write("*** | " + a + "     |     " + b + " | " + s)
    document.write("<br>");
    document.write("******************************
***********************")
    </script>
</body>
</html>
```

Observe que à medida que vamos digitando, o código vai aparecer automaticamente, em uma caixa de seleção, basta selecionar o mesmo para completar, conforme vimos na **figura 37**. Salve o aplicativo, para isto, clique com o botão do mouse sobre o menu **Arquivo**, em seguida selecione o item **Salvar**, ou pressione, ao mesmo tempo, as teclas de atalho **Ctrl+S**, ou selecione o item **Salvar todos**, ou pressione, ao mesmo tempo, as teclas de atalho **Ctrl+Shift+S**, ou clique no ícone dos disquetes duplos na barra de ferramentas, conforme vimos nas **figuras 33** e **34**. Vamos executar nosso aplicativo, para isto vamos até o menu **Executar**, observe que tem todos os principais navegadores web, vamos selecionar o item **Google Chrome**, conforme vimos na **figura 39**. Vai aparecer a janela do **Chrome**, com os resultados, conforme **figura 106**:

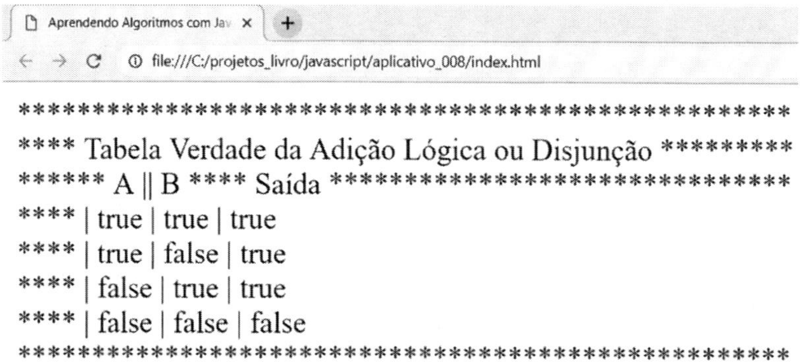

Figura 106

Veja como a **Disjunção Exclusiva !!(^)**, é implementada no **JavaScript**, vamos retornar para o nosso aplicativo **aplicativo_008** no **Notepad++**, se o mesmo estiver aberto, basta posicionar o botão do mouse sobre o ícone do **Notepad++** na barra de tarefas do **Windows 10**, vai aparecer uma miniatura do aplicativo, conforme vimos na **figura 61**. Clique sobre esta miniatura e vamos retornar à tela principal do mesmo. Caso o **Notepad++** esteja fechado, para abrí-lo novamente, basta clicar sobre o ícone do **Notepad++** na barra de tarefas do **Windows 10**, conforme vimos na **figura 156** no **Anexo I**, vai abrir a tela principal do mesmo, antes de começarmos a digitar algo, vamos fechar os arquivos **aplicativo_008** e **index.html**, para isto clique no ícone do quadradinho vermelho com um **X** dentro, conforme vimos na **figura 24**. Vamos salvar nosso aplicativo, para isto, clique com o botão do mouse sobre o menu **Arquivo**, em seguida selecione o item **Salvar como...**, ou pressione, ao mesmo tempo, as teclas de atalho **Ctrl+Alt+S**, conforme vimos na **figura 25**. Vai abrir a janela **Salvar como**, no item **Salvar em:**, clique na setinha para baixo da caixa de seleção **combobox** e selecione **Disco local (C:)**, se você renomeou o seu **Disco local (C:)**, clique no nome do disco que você escolheu — no meu caso eu chamei de **Win10 (C:)** —, em seguida clique duas vezes com o botão do mouse sobre a pasta **projetos_livro**, clique duas vezes com o botão do mouse sobre a pasta **javascript**, e clique no ícone **Criar Nova Pasta**, conforme vimos na **figura 26**. No nome da pasta, digite **aplicativo_009**, pressione a tecla **Enter** duas vezes, conforme vimos na **figura 27**. Repita o procedimento acima e crie outra pasta, clique no ícone **Criar Nova Pasta**, conforme vimos na **figura 26**, no nome da pasta, digite **scripts**, pressione a tecla **Enter** duas vezes. No item **Nome:**, digite **aplicativo_009**, no item **Tipo:**, selecione **JavaScriptFile**, conforme vimos na **figura 28**. Clique no botão **Salvar**. Para saber se o algoritmo foi salvo no caminho que especificamos, basta verificar no topo da janela do **Notepad++**, que mostra o caminho onde salvamos nosso aplicativo, conforme vimos na **figura 29**. Clique no botão **Salvar & Fechar**. Vejam que o cursor do mouse está posicionado na **linha 1**, neste local digite o código abaixo:

```
// Função : Função : Disjunção Exclusiva (!!( ^ ))
// Autor : Professor Mestre Rafael Soares
// Data : 21/10/2018
// Seção de Declarações
var a, b, s;
```

Salve o aplicativo, para isto, clique com o botão do mouse sobre o menu **Arquivo**, em seguida selecione o item **Salvar**, ou pressione ao mesmo tempo as teclas de atalho **Ctrl+S**, ou selecione o item **Salvar todos**, ou pressione, ao mesmo tempo, as teclas de atalho **Ctrl+Shift+S**, ou clique no ícone dos disquetes duplos na barra de ferramentas, conforme vimos nas **figuras 33** e **34**. Vamos criar um arquivo do tipo **HTML**, chamado **index.html**, para isto clique com o botão do mouse sobre o menu **Arquivo**, em seguida selecione o item **Novo**, ou pressione, ao mesmo tempo, as teclas de atalho **Ctrl+N**, conforme vimos na **figura 35**. Em seguida, clique com o botão do mouse sobre o menu **Arquivo**, e selecione o item **Salvar como...**, ou pressione, ao mesmo tempo, as teclas de atalho **Ctrl+Alt+S**, conforme vimos na **figura 25**. Vai abrir a janela **Salvar como**, no item **Salvar em:**, clique na setinha para baixo da caixa de seleção **combobox** e selecione **Disco local (C:)**, se você renomeou o seu **Disco local (C:)**, clique no nome do disco que você escolheu — no meu caso eu chamei de **Win10 (C:)** —, em seguida clique duas vezes com o botão do mouse sobre a pasta **projetos_livro**, clique duas vezes com o botão do mouse sobre a pasta **javascript**, em seguida clique duas vezes com o botão do mouse sobre a pasta **aplicativo_009**, no item **Nome:**, digite **index**, no item **Tipo:**, selecione **Hyper Text Markup Language**, conforme vimos na **figura 36**. Clique no botão **Salvar**. Para saber se o algoritmo foi salvo no caminho que especificamos, basta verificar no topo da janela do **Notepad++**, que mostra o caminho onde salvamos nosso arquivo **HTML**, conforme vimos na **figura 29**. Veja que o cursor do mouse está posicionado na **linha 1**, neste local digite o código abaixo:

```
<html lang="pt-BR">
<head>
  <meta charset="utf-8" />
  <title>Aprendendo Algoritmos com JavaScript</title>
</head>
<body>
      <script src="scripts/aplicativo_009.js"></script>
      <script>
      a = true;
      b = true;
      s = !!(a ^ b);
      document.
write("******************************************************")
      document.write("<br>");
      document.write("**** Tabela Verdade da Disjunção Exclusiva
*****")
      document.write("<br>");
      document.write("****    !!(A ^ B) **** Saída *****************
*************")
      document.write("<br>");
      document.write("*** | " + a + "      |       " + b + " | " + s)
      </script>
      <br>
      <script>
      a = true;
      b = false;
      s = !!(a ^ b);
      document.write("*** | " + a + "      |       " + b + " | " + s)
      </script>
      <br>
      <script>
      a = false;
      b = true;
      s = !!(a ^ b);
      document.write("*** | " + a + "      |       " + b + " | " + s)
      </script>
      <br>
      <script>
      a = false;
```

```
        b = false;
        s = !!(a ^ b);
        document.write("*** | " + a + "      |      " + b + " | " + s)
        document.write("<br>");
        document.wri
te("****************************************************")
        </script>
    </body>
    </html>
```

Observe que à medida que vamos digitando, o código vai aparecer automaticamente, em uma caixa de seleção, basta selecionar o mesmo para completar, conforme vimos na **figura 37**. Salve o aplicativo, para isto, clique com o botão do mouse sobre o menu **Arquivo**, em seguida selecione o item **Salvar**, ou pressione, ao mesmo tempo, as teclas de atalho **Ctrl+S**, ou selecione o item **Salvar todos**, ou pressione, ao mesmo tempo, as teclas de atalho **Ctrl+Shift+S**, ou clique no ícone dos disquetes duplos na barra de ferramentas, conforme vimos nas **figuras 33** e **34**. Vamos executar nosso aplicativo, para isto vamos até o menu **Executar**, observe que tem todos os principais navegadores web, vamos selecionar o item **Google Chrome**, conforme vimos na **figura 39**. Vai aparecer a janela do **Chrome**, com os resultados, conforme **figura 107**:

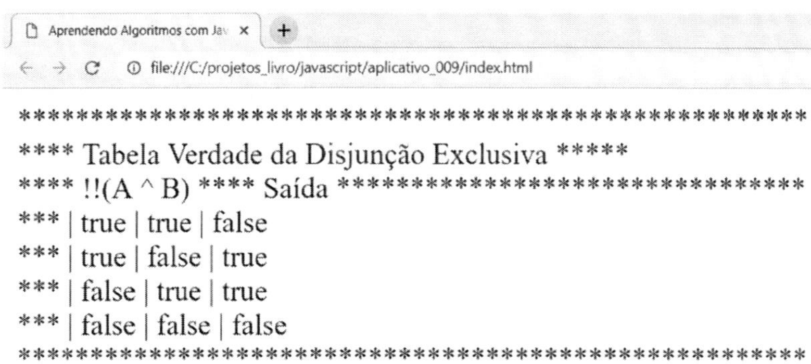

Figura 107

Veja como o **Não Lógico (!)**, é implementado no **JavaScript**, vamos retornar para o nosso aplicativo **aplicativo_009** no **Notepad++**, se o mesmo estiver aberto, basta posicionar o botão do mouse sobre o ícone do **Notepad++** na barra de tarefas do **Windows 10**, vai aparecer uma miniatura do aplicativo, conforme vimos na **figura 61**. Clique sobre esta miniatura e vamos retornar à tela principal do mesmo. Caso o **Notepad++** esteja fechado, para abrí-lo novamente, basta clicar sobre o ícone do **Notepad++** na barra de tarefas do **Windows 10**, conforme vimos na **figura 156** no **Anexo I**, vai abrir a tela principal do mesmo, antes de começarmos a digitar algo, vamos fechar os arquivos **aplicativo_009** e **index.html**, para isto clique no ícone do quadradinho vermelho com um **X** dentro, conforme vimos na **figura 24**. Vamos salvar nosso aplicativo, para isto, clique com o botão do mouse sobre o menu **Arquivo**, em seguida selecione o item **Salvar como...**, ou pressione, ao mesmo tempo, as teclas de atalho **Ctrl+Alt+S**, conforme vimos na **figura 25**. Vai abrir a janela **Salvar como**, no item **Salvar em:**, clique na setinha para baixo da caixa de seleção **combobox** e selecione **Disco local (C:)**, se você renomeou o seu **Disco local (C:)**, clique no nome do disco que você escolheu — no meu caso eu chamei de **Win10 (C:)** —, em seguida clique duas vezes com o botão do mouse sobre a pasta **projetos_livro**, clique duas vezes com o botão do mouse sobre a pasta **javascript**, e clique no ícone **Criar Nova Pasta**, conforme vimos na **figura 26**. No nome da pasta, digite **aplicativo_010**, pressione a tecla **Enter** duas vezes, conforme vimos na **figura 27**. Repita o procedimento acima e crie outra pasta, clique no ícone **Criar Nova Pasta**, conforme vimos na **figura 26**, no nome da pasta, digite **scripts**, pressione a tecla **Enter** duas vezes. No item **Nome:**, digite **aplicativo_010**, no item **Tipo:**, selecione **JavaScriptFile**, conforme vimos na **figura 28**. Clique no botão **Salvar**. Para saber se o algoritmo foi salvo no caminho que especificamos, basta verificar no topo da janela do **Notepad++**, que mostra o caminho onde salvamos nosso aplicativo, conforme vimos na **figura 29**. Clique no botão **Salvar & Fechar**. Veja que o cursor do mouse está posicionado na **linha 1**, neste local digite o código abaixo:

```
// Função : Não Lógico (!)
// Autor : Professor Mestre Rafael Soares
// Data : 21/10/2018
// Seção de Declarações
var a, b, s;
```

Salve o aplicativo, para isto, clique com o botão do mouse sobre o menu **Arquivo**, em seguida selecione o item **Salvar**, ou pressione, ao mesmo tempo, as teclas de atalho **Ctrl+S**, ou selecione o item **Salvar todos**, ou pressione, ao mesmo tempo, as teclas de atalho **Ctrl+Shift+S**, ou clique no ícone dos disquetes duplos na barra de ferramentas, conforme vimos nas **figuras 33** e **34**. Vamos criar um arquivo do tipo **HTML**, chamado **index.html**, para isto clique com o botão do mouse sobre o menu **Arquivo**, em seguida selecione o item **Novo**, ou pressione, ao mesmo tempo, as teclas de atalho **Ctrl+N**, conforme vimos na **figura 35**. Em seguida, clique com o botão do mouse sobre o menu **Arquivo**, e selecione o item **Salvar como...**, ou pressione, ao mesmo tempo, as teclas de atalho **Ctrl+Alt+S**, conforme vimos na **figura 25**. Vai abrir a janela **Salvar como**, no item **Salvar em:**, clique na setinha para baixo da caixa de seleção **combobox** e selecione **Disco local (C:)**, se você renomeou o seu **Disco local (C:)**, clique no nome do disco que você escolheu — no meu caso eu chamei de **Win10 (C:) —**, em seguida clique duas vezes com o botão do mouse sobre a pasta **projetos_livro**, clique duas vezes com o botão do mouse sobre a pasta **javascript**, em seguida clique duas vezes com o botão do mouse sobre a pasta **aplicativo_010**, no item **Nome:**, digite **index**, no item **Tipo:**, selecione **Hyper Text Markup Language**, conforme vimos na **figura 36**. Clique no botão **Salvar**. Para saber se o algoritmo foi salvo no caminho que especificamos, basta verificar no topo da janela do **Notepad++**, que mostra o caminho onde salvamos nosso arquivo **HTML**, conforme vimos na **figura 29**. Veja que o cursor do mouse está posicionado na **linha 1**, neste local digite o código abaixo:

```
<html lang="pt-BR">
<head>
  <meta charset="utf-8" />
  <title>Aprendendo Algoritmos com JavaScript</title>
</head>
<body>
      <script src="scripts/aplicativo_010.js"></script>
      <script>
      a = true;
      s = !a;
      document.
write("*****************************************************")
      document.write("<br>");
      document.write("**** Tabela Verdade do Não Lógico
************************")
      document.write("<br>");
      document.write("****   !A **** Saída ***********************
*************")
      document.write("<br>");
```

```
        document.write("*** |   " + a  + " | " + s)
        </script>
        <br>
        <script>
        a = false;
        s = !a;
        document.write("****   !A **** Saída **********************
**************")
        document.write("<br>");
        document.write("*** | " + a + " | " + s)
        </script>
        <br>
        <script>
        b = true;
        s = !b;
        document.write("****   !B **** Saída **********************
**************")
        document.write("<br>");
        document.write("*** | " + b + " | " + s)
        </script>
        <br>
        <script>
        b = false;
        s = !b;
        document.write("****   !B **** Saída **********************
**************")
        document.write("<br>");
        document.write("*** | " + b + " | " + s)
        document.write("<br>");
        document.write("**************************************
    ***************")
        </script>
    </body>
    </html>
```

Observe que a medida que vamos digitando, o código vai aparecer automaticamente, em uma caixa de seleção, basta selecionar o mesmo para completar, conforme vimos na **figura 37**. Salve o aplicativo, para isto, clique com o botão do mouse sobre o menu **Arquivo**, em seguida selecione

o item **Salvar**, ou pressione, ao mesmo tempo, as teclas de atalho **Ctrl+S**, ou selecione o item **Salvar todos**, ou pressione, ao mesmo tempo, as teclas de atalho **Ctrl+Shift+S**, ou clique no ícone dos disquetes duplos na barra de ferramentas, conforme vimos nas **figuras 33** e **34**. Vamos executar nosso aplicativo, para isto vamos até o menu **Executar**, observe que tem todos os principais navegadores web, vamos selecionar o item **Google Chrome**, conforme vimos na **figura 39**. Vai aparecer a janela do **Chrome**, com os resultados, conforme **figura 108**:

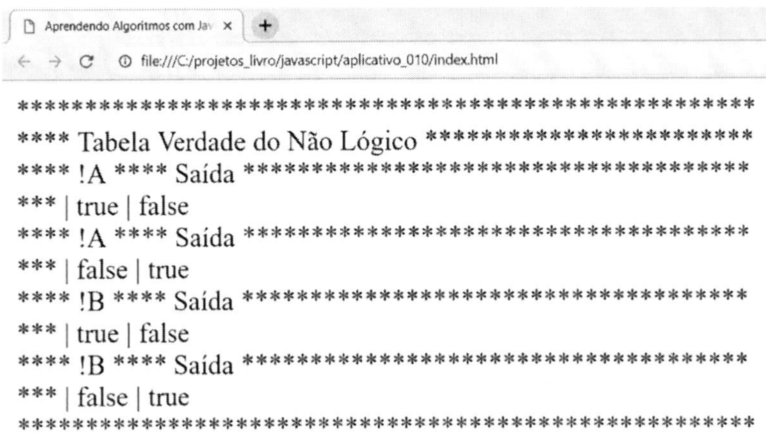

Figura 108

PRECEDÊNCIA DE OPERADORES

Veja abaixo a tabela de precedência de operadores no **VisuAlg**:

Operadores Aritméticos	Português Estruturado	Prioridade
Unários	**+1, -1**	4(maior)
Decremento	**a-1**	4
Incremento	**a+1**	4
Potenciação/Exponenciação	**↑ ou ^**	3
Modulo (resto da divisão)	**%**	2

Divisão Inteira	\	2
Divisão	/	2
Multiplicação	*	2
Subtração	-	1
Adição	+	1(menor)

Operadores Lógicos	Português Estruturado	Prioridade
Multiplicação Lógica ou Conjunção	**e**	3(maior)
Adição Lógica ou Disjunção	**ou**	2
Não lógico	**nao**	1
Disjunção Exclusiva	**xou**	1(menor)

Existe prioridade também entre as categorias de operadores, veja na tabela abaixo:

Operador	Prioridade
Operadores aritméticos	3(maior)
Operadores relacionais	2
Operadores lógicos	1(menor)

Veja abaixo a tabela de precedência de operadores na linguagem **JavaScript**:

Operadores Aritméticos	JavaScript	Prioridade
Unários	+, -	4(maior)
Decremento	--	4
Incremento	++	4

Potenciação/Exponenciação	**a ** b ou Math.pow(x,y);**	3
Modulo (resto da divisão)	**%**	2
Divisão	**/**	2
Multiplicação	*	2
Subtração	-	1
Adição	+	1(menor)

<table>
<tr><th>Operadores Lógicos</th><th>JavaScript</th><th>Prioridade</th></tr>
<tr><td>Multiplicação Lógica ou Conjunção</td><td>&&</td><td>3(maior)</td></tr>
<tr><td>Adição Lógica ou Disjunção</td><td>||</td><td>2</td></tr>
<tr><td>Não lógico</td><td>!</td><td>1</td></tr>
<tr><td>Disjunção Exclusiva</td><td>!!(^)</td><td>1(menor)</td></tr>
</table>

Existe prioridade também entre as categorias de operadores, veja na tabela abaixo:

Operador	Prioridade
Operadores aritméticos	3(maior)
Operadores relacionais	2
Operadores lógicos	1(menor)

Capítulo 03 – Estruturas Sequencial, Condicional e de Repetição

ESTRUTURA SEQUENCIAL

Nesta estrutura os comandos de um algoritmo são executados numa sequência prestabelecida. Cada comando é executado somente após o término do comando anterior. Os comandos deverão ser executados numa sequência linear, seguindo-se o texto em que estão escritos, de cima para baixo, se não houver indicação em contrário. Veja abaixo a sua sintaxe:

Estrutura Sequencial	
Representação no VisuAlg	**Representação em JavaScript**
inicio // Seção de Comandos <Comando 1> <Comando 2> <Comando 3> . . . <Comando n> fimalgoritmo	**// Seção de Comandos** **<Comando 1>;** **<Comando 2>;** **<Comando 3>;** ; ; ; **<Comando n>;**

Observe que na estrutura acima o **Comando 3** somente será executado após o **Comando 2** e este após o **Comando 1** e assim por diante. Veja que a estrutura sequencial é delimitada pelas palavras reservadas **inicio** e **fimalgoritmo**, no **VisuAlg** e na linguagem **Java Script**, esta delimitação é feita, por convenção, após a criação das variáveis, que já vimos anteriormente e podemos observar que contêm basicamente comandos de atribuição, de entrada e de saída de dados. Genericamente a construção de um algoritmo se resume às seguintes etapas:

1ª Entendimento do problema;
2ª Elaboração da solução algorítmica; e
3ª Codificação da solução no Português Estruturado;

Em geral a 2ª etapa é a mais complexa, pois depende muito da experiência do construtor ou programador. Vamos analisar o enunciado do exemplo abaixo:

Enunciado: Elabore um aplicativo que leia dois valores numéricos do tipo real, calcule e mostre a média aritmética dos dois valores.

1ª Etapa: Lembrando das aulas de matemática, dos tempos de escola, veremos que a média aritmética de dois valores é calculada de acordo com a seguinte fórmula **(x+y)/2**, desta forma a primeira etapa está concluída.

2 ª Etapa 2: Os dados que vamos precisar serão dois valores do tipo real, que vamos colocar em duas variáveis que chamaremos de **valor1** e **valor2**, e uma terceira variável, que vamos chamar de **media**, também do tipo real, que vai armazenar a média aritmética calculada.

3 ª Etapa: Nesta etapa vamos obter os dados deste aplicativo de uma forma simples e direta, pedindo para que o usuário digite os valores.

4 ª Etapa: Nesta etapa vamos fazer o processamento, neste caso é o cálculo da média, usando o método citado na **Etapa 1**, sendo que o resultado do cálculo será armazenado na variável **media**.

5 ª Etapa: Vamos exibir o conteúdo da variável **media**.

Veja como a **Estrutura Sequencial** é implementada no **VisuAlg**, vamos retornar para o nosso algoritmo **algoritmo_010** no **VisuAlg**, se o mesmo estiver aberto, basta posicionar o botão do mouse sobre o ícone do **VisuAlg** na barra de tarefas do **Windows 10**, vai aparecer uma miniatura do algoritmo, conforme vimos na **figura 56**. Clique sobre esta miniatura e vamos retornar á tela principal do mesmo. Caso o **VisuAlg** esteja fechado, para abrí-lo novamente, basta clicar sobre o ícone do **VisuAlg** na barra de tarefas do **Windows 10**, conforme vimos na **figura 156** no **Anexo I**, vai abrir a tela principal do mesmo, clique com o botão do mouse sobre o menu **Arquivo**, em seguida selecione o item **Novo**, ou pressione, ao mesmo tempo, as teclas de atalho **Ctrl+N**, conforme vimos na **figura 57**.

Antes de começarmos a digitar algo, vamos salvar nosso algoritmo, para isto, clique com o botão do mouse sobre o menu **Arquivo**, em seguida selecione o item **Salvar**, ou pressione, ao mesmo tempo, as teclas de atalho **Ctrl+S**, conforme vimos na **figura 4**. Ou clique no ícone do disquete no menu de ferramentas, conforme vimos na **figura 5**. Independentemente da forma escolhida para salvar o algoritmo vai abrir a janela **Salvar como**, no item **Salvar em:**, selecione **Disco local (C:)**, se você renomeou o seu **Disco local (C:)**, clique no nome do disco que você escolheu — no meu caso eu chamei de **Win10 (C:)** —, em seguida selecione a pasta **projetos_livro**, e clique no botão **Abrir** ou clique duas vezes com o botão do mouse sobre a pasta, em seguida selecione a pasta **algoritmos**, e clique no botão **Abrir** ou clique duas vezes com o botão do mouse sobre a pasta. No item **Nome:**, digite **algoritmo_011**, conforme vimos na **figura 6**. Clique no botão **Salvar**. Para saber se o algoritmo foi salvo no caminho que especificamos, basta verificar no topo da janela do **VisuAlg**, que mostra o caminho onde salvamos nosso algoritmo, conforme vimos na **figura 7**. Não esqueça de configurar a numeração de linhas, pois é muito importante, principalmente na indicação de erros. Para isto, clique no menu **Exibir**, e selecione o item **Número de linhas**, conforme vimos na **figura 8**. Ou clique no ícone **Numerar linhas** no menu de ferramentas, conforme vimos na **figura 9**. Agora posicione o cursor no início da **linha 1**, em seguida pressione, ao mesmo tempo, as teclas **Ctrl+T**, veja como ficou, conforme vimos na **figura 12**. Pressione a tecla **Delete** do teclado, e observe que o cursor do mouse vai ficar piscando na **linha 1**, neste local digite o código abaixo:

```
algoritmo "Calcula a Media Aritmética entre 2 Valores"
// Função : Calcular Média Aritmética entre 2 valores
// Autor : Professor Msc Rafael Soares
// Data : 24/10/2018
// Seção de Declarações
var
valor1, valor2, media : real
inicio
// Seção de Comandos
escreval("Digite o 1º Valor : ")
leia(valor1)
escreval("Digite o 2º Valor : ")
leia(valor2)
media <- (valor1+valor2)/2
escreval("A Média é:", media)
fimalgoritmo
```

Salve o algoritmo, conforme vimos nas **figuras 4** e **5**. Não esqueça de fazer a indentação do código, conforme vimos nas **figuras 97** e **98**, ou pressione, ao mesmo tempo, as teclas **Ctrl+G**. É muito importante fazer a indentação do código, pois desta forma, deixaremos o nosso código mais legível. Vamos pedir para o usuário entrar com os dados, para isto, vamos alterar a exibição da janela de entrada e saída do **VisuAlg**, clique no ícone **Executar o algoritmo como DOS** no menu de ferramentas, conforme vimos na **figura 77**. Vamos executar o algoritmo, para isto vamos até o menu **Algoritmo**, e vamos selecionar o item **Executar**, ou pressionar a tecla **F9**, conforme vimos na **figura 14**. Ou clique no ícone **Executar** no menu de ferramentas, conforme vimos na **figura 15**. Veja que vai aparecer uma janela com o cursor do mouse piscando dentro de uma caixa de texto, conforme **figura 109**:

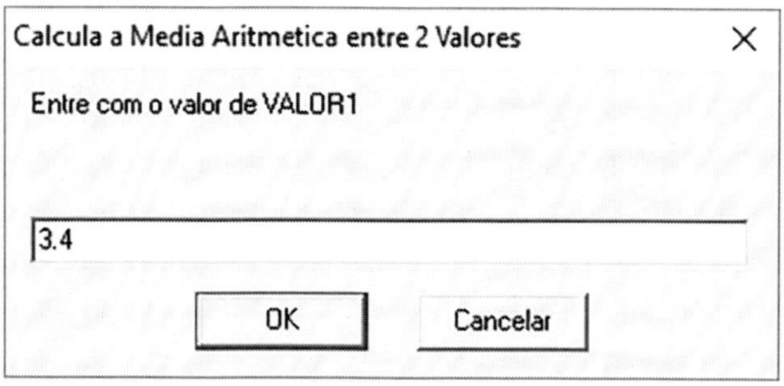

Figura 109

Digite um valor qualquer do tipo real, use ponto e não vírgula, para separar as casas decimais. Em seguida clique no botão **OK**. Veja que vai aparecer uma janela com o cursor do mouse piscando dentro de uma caixa de texto, conforme **figura 110**:

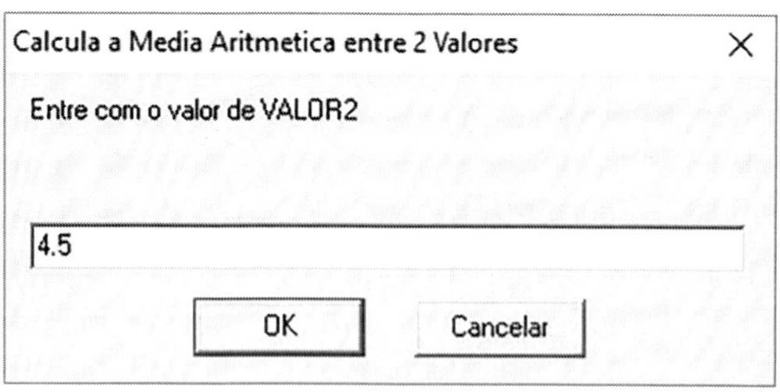

Figura 110

Digite um valor qualquer do tipo real, use ponto e não vírgula, para separar as casas decimais. Em seguida clique no botão **OK**. Veja que as informações vão aparecer na janela de visualização de resultados, conforme **figura 111**:

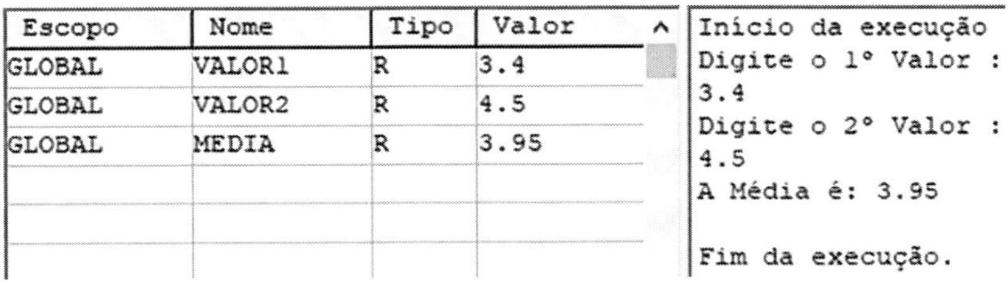

Figura 111

Veja como a **Estrutura Sequencial** é implementada no **JavaScript**, vamos retornar para o nosso aplicativo **aplicativo_010** no **Notepad++**, se o mesmo estiver aberto, basta posicionar o botão do mouse sobre o ícone do **Notepad++** na barra de tarefas do **Windows 10**, vai aparecer uma miniatura do aplicativo, conforme vimos na **figura 61**. Clique sobre esta miniatura e vamos retornar à tela principal do mesmo. Caso o **Notepad++** esteja fechado, para abrí-lo novamente, basta clicar sobre o ícone do **Notepad++** na barra de tarefas do **Windows 10**, conforme vimos na **figura 156** no **Anexo I**, vai abrir a tela principal do mesmo, antes de começarmos a digitar algo, vamos fechar os arquivos **aplicativo_010** e **index.html**, para isto clique no ícone do quadradinho vermelho com um **X** dentro, conforme vimos na **figura 24**. Vamos salvar nosso aplicativo, para isto, clique com o botão do mouse sobre o menu **Arquivo**, em seguida selecione o item **Salvar como...**, ou pressione, ao mesmo tempo, as teclas de atalho **Ctrl+Alt+S**, conforme vimos na **figura 25**. Vai abrir a janela **Salvar como**, no item **Salvar em:**, clique na setinha para baixo da caixa de seleção **combobox** e selecione **Disco local (C:)**, se você renomeou o seu **Disco local (C:)**, clique no nome do disco que você escolheu — no meu caso eu chamei de **Win10 (C:)** —, em seguida clique duas vezes com o botão do mouse sobre a pasta **projetos_livro**, clique duas vezes com o botão do mouse sobre a pasta **javascript**, e clique no ícone **Criar Nova Pasta**, conforme vimos na **figura 26**. No nome da pasta, digite **aplicativo_011**, pressione a tecla **Enter** duas vezes, conforme vimos na **figura 27**. Repita o procedimento acima e crie outra pasta, clique no ícone **Criar Nova Pasta**, conforme vimos na **figura 26**, no nome da pasta, digite **scripts**, pressione a tecla **Enter** duas vezes. No item **Nome:**, digite **aplicativo_011**, no item **Tipo:**, selecione **JavaScriptFile**, conforme vimos na **figura 28**. Clique no botão **Salvar**. Para saber se o algoritmo foi salvo no caminho que especificamos, basta verificar no topo da janela do **Notepad++**, que mostra o caminho onde salvamos nosso aplicativo, conforme vimos na **figura 29**. Clique no botão **Salvar & Fechar**. Veja que o cursor do mouse está posicionado na **linha 1**, neste local digite o código abaixo:

```
// Função : Calcular Média Aritmética entre 2 valores
// Autor : Professor Msc Rafael Soares
// Data : 24/10/2018
// Seção de Declarações
var valor1, valor2, media;

// Seção de Comandos
valor1 = parseFloat(prompt("Digite o 1º Valor:"));
valor2 = parseFloat(prompt("Digite o 2º Valor:"));
media = (valor1 + valor2)/2;
```

Salve o aplicativo, para isto, clique com o botão do mouse sobre o menu **Arquivo**, em seguida selecione o item **Salvar**, ou pressione, ao mesmo tempo, as teclas de atalho **Ctrl+S**, ou selecione o item **Salvar todos**, ou pressione, ao mesmo tempo, as teclas de atalho **Ctrl+Shift+S**, ou clique no ícone dos disquetes duplos na barra de ferramentas, conforme vimos nas **figuras 33** e **34**. Vamos criar um arquivo do tipo **HTML**, chamado **index.html**, para isto clique com o botão do mouse sobre o menu **Arquivo**, em seguida selecione o item **Novo**, ou pressione, ao mesmo tempo, as teclas de atalho **Ctrl+N**, conforme vimos na **figura 35**. Em seguida, clique com o botão do mouse sobre o menu **Arquivo**, e selecione o item **Salvar como...**, ou pressione, ao mesmo tempo, as teclas de atalho **Ctrl+Alt+S**, conforme vimos na **figura 25**. Vai abrir a janela **Salvar como**, no item **Salvar em:**, clique na setinha para baixo da caixa de seleção **combobox** e selecione **Disco local (C:)**, se você renomeou o seu **Disco local (C:)**, clique no nome do disco que você escolheu — no meu caso eu chamei de **Win10 (C:)** —, em seguida clique duas vezes com o botão do mouse sobre a pasta **projetos_livro**, clique duas vezes com o botão do mouse sobre a pasta **javascript**, em seguida clique duas vezes com o botão do mouse sobre a pasta **aplicativo_011**, no item **Nome:**, digite **index**, no item **Tipo:**, selecione **Hyper Text Markup Language**, conforme vimos na **figura 36**. Clique no botão **Salvar**. Para saber se o algoritmo foi salvo no caminho que especificamos, basta verificar no topo da janela do **Notepad++**, que mostra o caminho onde salvamos nosso arquivo **HTML**, conforme vimos na **figura 29**. Veja que o cursor do mouse está posicionado na **linha 1**, neste local digite o código abaixo:

```
<!DOCTYPE html>

<html lang=”pt-BR”>
<head>
  <meta charset=”utf-8” />
  <title>Aprendendo Algoritmos com JavaScript</title>
</head>
<body>
      <script src=”scripts/aplicativo_011.js”></script>
      <script>document.write(“A Média é: “ + media);</script>
</body>
</html>
```

Observe que à medida que vamos digitando, o código vai aparecer automaticamente, em uma caixa de seleção, basta selecionar o mesmo para completar, conforme vimos na **figura 37**. Salve o aplicativo, para isto, clique com o botão do mouse sobre o menu **Arquivo**, em seguida selecione o item **Salvar**, ou pressione, ao mesmo tempo, as teclas de atalho **Ctrl+S**, ou selecione o item **Salvar todos**, ou pressione, ao mesmo tempo, as teclas de atalho **Ctrl+Shift+S**, ou clique no ícone dos disquetes duplos na barra de ferramentas, conforme vimos nas **figuras 33** e **34**. Vamos executar nosso aplicativo, para isto vamos até o menu **Executar**, observe que tem todos os principais navegadores web, vamos selecionar o item **Google Chrome**, conforme vimos na **figura 39**. Vai aparecer a janela do **Chrome**, juntamente com uma caixa de diálogo, com o título: **Digite o 1º Valor:**, logo abaixo uma caixa de texto para inserirmos um valor qualquer do tipo real, use ponto e não vírgula, para separar as casas decimais, vou digitar 3.4, conforme **figura 112**:

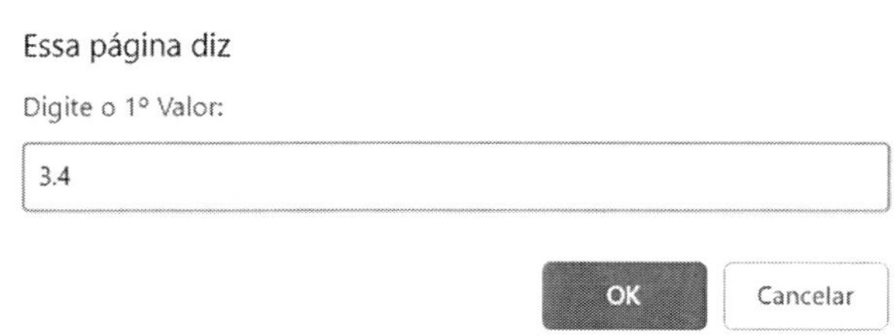

Figura 112

Clique no botão **OK**, e veja que vai aparecer uma caixa de diálogo, com o título: **Digite o 2º** Valor:, logo abaixo uma caixa de texto para inserirmos um valor qualquer do tipo real, use ponto e não vírgula, para separar as casas decimais, vou digitar 4.5, conforme **figura 113**:

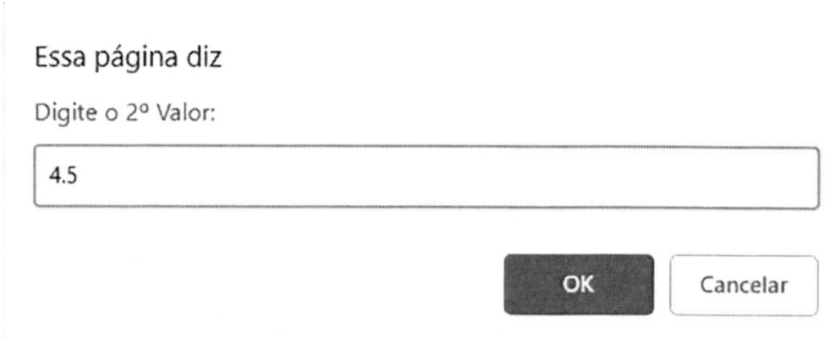

Figura 113

Clique no botão **OK**, e veja o resultado no corpo da página **HTML**, conforme **figura 114**:

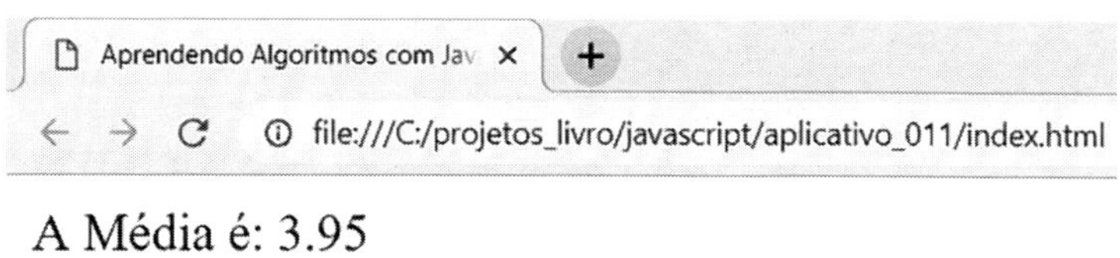

Figura 114

Verificando o exemplo acima, a primeira coisa que devemos verificar é se o algoritmo proposto respeita as regras de organização e sintaxe da linguagem algorítmica do **VisuAlg**, e da linguagem de programação **JavaScript**. Desta forma devemos nos perguntar qual é a primeira instrução a ser executada? Lembrando que o algoritmo será executado de maneira sequencial, em que a partir da palavra reservada **var** as instruções vão sendo executadas de cima para baixo e a próxima instrução só é executada após a anterior ser encerrada. Uma observação importante é que sempre será executado primeiro o bloco de declarações para poder criar as variáveis na memória do computador, como visto no tópico sobre variáveis; depois, na sequência, o bloco de instruções.

Outra observação que deve ser feita é que colocamos na tela instruções para o usuário entrar com os dados usando os comandos **leia** e **escreval**, no **VisuAlg** e o comando **prompt**, na linguagem **JavaScript**, pois é uma boa técnica de programação, mesmo hoje em dia, com o ambiente de janelas do **Windows**, e outros sistemas operacionais que usam ambientes visuais.

ESTRUTURA CONDICIONAL, DE DECISÃO OU SELEÇÃO

Toda e qualquer linguagem de programação oferece estas estruturas. Elas são utilizadas quando da existência da necessidade de se verificar opções de escolha, geralmente expressões lógicas que sempre vão retornar um valor booleano verdadeiro (**true**) ou falso (**false**), executando um ou vários comandos se a condição testada for verdadeira (**true**) e, em alguns casos, executando um ou vários comandos se a condição testada for falsa (**false**). Vamos analisar as afirmativas abaixo:

- Distribuição gratuita de ingressos para cinema;
- Distribuição gratuita de ingressos para cinema, sendo um ingresso para pessoas do sexo feminino e um ingresso para pessoas do sexo masculino.

Nas afirmativas acima, podemos concluir que:

- Na primeira, todas as pessoas vão receber ingressos para o cinema, o que equivale dizer que é um comando sequencial.
- Na segunda, só vai receber 1 ingresso, a pessoa do sexo feminino e um ingresso, a pessoa do sexo masculino, o que equivale a dizer que é um comando condicional.

Estas estruturas se dividem em Simples, Compostas e Múltiplas.

ESTRUTURA CONDICIONAL, DE DECISÃO OU SELEÇÃO SIMPLES

Esta estrutura nos permite criar uma expressão lógica que tenha apenas um dado a ser verificado ou comparado, e vai determinar o que vai ser feito, caso o resultado da expressão seja verdadeiro ou caso o resultado seja falso. Veja abaixo a sua sintaxe:

Estrutura Condicional, de Decisão ou Seleção Simples	
Representação no VisuAlg	**Representação em JavaScript**

se (condição) entao
 	
Comando
Comando
 	
fimse
	if (condição)
	{
	Comando;
	Comando;
	}

Analisando os comandos da sintaxe acima, temos:

1ª linha **se/if (condição):** a condição é uma expressão lógica que vai ser testada pelo computador através da sua Unidade de Aritmética e Lógica, ALU, e vai nos retornar uma reposta verdadeira ou falsa. Aqui fica evidente que devemos nos lembrar dos operadores lógicos e relacionais e das suas precedências.

2ª linha **então/{:** indica o início do bloco se a condição for verdadeira.

3ª e 4ª linha **comando ou sequência de comandos**: somente serão executados se a condição for aceita, no caso se for verdadeira.

5ª linha **fimse/}**: indica o fim do bloco de comandos.

Veja como a **Estrutura Condicional, de Decisão ou Seleção Simples** é implementada no **VisuAlg**, vamos criar um aplicativo que peça para um usuário entrar com dois números inteiros, em seguida, somar os dois números inteiros, se o resultado for **maior ou igual 10**, exibir a mensagem **"O Resultado encontrado foi: XX. Esta Condição é Verdadeira"**. Caso o número seja **menor que 10**, exibir a mensagem **"O Resultado encontrado foi: XX. Esta Condição é Falsa"**. Vamos retornar para o nosso algoritmo **algoritmo_011** no **VisuAlg**, se o mesmo estiver aberto, basta posicionar o botão do mouse sobre o ícone do **VisuAlg** na barra de tarefas do **Windows 10**, vai aparecer uma miniatura do algoritmo, conforme vimos na **figura 56**. Clique sobre esta miniatura e vamos retornar à tela principal do mesmo. Caso o **VisuAlg** esteja fechado, para abrí-lo novamente, basta clicar sobre o ícone do **VisuAlg** na barra de tarefas do **Windows 10**, conforme vimos na **figura 156** no **Anexo I**, vai abrir a tela principal do mesmo, clique com o botão do mouse sobre o menu **Arquivo**, em seguida selecione o item **Novo**, ou pressione, ao mesmo tempo, as teclas de atalho **Ctrl+N**, conforme vimos na **figura 57**.

Antes de começarmos a digitar algo, vamos salvar nosso algoritmo, para isto, clique com o botão do mouse sobre o menu **Arquivo**, em seguida selecione o item **Salvar**, ou pressione, ao mesmo tempo, as teclas de atalho

Ctrl+S, conforme vimos na **figura 4**. Ou clique no ícone do disquete no menu de ferramentas, conforme vimos na **figura 5**. Independentemente da forma escolhida para salvar o algoritmo vai abrir a janela **Salvar como**, no item **Salvar em:**, selecione **Disco local (C:)**, se você renomeou o seu **Disco local (C:)**, clique no nome do disco que você escolheu — no meu caso eu chamei de **Win10 (C:)** —, em seguida selecione a pasta **projetos_livro**, e clique no botão **Abrir** ou clique duas vezes com o botão do mouse sobre a pasta, em seguida selecione a pasta **algoritmos**, e clique no botão **Abrir** ou clique duas vezes com o botão do mouse sobre a pasta. No item **Nome:**, digite **algoritmo_012**, conforme vimos na **figura 6**. Clique no botão **Salvar**. Para saber se o algoritmo foi salvo no caminho que especificamos, basta verificar no topo da janela do **VisuAlg**, que mostra o caminho onde salvamos nosso algoritmo, conforme vimos na **figura 7**. Não esqueça de configurar a numeração de linhas, pois é muito importante, principalmente na indicação de erros. Para isto, clique no menu **Exibir**, e selecione o item **Número de linhas**, conforme vimos na **figura 8**. Ou clique no ícone **Numerar linhas** no menu de ferramentas, conforme vimos na **figura 9**. Agora posicione o cursor no início da **linha 1**, em seguida pressione, ao mesmo tempo, as teclas **Ctrl+T**, veja como ficou, conforme vimos na **figura 12**. Pressione a tecla **Delete** do teclado, e observe que o cursor do mouse vai ficar piscando na **linha 1**, neste local digite o código abaixo:

```
algoritmo "Verificar_se_resultado_maior_que_10"
// Função : verificar se o resultado da soma entre dois números inteiros é maior ou igual a 10 e exibir a frase Verdadeiro ou Falso
// Autor : Professor Msc Rafael Soares
// Data : 24/10/2018
// Seção de Declarações
var
resultado, valor1, valor2: inteiro
inicio
// Seção de Comandos
escreva ("Digite o 1º Número: ")
leia (valor1)
escreva ("Digite o 2º Número: ")
leia (valor2)
resultado <- valor1 + valor2
se (resultado >= 10) entao
   escreva ("O Resultado encontrado foi:", resultado, " Esta Condição é Verdadeira.")
```

fimse
se (resultado <= 10) entao
escreva ("O Resultado encontrado foi:", resultado, " Esta Condição é Falsa.")
fimse
fimalgoritmo

Salve o algoritmo, conforme vimos nas **figuras 4** e **5**. Não esqueça de fazer a indentação do código, conforme vimos nas **figuras 97** e **98**, ou pressione, ao mesmo tempo, as teclas **Ctrl+G**. É muito importante fazer a indentação do código, pois desta forma, deixaremos o nosso código mais legível. Vamos pedir para o usuário entrar com os dados, para isto, vamos alterar a exibição da janela de entrada e saída do **VisuAlg**, clique no ícone **Executar o algoritmo como DOS** no menu de ferramentas, conforme vimos na **figura 77**. Vamos executar o algoritmo, para isto vamos até o menu **Algoritmo**, e vamos selecionar o item **Executar**, ou pressionar a tecla **F9**, conforme vimos na **figura 14**. Ou clique no ícone **Executar** no menu de ferramentas, conforme vimos na **figura 15**. Veja que vai aparecer uma janela com o cursor do mouse piscando dentro de uma caixa de texto, conforme vimos na **figura 109**. Digite um valor qualquer do tipo inteiro, em seguida clique no botão **OK**. Veja que vai aparecer uma janela com o cursor do mouse piscando dentro de uma caixa de texto, conforme vimos na **figura 110**. Digite um valor qualquer do tipo inteiro, em seguida clique no botão **OK**. Veja que as informações vão aparecer na janela de visualização de resultados, conforme **figura 115**:

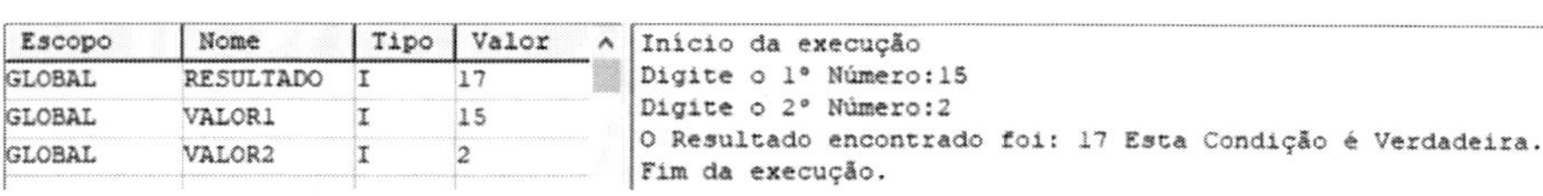

Figura 115

Veja como a **Estrutura Condicional, de Decisão ou Seleção Simples**, é implementada no **JavaScript**, usando o exemplo anterior, vamos retornar para o nosso aplicativo **aplicativo_011** no **Notepad++**, se o mesmo estiver aberto, basta posicionar o botão do mouse sobre o ícone do **Notepad++** na barra de tarefas do **Windows 10**, vai aparecer uma miniatura do aplicativo, conforme vimos na **figura 61**. Clique sobre esta miniatura e vamos retornar à tela principal do mesmo. Caso o **Notepad++** esteja fechado, para abrí-lo novamente, basta clicar sobre o ícone do **Notepad++** na barra de tarefas do **Windows 10**, conforme vimos na **figura 156** no **Anexo I**, vai abrir a tela principal do mesmo, antes de começarmos a digitar algo, vamos fechar os arquivos **aplicativo_011** e **index.html**, para isto clique no ícone do quadradinho vermelho com um **X** dentro, conforme vimos na **figura 24**. Vamos salvar nosso aplicativo, para isto, clique com o botão do mouse sobre o menu **Arquivo**, em seguida selecione o item **Salvar como...**, ou pressione, ao mesmo tempo, as teclas de atalho **Ctrl+Alt+S**, conforme vimos na **figura 25**. Vai abrir a janela **Salvar como**, no item **Salvar em:**, clique na setinha para baixo da caixa de seleção **combobox** e selecione **Disco local (C:)**, se você renomeou o seu **Disco local (C:)**, clique no nome do disco que você escolheu — no meu caso eu chamei de **Win10 (C:)** —, em seguida clique duas vezes com o botão do mouse sobre a pasta **projetos_livro**, clique duas vezes com o botão do mouse sobre a pasta **javascript**, e clique no ícone **Criar Nova Pasta**, conforme vimos na **figura 26**. No nome da pasta, digite **aplicativo_012**, pressione a tecla **Enter** duas vezes, conforme vimos na **figura 27**. Repita o procedimento acima e crie outra pasta, clique no ícone **Criar Nova Pasta**, conforme vimos na **figura 26**, no nome da pasta, digite **scripts**, pressione a tecla **Enter** duas vezes. No item **Nome:**, digite **aplicativo_012**, no item **Tipo:**, selecione **JavaScriptFile**, conforme vimos na **figura 28**. Clique no botão **Salvar**. Para saber se o algoritmo foi salvo no caminho que especificamos, basta verificar no topo da janela do **Notepad++**, que mostra o caminho onde salvamos nosso aplicativo, conforme vimos na **figura 29**. Clique no botão **Salvar & Fechar**. Veja que o cursor do mouse está posicionado na **linha 1**, neste local digite o código abaixo:

```
// Função : verificar se o resultado da soma entre dois números inteiros
é maio ou igual a 10 e exibir a frase Verdadeiro ou Falso
// Autor : Professor Msc Rafael Soares
// Data : 24/10/2018
// Seção de Declarações
var resultado, valor1, valor2;

// Seção de Comandos
valor1 = parseInt(prompt("Digite o 1º Valor:"));
valor2 = parseInt(prompt("Digite o 2º Valor:"));
resultado = (valor1 + valor2);
```

Salve o aplicativo, para isto, clique com o botão do mouse sobre o menu **Arquivo**, em seguida selecione o item **Salvar**, ou pressione ao mesmo tempo as teclas de atalho **Ctrl+S**, ou selecione o item **Salvar todos**, ou pressione, ao mesmo tempo, as teclas de atalho **Ctrl+Shift+S**, ou clique no ícone dos disquetes duplos na barra de ferramentas, conforme vimos nas **figuras 33** e **34**. Vamos criar um arquivo do tipo **HTML**, chamado **index.html**, para isto clique com o botão do mouse sobre o menu **Arquivo**, em seguida selecione o item **Novo**, ou pressione, ao mesmo tempo, as teclas de atalho **Ctrl+N**, conforme vimos na **figura 35**. Em seguida, clique com o botão do mouse sobre o menu **Arquivo**, e selecione o item **Salvar como...**, ou pressione, ao mesmo tempo, as teclas de atalho **Ctrl+Alt+S**, conforme vimos na **figura 25**. Vai abrir a janela **Salvar como**, no item **Salvar em:**, clique na setinha para baixo da caixa de seleção **combobox** e selecione **Disco local (C:)**, se você renomeou o seu **Disco local (C:)**, clique no nome do disco que você escolheu — no meu caso eu chamei de **Win10 (C:)** —, em seguida clique duas vezes com o botão do mouse sobre a pasta **projetos_livro**, clique duas vezes com o botão do mouse sobre a pasta **javascript**, em seguida clique duas vezes com o botão do mouse sobre a pasta **aplicativo_012**, no item **Nome:**, digite **index**, no item **Tipo:**, selecione **Hyper Text Markup Language**, conforme vimos na **figura 36**. Clique no botão **Salvar**. Para saber se o algoritmo foi salvo no caminho que especificamos, basta verificar no topo da janela do **Notepad++**, que mostra o caminho onde salvamos nosso arquivo **HTML**, conforme vimos na **figura 29**. Veja que o cursor do mouse está posicionado na **linha 1**, neste local digite o código abaixo:

```
<!DOCTYPE html>

<html lang="pt-BR">
<head>
  <meta charset="utf-8" />
  <title>Aprendendo Algoritmos com JavaScript</title>
</head>
<body>
      <script src="scripts/aplicativo_012.js"></script>
      <script>
                if (resultado >= 10)
                {
                          document.write("O Resultado encontrado foi:" +
resultado + " Esta Condição é Verdadeira.");
                }
                if (resultado <= 10)
                {
                          document.write("O Resultado encontrado foi:" +
resultado + " Esta Condição é Falsa.");
                }
```

```
    </script>
</body>
</html>
```

Observe que à medida que vamos digitando, o código vai aparecer automaticamente, em uma caixa de seleção, basta selecionar o mesmo para completar, conforme vimos na **figura 37**. Salve o aplicativo, para isto, clique com o botão do mouse sobre o menu **Arquivo**, em seguida selecione o item **Salvar**, ou pressione, ao mesmo tempo, as teclas de atalho **Ctrl+S**, ou selecione o item **Salvar todos**, ou pressione, ao mesmo tempo, as teclas de atalho **Ctrl+Shift+S**, ou clique no ícone dos disquetes duplos na barra de ferramentas, conforme vimos nas **figuras 33** e **34**. Vamos executar nosso aplicativo, para isto vamos até o menu **Executar**, observe que tem todos os principais navegadores web, vamos selecionar o item **Google Chrome**, conforme vimos na **figura 39**. Vai aparecer a janela do **Chrome**, juntamente com uma caixa de diálogo, com o título: **Digite o 1º Valor:**, logo abaixo uma caixa de texto para inserirmos um valor qualquer do tipo inteiro, conforme vimos na **figura 112**. Clique no botão **OK**, e veja que vai aparecer uma caixa de diálogo, com o título: **Digite o 2º Valor:**, logo abaixo uma caixa de texto para inserirmos um valor qualquer do tipo inteiro, conforme vimos na **figura 113**. Clique no botão **OK**, e veja o resultado no corpo da página **HTML**, conforme **figura 116**:

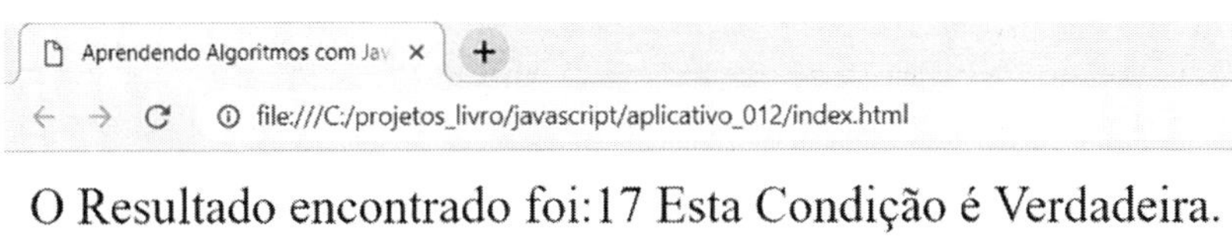

Figura 116

Uma observação importante que deve ser feita é que colocamos na tela instruções para o usuário entrar com os dados usando os comandos **leia** e **escreval**, no **VisuAlg** e o comando **prompt**, na linguagem **JavaScript**, pois é uma boa técnica de programação, mesmo hoje em dia, com o ambiente de janelas do **Windows**, e outros sistemas operacionais que usam ambientes visuais.

ESTRUTURA CONDICIONAL, DE DECISÃO OU SELEÇÃO COMPOSTA

Esta estrutura nos permite criar uma expressão lógica que tenha dois ou mais dados a serem verificados ou comparados, e vai determinar o que vai ser feito caso o resultado da expressão seja verdadeiro ou caso o resultado seja falso. Veja abaixo a sua sintaxe:

Estrutura Condicional, de Decisão ou Seleção Composta	
Representação no VisuAlg	**Representação no JavaScript**

se (condição) entao
 	
Comando
Comando
 	
senao
 	
Comando
Comando
 	
fimse
	if (condição)
	{
	Comando;
	Comando;
	}
	else
	{
	Comando;
	Comando;
	}

Analisando os comandos da sintaxe acima, temos:

1ª linha **se/if (condição):** a condição é uma expressão lógica que vai ser testada pelo computador através da sua Unidade de Aritmética e Lógica, ALU, e vai nos retornar uma reposta verdadeira ou falsa. Aqui fica evidente que devemos nos lembrar dos operadores lógicos e relacionais e das suas precedências.

2ª linha **entao/{:** indica o início do bloco se a condição for verdadeira.

3ª e 4ª linhas **comando ou sequência de comandos**: somente serão executados se a condição for aceita, no caso se for verdadeira.

6ª linha **senão/else{**: observe que este comando faz parte da estrutura do **se/if** e só vamos utilizá-lo quando pelo menos uma ação for executada se a condição retornar um valor falso.

7ª linha **{:** indica o início do bloco se a condição for falsa.

8ª e 9ª linhas **comando ou sequencia de comandos**: somente serão executados se a condição for aceita, no caso se for falsa.

10ª linha **fimse/}**: indica o fim do bloco de comandos se a condição for falsa.

Veja como a **Estrutura Condicional, de Decisão ou Seleção Composta**, é implementada no **VisuAlg**, vamos criar um aplicativo para a empresa fictícia Imaginária Produtos de Informática LTDA – IPIL, que pretende conceder um bônus de 20 por cento no valor dos salários de seus funcionários que estejam trabalhando na empresa há mais de 5 anos e 10 por cento para os demais funcionários. Vamos retornar para o nosso algoritmo **algoritmo_012** no **VisuAlg**, se o mesmo estiver aberto, basta posicionar o botão do mouse sobre o ícone do **VisuAlg** na barra de tarefas do **Windows 10**, vai aparecer uma miniatura do algoritmo, conforme vimos na **figura 56**. Clique sobre esta miniatura e vamos retornar à tela principal do mesmo. Caso o **VisuAlg** esteja fechado, para abrí-lo novamente, basta clicar sobre o ícone do **VisuAlg** na barra de tarefas do **Windows 10**, conforme vimos na **figura 156** no **Anexo I**, vai abrir a tela principal do mesmo, clique com o botão do mouse sobre o menu **Arquivo**, em seguida selecione o item **Novo**, ou pressione, ao mesmo tempo, as teclas de atalho **Ctrl+N**, conforme vimos na **figura 57**.

Antes de começarmos a digitar algo, vamos salvar nosso algoritmo, para isto, clique com o botão do mouse sobre o menu **Arquivo**, em seguida selecione o item **Salvar**, ou pressione, ao mesmo tempo, as teclas de atalho **Ctrl+S**, conforme vimos na **figura 4**. Ou clique no ícone do disquete no menu de ferramentas, conforme vimos na **figura 5**. Independentemente da forma escolhida para salvar o algoritmo vai abrir a janela **Salvar como**, no item **Salvar em:**, selecione **Disco local (C:)**, se você renomeou o seu **Disco local (C:)**, clique no nome do disco que você escolheu — no meu caso eu chamei de **Win10 (C:)** —, em seguida selecione a pasta **projetos_livro**, e clique no botão **Abrir** ou clique duas vezes com o botão do mouse sobre a pasta, em seguida selecione a pasta **algoritmos**, e clique no botão **Abrir** ou clique duas vezes com o botão do mouse sobre a pasta. No item **Nome:**, digite **algoritmo_013**, conforme vimos na **figura 6**. Clique no botão **Salvar**. Para saber se o algoritmo foi salvo no caminho que especificamos, basta verificar no topo da janela do **VisuAlg**, que mostra o caminho onde salvamos nosso algoritmo, conforme vimos na **figura 7**. Não esqueça de configurar a numeração de linhas, pois é muito importante, principalmente na indicação de erros. Para isto, clique no menu **Exibir**, e selecione o item **Número de linhas**, conforme vimos na **figura 8**. Ou clique no ícone **Numerar linhas** no menu de ferramentas, conforme vimos na **figura 9**. Agora posicione o cursor no início da **linha 1**, em seguida pressione, ao mesmo tempo, as teclas **Ctrl+T**, veja como ficou, conforme vimos na **figura 12**. Pressione a tecla **Delete** do teclado, e observe que o cursor do mouse vai ficar piscando na **linha 1**, neste local digite o código abaixo:

```
algoritmo "conceder_bonus_salarios"
// Função : Concede um bônus de 20% para os funcionários com 5 anos ou mais e 10% para o restante dos funcionários
// Autor : Professor Msc Rafael Soares
// Data : 24/10/2018
// Seção de Declarações
var
salario, bonus: real
tempo_casa: inteiro
inicio
// Seção de Comandos
escreva ("Digite o valor do Salário em Reais(R$)")
leia (salario)
escreva ("Digite o Tempo de Casa do Funcionário:")
leia (tempo_casa)
se (tempo_casa >= 5) entao
  bonus <- salario * 0.20
senao
  bonus <- salario * 0.10
fimse
escreval ("O valor do Bônus Concedido é: R$ ", bonus:2:2)
salario <- salario + bonus
escreva ("O valor do Salário + Bônus é: R$ ", salario:2:2)
fimalgoritmo
```

Salve o algoritmo, conforme vimos nas **figuras 4** e **5**. Não esqueça de fazer a indentação do código, conforme vimos nas **figuras 97** e **98**, ou pressione, ao mesmo tempo, as teclas **Ctrl+G**. É muito importante fazer a indentação do código, pois desta forma, deixaremos o nosso código mais legível. Vamos pedir para o usuário entrar com os dados, para isto, vamos alterar a exibição da janela de entrada e saída do **VisuAlg**, clique no ícone **Executar o algoritmo como DOS** no menu de ferramentas, conforme vimos na **figura 77**. Vamos executar o algoritmo, para isto vamos até o menu **Algoritmo**, e vamos selecionar o item **Executar**, ou pressionar a tecla **F9**, conforme vimos na **figura 14**. Ou clique no ícone **Executar** no menu de ferramentas, conforme vimos na **figura 15**. Veja que vai aparecer uma janela com o cursor do mouse piscando dentro de uma caixa de texto, conforme vimos na **figura 109**. Digite um valor qualquer do tipo real, use ponto e não vírgula, para separar as casas decimais, em seguida clique no botão **OK**. Veja que vai aparecer uma janela com o cursor do mouse piscando dentro de uma caixa de texto, conforme vimos na **figura 110**. Digite um valor qualquer do tipo real, use ponto e não vírgula, para separar as casas decimais, em seguida clique no botão **OK**. Veja que as informações vão aparecer na janela de visualização de resultados, conforme **figura 117**:

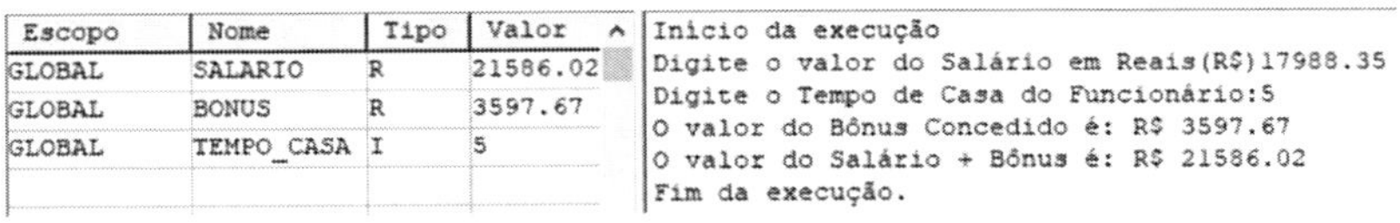

Figura 117

Neste algoritmo, se a expressão lógica da **linha 15** for verdadeira, então será executado o comando para calcular 20% de bônus no salário, **bonus <- salario * 0.20**, se for falso automaticamente será executado o comando na **linha 18** para calcular 10% de bônus no salário, **bonus <- salario * 0.10**, e o comando da **linha 20**, para mostrar o valor do bônus calculado. Na **linha 21**, vai ser feita a soma do salário mais o bônus concedido, e na **linha 22**, será mostrado o valor do salário com o bônus. Os comandos das **linhas 20** a **22** vão ser executados, independentemente, se a condição for falsa ou verdadeira, pois os mesmos estão fora do bloco da condição **se...entao... senao**. Observe que nas **linhas 20** e **22**, no final das variáveis, têm o seguinte comando **bonus:2:2** e **salario:2:2**, que vai limitar o número de casas decimais em duas casas.

Veja como a **Estrutura Condicional, de Decisão ou Seleção Composta** é implementada no **JavaScript**, usando o exemplo anterior, vamos retornar para o nosso aplicativo **aplicativo_012** no **Notepad++**, se o mesmo estiver aberto, basta posicionar o botão do mouse sobre o ícone do **Notepad++** na barra de tarefas do **Windows 10**, vai aparecer uma miniatura do aplicativo, conforme vimos na **figura 61**. Clique sobre esta miniatura e vamos retornar à tela principal do mesmo. Caso o **Notepad++** esteja fechado, para abrí-lo novamente, basta clicar sobre o ícone do **Notepad++** na barra de tarefas do **Windows 10**, conforme vimos na **figura 156** no **Anexo I**, vai abrir a tela principal do mesmo, antes de começarmos a digitar algo, vamos fechar os arquivos **aplicativo_012** e **index.html**, para isto clique no ícone do quadradinho vermelho com um **X** dentro, conforme vimos na **figura 24**. Vamos salvar nosso aplicativo, para isto, clique com o botão do mouse sobre o menu **Arquivo**, em seguida selecione o item **Salvar como...**, ou pressione, ao mesmo tempo, as teclas de atalho **Ctrl+Alt+S**, conforme vimos na **figura**

25. Vai abrir a janela **Salvar como**, no item **Salvar em:**, clique na setinha para baixo da caixa de seleção **combobox** e selecione **Disco local (C:)**, se você renomeou o seu **Disco local (C:)**, clique no nome do disco que você escolheu — no meu caso eu chamei de **Win10 (C:)** —, em seguida clique duas vezes com o botão do mouse sobre a pasta **projetos_livro**, clique duas vezes com o botão do mouse sobre a pasta **javascript**, e clique no ícone **Criar Nova Pasta**, conforme vimos na **figura 26**. No nome da pasta, digite **aplicativo_013**, pressione a tecla **Enter** duas vezes, conforme vimos na **figura 27**. Repita o procedimento acima e crie outra pasta, clique no ícone **Criar Nova Pasta**, conforme vimos na **figura 26**, no nome da pasta, digite **scripts**, pressione a tecla **Enter** duas vezes. No item **Nome:**, digite **aplicativo_013**, no item **Tipo:**, selecione **JavaScriptFile**, conforme vimos na **figura 28**. Clique no botão **Salvar**. Para saber se o algoritmo foi salvo no caminho que especificamos, basta verificar no topo da janela do **Notepad++**, que mostra o caminho onde salvamos nosso aplicativo, conforme vimos na **figura 29**. Clique no botão **Salvar & Fechar**. Veja que o cursor do mouse está posicionado na **linha 1**, neste local digite o código abaixo:

```
// Função : Concede um bônus de 20% para os funcionários com 5 anos ou mais e 10% para o restante dos funcionários
// Autor : Professor Msc Rafael Soares
// Data : 24/10/2018
// Seção de Declarações
var salario, bonus, tempo_casa;

// Seção de Comandos
salario = parseFloat(prompt("Digite o valor do Salário em Reais - R$:"));
tempo_casa = parseInt(prompt("Digite o Tempo de Casa do Funcionário:"));
```

Salve o aplicativo, para isto, clique com o botão do mouse sobre o menu **Arquivo**, em seguida selecione o item **Salvar**, ou pressione ao mesmo tempo as teclas de atalho **Ctrl+S**, ou selecione o item **Salvar todos**, ou pressione ao mesmo tempo as teclas de atalho **Ctrl+Shift+S**, ou clique no ícone dos disquetes duplos na barra de ferramentas, conforme vimos nas **figuras 33** e **34**. Vamos criar um arquivo do tipo **HTML**, chamado **index.html**, para isto clique com o botão do mouse sobre o menu **Arquivo**, em seguida selecione o item **Novo**, ou pressione, ao mesmo tempo, as teclas de atalho **Ctrl+N**, conforme vimos na **figura 35**. Em seguida, clique com o botão do mouse sobre o menu **Arquivo**, e selecione o item **Salvar como...**, ou pressione, ao mesmo tempo, as teclas de atalho **Ctrl+Alt+S**, conforme vimos na **figura 25**. Vai abrir a janela **Salvar como**, no item **Salvar em:**, clique na setinha para baixo da caixa de seleção **combobox** e selecione **Disco local (C:)**, se você renomeou o seu **Disco local (C:)**, clique no nome do disco que você escolheu — no meu caso eu chamei de **Win10 (C:)** —, em seguida clique duas vezes com o botão do mouse sobre a pasta **projetos_livro**, clique duas vezes com o botão do mouse sobre a pasta **javascript**, em seguida clique duas vezes com o botão do mouse sobre a pasta **aplicativo_013**, no item **Nome:**, digite **index**, no item **Tipo:**, selecione **Hyper Text Markup Language**, conforme vimos na **figura 36**. Clique no botão **Salvar**. Para saber se o algoritmo foi salvo no caminho que especificamos, basta verificar no topo da janela do **Notepad++**, que mostra o caminho onde salvamos nosso arquivo **HTML**, conforme vimos na **figura 29**. Veja que o cursor do mouse está posicionado na **linha 1**, neste local digite o código abaixo:

```
<html lang="pt-BR">
<head>
    <meta charset="utf-8" />
    <title>Aprendendo Algoritmos com JavaScript</title>
</head>
<body>
    <script src="scripts/aplicativo_013.js"></script>
    <script>
        if (tempo_casa >= 5)
        {
            bonus = (salario * 0.20);
        }
        else
        {
            bonus = (salario * 0.10);
        }
        document.write("O valor do Bônus Concedido é: R$ " +
bonus);
        document.write("<br>");
        document.write("O valor do Salário + Bônus é: R$ " +
(salario + bonus).toFixed(2));
    </script>
</body>
</html>
```

Observe que à medida que vamos digitando, o código vai aparecer automaticamente, em uma caixa de seleção, basta selecionar o mesmo para completar, conforme vimos na **figura 37**. Salve o aplicativo, para isto, clique com o botão do mouse sobre o menu **Arquivo**, em seguida selecione o item **Salvar**, ou pressione, ao mesmo tempo, as teclas de atalho **Ctrl+S**, ou selecione o item **Salvar todos**, ou pressione, ao mesmo tempo, as teclas de atalho **Ctrl+Shift+S**, ou clique no ícone dos disquetes duplos na barra de ferramentas, conforme vimos nas **figuras 33** e **34**. Vamos executar nosso aplicativo, para isto vamos até o menu **Executar**, observe que tem todos os principais navegadores web, vamos selecionar o item **Google Chrome**, conforme vimos na **figura 39**. Vai aparecer a janela do **Chrome**, juntamente com uma caixa de diálogo, com o título: **Digite o valor do Salário em Reais - R$:**, logo abaixo uma caixa de texto para inserirmos um valor qualquer do tipo real, use ponto e não vírgula, para separar as casas decimais, conforme vimos na **figura 112**. Clique no botão **OK**, e veja que vai aparecer uma caixa de diálogo, com o título: **Digite o Tempo de Casa do Funcionário:**, logo abaixo uma caixa de texto para inserirmos um valor qualquer do tipo real, use ponto e não vírgula, para separar as casas decimais, conforme vimos na **figura 113**. Clique no botão **OK**, e veja o resultado no corpo da página **HTML**, conforme **figura 118**:

Figura 118

Neste aplicativo, se a expressão lógica da **linha 9** for verdadeira, então será executado o comando da **linha 11** para calcular 20% de bônus no salário, **bonus = (salario * 0.20);**, se for falso automaticamente será executado o comando na **linha 15** para calcular 10% de bônus no salário, **bonus = (salario * 0.10);**, no comando da **linha 17**, vai ser mostrado o valor do bônus calculado. No comando da **linha 19**, vai ser feita a soma do salário mais o bônus concedido, estes comandos vão ser executados, independentemente, se a condição for falsa ou verdadeira, pois os mesmos estão fora do bloco da condição **if...else**.

ESTRUTURA CONDICIONAL, DE DECISÃO OU SELEÇÃO ENCADEADAS OU ANINHADA

Esta estrutura nos permite criar uma expressão lógica que tenha uma sequência de testes de seleção, que serão executados ou não de acordo com o resultado das condições e de acordo com o encadeamento dos testes, ou seja, chamaremos de **ses** encadeados ou aninhados. Veja abaixo a sua sintaxe:

Estrutura Condicional, de Decisão ou Seleção Encadeada ou Aninhada	
Representação no VisuAlg	**Representação no JavaScript**

se (condição) entao
 	
se (condição) entao
 	
Comando
Comando
 	
senao
 	
Comando
Comando
	if (condição)
	{
	Comando;
	Comando;
	}
	else if (condição)
	{
	Comando;
	Comando;
	}

fimse senao Comando Comando fimse	

Veja como a **Estrutura Condicional, de Decisão ou Seleção Encadeada ou Aninhada**, é implementada no **VisuAlg**, vamos criar um aplicativo para que o usuário entre com um número do tipo real, em seguida ler este número do tipo real, verificar se o número é positivo, negativo ou nulo, em seguida imprimir a mensagem **"Este é um Número Positivo"**, se esta condição for aceita. **"Este é um Número Negativo"**, se esta condição for aceita e **"Este é um Número Nulo"**, se esta condição for aceita. Vamos retornar para o nosso algoritmo **algoritmo_013** no **VisuAlg**, se o mesmo estiver aberto, basta posicionar o botão do mouse sobre o ícone do **VisuAlg** na barra de tarefas do **Windows 10**, vai aparecer uma miniatura do algoritmo, conforme vimos na **figura 56**. Clique sobre esta miniatura e vamos retornar à tela principal do mesmo. Caso o **VisuAlg** esteja fechado, para abrí-lo novamente, basta clicar sobre o ícone do **VisuAlg** na barra de tarefas do **Windows 10**, conforme vimos na **figura 156** no **Anexo I**, vai abrir a tela principal do mesmo, clique com o botão do mouse sobre o menu **Arquivo**, em seguida selecione o item **Novo**, ou pressione, ao mesmo tempo, as teclas de atalho **Ctrl+N**, conforme vimos na **figura 57**.

Antes de começarmos a digitar algo, vamos salvar nosso algoritmo, para isto, clique com o botão do mouse sobre o menu **Arquivo**, em seguida selecione o item **Salvar**, ou pressione, ao mesmo tempo, as teclas de atalho **Ctrl+S**, conforme vimos na **figura 4**. Ou clique no ícone do disquete no menu de ferramentas, conforme vimos na **figura 5**. Independentemente da forma escolhida para salvar o algoritmo vai abrir a janela **Salvar como**, no item **Salvar em:**, selecione **Disco local (C:)**, se você renomeou o seu **Disco local (C:)**, clique no nome do disco que você escolheu — no meu caso eu chamei de **Win10 (C:)** —, em seguida selecione a pasta **projetos_livro**, e clique no botão **Abrir** ou clique duas vezes com o botão do mouse sobre a pasta, em seguida selecione a pasta **algoritmos**, e clique no botão **Abrir** ou clique duas vezes com o botão do mouse sobre a pasta. No item **Nome:**, digite **algoritmo_014**, conforme vimos na **figura 6**. Clique no botão **Salvar**. Para saber se o algoritmo foi salvo no caminho que especificamos, basta verificar no topo da janela do **VisuAlg**, que mostra o caminho onde salvamos nosso algoritmo, conforme vimos na **figura 7**. Não esqueça de configurar a numeração de linhas, pois é muito importante, principalmente na indicação de erros. Para isto, clique no menu **Exibir**, e selecione o item **Número de linhas**, conforme vimos na **figura 8**. Ou clique no ícone **Numerar linhas** no menu de ferramentas, conforme vimos na **figura 9**. Agora posicione o cursor no início da **linha 1**, em seguida pressione, ao mesmo tempo, as teclas **Ctrl+T**, veja como ficou, conforme vimos na **figura 12**. Pressione a tecla **Delete** do teclado, e observe que o cursor do mouse vai ficar piscando na **linha 1**, neste local digite o código abaixo:

```
algoritmo "verificar_numero_positivo_negativo_nulo"
// Função : Verificar se um determinado número é positivo, negativo ou nulo
// Autor : Professor Msc Rafael Soares
// Data : 24/10/2018
// Seção de Declarações
var
numero: real
inicio
// Seção de Comandos
```

```
Escreva ("Digite um Número: ")
leia (numero)
se (numero > 0) entao
  escreva ("Este Número é Positivo: ", numero)
senao
  se (numero < 0) entao
    escreva ("Este Número é Negativo: ", numero)
  senao
    escreva ("Este Número é Nulo: ", numero)
  fimse
fimse
fimalgoritmo
```

Salve o algoritmo, conforme vimos nas **figuras 4** e **5**. Não esqueça de fazer a indentação do código, conforme vimos nas **figuras 97** e **98**, ou pressione, ao mesmo tempo, as teclas **Ctrl+G**. É muito importante fazer a indentação do código, pois desta forma, deixaremos o nosso código mais legível. Vamos pedir para o usuário entrar com os dados, para isto, vamos alterar a exibição da janela de entrada e saída do **VisuAlg**, clique no ícone **Executar o algoritmo como DOS** no menu de ferramentas, conforme vimos na **figura 77**. Vamos executar o algoritmo, para isto vamos até o menu **Algoritmo**, e vamos selecionar o item **Executar**, ou pressionar a tecla **F9**, conforme vimos na **figura 14**. Ou clique no ícone **Executar** no menu de ferramentas, conforme vimos na **figura 15**. Veja que vai aparecer uma janela com o cursor do mouse piscando dentro de uma caixa de texto, conforme vimos na **figura 109**. Digite um valor qualquer do tipo real, use ponto e não vírgula, para separar as casas decimais, em seguida clique no botão **OK**. Veja que as informações vão aparecer na janela de visualização de resultados, conforme **figura 119**:

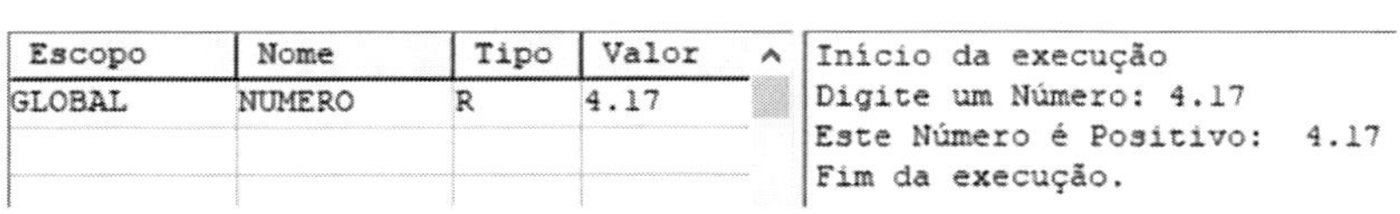

Figura 119

Observe que neste caso, apenas uma das condições será executada. Isto acontece porque as opções de **se**, quando encadeadas ou aninhadas, são mutuamente exclusivas. Veja como a **Estrutura Condicional, de Decisão ou Seleção Encadeadas ou Aninhada**, é implementada no **JavaScript**, usando o exemplo anterior, vamos retornar para o nosso aplicativo **aplicativo_013** no **Notepad++**, se o mesmo estiver aberto, basta posicionar o botão do mouse sobre o ícone do **Notepad++** na barra de tarefas do **Windows 10**, vai aparecer uma miniatura do aplicativo, conforme vimos na **figura 61**. Clique sobre esta miniatura e vamos retornar à tela principal do mesmo. Caso o **Notepad++** esteja fechado, para abrí-lo novamente, basta clicar sobre o ícone do **Notepad++** na barra de tarefas do **Windows 10**, conforme vimos na **figura 156** no **Anexo I**, vai abrir a tela principal do mesmo, antes de começarmos a digitar algo, vamos fechar os arquivos **aplicativo_013** e **index.html**, para isto clique no ícone do quadradinho vermelho com um **X** dentro, conforme vimos na **figura 24**. Vamos salvar nosso aplicativo, para isto, clique com o botão do mouse sobre o menu **Arquivo**, em seguida selecione o item **Salvar como...**, ou pressione, ao mesmo tempo, as teclas de atalho **Ctrl+Alt+S**, conforme vimos na **figura 25**. Vai abrir a janela **Salvar como**, no item **Salvar em:**, clique na setinha para baixo da caixa de seleção **combobox** e selecione **Disco local (C:)**, se você renomeou o seu **Disco local (C:)**, clique no nome do disco que você escolheu — no meu caso eu chamei de **Win10 (C:) —**, em seguida clique duas vezes com o botão do mouse sobre a pasta **projetos_livro**, clique duas vezes com o botão do mouse sobre a pasta **javascript**, e clique no ícone **Criar Nova Pasta**, conforme vimos na **figura 26**. No nome da pasta, digite **aplicativo_014**, pressione a tecla **Enter** duas vezes, conforme vimos na **figura 27**. Repita o procedimento acima e crie outra pasta, clique no ícone **Criar Nova Pasta**, conforme vimos na **figura 26**, no nome da pasta, digite **scripts**, pressione a tecla **Enter** duas vezes. No item **Nome:**, digite **aplicativo_014**, no item **Tipo:**, selecione **JavaScriptFile**, conforme vimos na **figura 28**. Clique no botão **Salvar**. Para saber se o algoritmo foi salvo no caminho que especificamos, basta verificar no topo da janela do **Notepad++**, que mostra o caminho onde salvamos nosso aplicativo, conforme vimos na **figura 29**. Clique no botão **Salvar & Fechar**. Veja que o cursor do mouse está posicionado na **linha 1**, neste local digite o código abaixo:

```
// Função : Verificar se um determinado número é positivo, negativo ou
nulo
// Autor : Professor Msc Rafael Soares
// Data : 24/10/2018
// Seção de Declarações
var numero;

// Seção de Comandos
```

```
numero = parseFloat(prompt("Digite um Número:"));
```

Salve o aplicativo, para isto, clique com o botão do mouse sobre o menu **Arquivo**, em seguida selecione o item **Salvar**, ou pressione, ao mesmo tempo, as teclas de atalho **Ctrl+S**, ou selecione o item **Salvar todos**, ou pressione, ao mesmo tempo, as teclas de atalho **Ctrl+Shift+S**, ou clique no ícone dos disquetes duplos na barra de ferramentas, conforme vimos nas **figuras 33** e **34**. Vamos criar um arquivo do tipo **HTML**, chamado **index.html**, para isto clique com o botão do mouse sobre o menu **Arquivo**, em seguida selecione o item **Novo**, ou pressione, ao mesmo tempo, as teclas de atalho **Ctrl+N**, conforme vimos na **figura 35**. Em seguida, clique com o botão do mouse sobre o menu **Arquivo**, e selecione o item **Salvar como...**, ou pressione, ao mesmo tempo, as teclas de atalho **Ctrl+Alt+S**, conforme vimos na **figura 25**. Vai abrir a janela **Salvar como**, no item **Salvar em:**, clique na setinha para baixo da caixa de seleção **combobox** e selecione **Disco local (C:)**, se você renomeou o seu **Disco local (C:)**, clique no nome do disco que você escolheu — no meu caso eu chamei de **Win10 (C:)** —, em seguida clique duas vezes com o botão do mouse sobre a pasta **projetos_livro**, clique duas vezes com o botão do mouse sobre a pasta **javascript**, em seguida clique duas vezes com o botão do mouse sobre a pasta **aplicativo_014**, no item **Nome:**, digite **index**, no item **Tipo:**, selecione **Hyper Text Markup Language**, conforme vimos na **figura 36**. Clique no botão **Salvar**. Para saber se o algoritmo foi salvo no caminho que especificamos, basta verificar no topo da janela do **Notepad++**, que mostra o caminho onde salvamos nosso arquivo **HTML**, conforme vimos na **figura 29**. Veja que o cursor do mouse está posicionado na **linha 1**, neste local digite o código abaixo:

```
<!DOCTYPE html>

<html lang="pt-BR">
<head>
  <meta charset="utf-8" />
  <title>Aprendendo Algoritmos com JavaScript</title>
</head>
<body>
      <script src="scripts/aplicativo_014.js"></script>
      <script>
            if (numero > 0)
            {
```

```
                        document.write("Este Número é Positivo: " + numero);
                }
                else if (numero < 0)
                {
                        document.write("Este Número é Negativo: " + numero);
                }
                else
                {
                        document.write("Este Número é Nulo: " + numero);
                }
        </script>
    </body>
    </html>
```

Observe que à medida que vamos digitando, o código vai aparecer automaticamente, em uma caixa de seleção, basta selecionar o mesmo para completar, conforme vimos na **figura 37**. Salve o aplicativo, para isto, clique com o botão do mouse sobre o menu **Arquivo**, em seguida selecione o item **Salvar**, ou pressione, ao mesmo tempo, as teclas de atalho **Ctrl+S**, ou selecione o item **Salvar todos**, ou pressione, ao mesmo tempo, as teclas de atalho **Ctrl+Shift+S**, ou clique no ícone dos disquetes duplos na barra de ferramentas, conforme vimos nas **figuras 33** e **34**. Vamos executar nosso aplicativo, para isto vamos até o menu **Executar**, observe que tem todos os principais navegadores web, vamos selecionar o item **Google Chrome**, conforme vimos na **figura 39**. Vai aparecer a janela do **Chrome**, juntamente com uma caixa de diálogo, com o título: **Digite um Número:**, logo abaixo uma caixa de texto para inserirmos um valor qualquer do tipo real, use ponto e não vírgula, para separar as casas decimais, conforme vimos na **figura 112**. Clique no botão **OK**, e veja o resultado no corpo da página **HTML**, conforme **figura 120**:

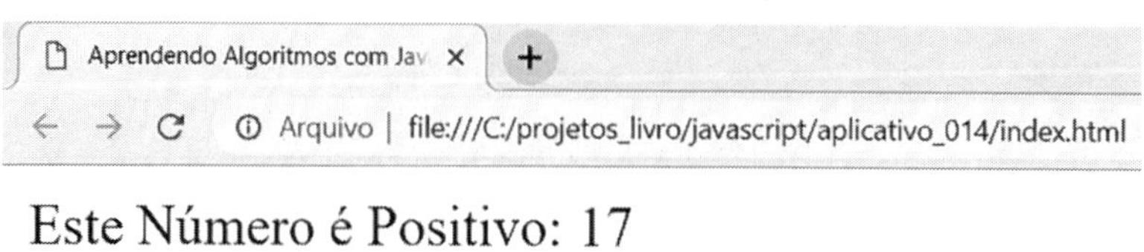

Figura 120

ESTRUTURA CONDICIONAL, DE DECISÃO OU SELEÇÃO MÚLTIPLAS ESCOLHAS

Esta estrutura nos permite criar uma estrutura de seleção que vai funcionar como um conjunto de opções. Também conhecida como estrutura de seleção homogênea, sendo uma alternativa mais rápida em relação ao **ses** aninhados, ou seja, a estrutura condicional, **escolha...caso...outrocaso** é uma especialização da **Estrutura Condicional Composta Encadeada ou Aninhada**, desta forma permite a execução de opções mutuamente exclusivas. Esse tipo de instrução verifica a igualdade do valor avaliado com algumas opções e executa a instrução ou bloco de instrução correspondente ao valor selecionado. Veja abaixo a sua sintaxe:

Estrutura Condicional, de Decisão ou Seleção Múltiplas Escolhas	
Representação no VisuAlg	**Representação no JavaScript**
escolha (variável) caso variável = 1 comandos interrompa caso variável = 2 comandos interrompa outrocaso comandos interrompa fimescolha	**switch (variavel)** **{** case valor1: Comando; break; case valor2: Comando; break; case valor3: Comando; break; default: Executa outro comando se não tiver encontrado nenhum case; break; }

Veja como a **Estrutura Condicional, de Decisão ou Seleção Múltiplas Escolhas**, é implementada no **VisuAlg**, vamos criar um aplicativo para que o usuário digite um nome de um planeta, escolhendo através de um menu de opções, em seguida digite o seu peso. Após a escolha do nome do planeta, vai ser calculado o seu peso no planeta **Terra**. A relação de planetas é dada na tabela abaixo, juntamente com o valor das gravidades relativas dos planetas em relação à **Terra**:

Planeta	Gravidade Relativa
Mercúrio	**0,37**
Vênus	**0,88**
Marte	**0,38**
Júpiter	**2,64**
Saturno	**1,15**
Urano	**1,17**

Para calcular o peso no planeta terra usaremos a fórmula abaixo:

$$Pplaneta * \frac{Pterra}{10} * gravidade$$

Após o calculado, mostrar qual o planeta, seu peso e qual o peso do mesmo na Terra. Vamos retornar para o nosso algoritmo **algoritmo_014** no **VisuAlg**, se o mesmo estiver aberto, basta posicionar o botão do mouse sobre o ícone do **VisuAlg** na barra de tarefas do **Windows 10**, vai aparecer uma miniatura do algoritmo, conforme vimos na **figura 56**. Clique sobre esta miniatura e vamos retornar à tela principal do mesmo. Caso o **VisuAlg** esteja fechado, para abrí-lo novamente, basta clicar sobre o ícone do **VisuAlg** na barra de tarefas do **Windows 10**, conforme vimos na **figura 156** no **Anexo I**, vai abrir a tela principal do mesmo, clique com o botão do mouse sobre o menu **Arquivo**, em seguida selecione o item **Novo**, ou pressione, ao mesmo tempo, as teclas de atalho **Ctrl+N**, conforme vimos na **figura 57**.

Antes de começarmos a digitar algo, vamos salvar nosso algoritmo, para isto, clique com o botão do mouse sobre o menu **Arquivo**, em seguida selecione o item **Salvar**, ou pressione, ao mesmo tempo, as teclas de atalho **Ctrl+S**, conforme vimos na **figura 4**. Ou clique no ícone do disquete no menu de ferramentas, conforme vimos na **figura 5**. Independentemente da forma escolhida para salvar o algoritmo vai abrir a janela **Salvar como**, no item **Salvar em:**, selecione **Disco local (C:)**, se você renomeou o seu **Disco local (C:)**, clique no nome do disco que você escolheu — no meu caso eu chamei de **Win10 (C:)** —, em seguida selecione a pasta **projetos_livro**, e clique no botão **Abrir** ou clique duas vezes com o botão do mouse sobre a pasta, em seguida selecione a pasta **algoritmos**, e clique no botão **Abrir** ou clique duas vezes com o botão do mouse sobre a pasta. No item **Nome:**, digite **algoritmo_015**, conforme vimos na **figura 6**. Clique no botão **Salvar**. Para saber se o algoritmo foi salvo no caminho que especificamos, basta verificar no topo da janela do **VisuAlg**, que mostra o caminho onde salvamos nosso algoritmo, conforme vimos na **figura 7**. Não esqueçam de configurar a numeração de linhas, pois é muito importante, principalmente na indicação de erros. Para isto, clique no menu **Exibir**, e selecione o item **Número de linhas**, conforme vimos na **figura 8**. Ou clique no ícone **Numerar linhas** no menu de ferramentas, conforme vimos na **figura 9**. Agora posicione o cursor no início da **linha 1**, em seguida pressione, ao mesmo tempo, as teclas **Ctrl+T**, veja como ficou, conforme vimos na **figura 12**. Pressione a tecla **Delete** do teclado, e observe que o cursor do mouse vai ficar piscando na **linha 1**, neste local digite o código abaixo:

```
algoritmo "peso_planetas"
// Função : Calcular o peso de um determinado planeta, qual seu peso
equivalente na Terra
// Autor : Professor Msc Rafael Soares
// Data : 24/10/2018
// Seção de Declarações
var
opcao: caractere
peso_na_terra: real
inicio
// Seção de Comandos
escreval ("Escolha um Planeta na Lista Abaixo:")
escreval ("Mercúrio")
escreval ("Vênus")
escreval ("Marte")
escreval ("Júpiter")
escreval ("Saturno")
escreval ("Urano")
escreval ("Digite o nome do Planeta Conforme o Menu acima:")
leia (opcao)
escreval ("Digite o Peso do Planeta Escolhido")
leia (peso_na_terra)
escolha (opcao)
```

```
caso "Mercúrio"
  escreval("O Planeta Mercúrio, com o peso de", peso_na_terra," Kg
",''Tem o Seu Peso no Planeta Terra de:", ((peso_na_terra/10) * 0.37)," Kg")
  interrompa
caso "Vênus"
  escreva ("O Planeta Vênus, com o peso de", peso_na_terra, " Kg, ",
"Tem o Seu Peso no Planeta Terra de: ", ((peso_na_terra/10) * 0.88), " Kg")
  interrompa
caso "Marte"
  escreva ("O Planeta Marte, com o peso de", peso_na_terra, " Kg, ",
"Tem o Seu Peso no Planeta Terra de: ",((peso_na_terra/10) * 0.38), " Kg")
  interrompa
caso "Júpiter"
  escreva ("O Planeta Júpiter, com o peso de", peso_na_terra, " Kg, ",
"Tem o Seu Peso no Planeta Terra de: ",((peso_na_terra/10) * 2.64), " Kg")
  interrompa
caso "Saturno"
  escreva ("O Planeta Saturno, com o peso de", peso_na_terra, " Kg, ",
"Tem o Seu Peso no Planeta Terra de: ",((peso_na_terra/10) * 1.15), " Kg")
  interrompa
caso "Urano"
  escreva ("O Planeta Urano, com o peso de", peso_na_terra, " Kg, ",
"Tem o Seu Peso no Planeta Terra de: ",((peso_na_terra/10) * 1.17), " Kg")
  interrompa
outrocaso
  escreva ("O Planeta ",opcao," não Faz Parte do Menu de Opções")
  interrompa
fimescolha
fimalgoritmo
```

Salve o algoritmo, conforme vimos nas **figuras 4** e **5**. Não esqueça de fazer a indentação do código, conforme vimos nas **figuras 97** e **98**, ou pressione, ao mesmo tempo, as teclas **Ctrl+G**. É muito importante fazer a indentação do código, pois desta forma, deixaremos o nosso código mais legível. Vamos pedir para o usuário entrar com os dados, para isto, vamos alterar a exibição da janela de entrada e saída do **VisuAlg**, clique no ícone **Executar o algoritmo como DOS** no menu de ferramentas, conforme vimos na **figura 77**. Vamos executar o algoritmo, para isto vamos até o menu **Algoritmo**, e vamos selecionar o item **Executar**, ou pressionar a tecla **F9**, conforme vimos na **figura 14**. Ou clique no ícone **Executar** no menu de ferramentas, conforme vimos na **figura 15**. Veja que vai aparecer uma janela com o cursor do mouse piscando dentro de uma caixa de texto, conforme vimos na **figura 109**. Digite um nome de planeta que conste do Menu, em seguida clique no botão **OK**. Veja que vai aparecer uma janela com o cursor do mouse piscando dentro de uma caixa de texto, conforme vimos na **figura 110**. Digite um valor qualquer do tipo real, use ponto e não vírgula, para separar as casas decimais, em seguida clique no botão **OK**, veja que as informações vão aparecer na janela de visualização de resultados, conforme **figura 121**:

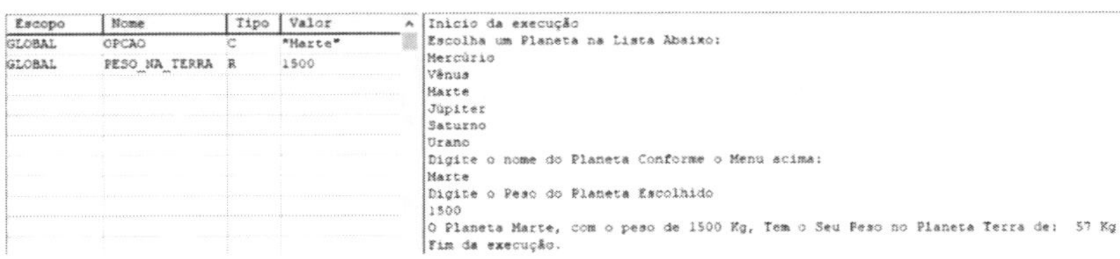

Figura 121

Observe o exemplo acima, neste algoritmo quando o usuário digitar o nome do planeta, o comando **escolha** vai capturar o conteúdo da variável **opçao**, em seguida o comando **caso** vai fazer a comparação de igualdade; se a resposta for verdadeira ele vai fazer os cálculos usando a fórmula que especificamos e vai mostrar a mensagem como nome do planeta e seu peso na Terra, e novamente vamos cair em outro comando **caso** que vai fazer a comparação de igualdade, e dependendo da resposta vai exibir a mensagem adequada. Se nenhuma das condições for satisfeita, ele entra no comando **outrocaso,** lembrando que este comando é opcional, imprime a mensagem e encerra a execução do algoritmo. O comando **interrompa** é utilizado para que a comparação não entre em todos os comandos **caso**, isto é, se não for utilizado, mesmo se a comparação de igualdade for verdadeira, ele vai continuar fazendo as comparações nos comandos **caso** seguintes.

Veja como a **Estrutura Condicional, de Decisão ou Seleção Múltiplas Escolhas**, é implementada no **JavaScript**, usando o exemplo anterior, vamos retornar para o nosso aplicativo, **aplicativo_014** no **Notepad++**, se o mesmo estiver aberto, basta posicionar o botão do mouse sobre o ícone do **Notepad++** na barra de tarefas do **Windows 10**, vai aparecer uma miniatura do aplicativo, conforme vimos na **figura 61**. Clique sobre esta miniatura e vamos retornar à tela principal do mesmo. Caso o **Notepad++** esteja fechado, para abrí-lo novamente, basta clicar sobre o ícone do **Notepad++** na barra de tarefas do **Windows 10**, conforme vimos na **figura 156** no **Anexo I**, vai abrir a tela principal do mesmo, antes de começarmos a digitar algo, vamos fechar os arquivos **aplicativo_014** e **index.html**, para isto clique no ícone do quadradinho vermelho com um **X** dentro, conforme vimos na **figura 24**. Vamos salvar nosso aplicativo, para isto, clique com o botão do mouse sobre o menu **Arquivo**, em seguida selecione o item **Salvar como...**, ou pressione, ao mesmo tempo, as teclas de atalho **Ctrl+Alt+S**, conforme vimos na **figura 25**. Vai abrir a janela **Salvar como**, no item **Salvar em:**, clique na setinha para baixo da caixa de seleção **combobox** e selecione **Disco local (C:)**, se você renomeou o seu **Disco local (C:)**, clique no nome do disco que você escolheu — no meu caso eu chamei de **Win10 (C:)** —, em seguida clique duas vezes com o botão do mouse sobre a pasta **projetos_livro**, clique duas vezes com o botão do mouse sobre a pasta **javascript**, e clique no ícone **Criar Nova Pasta**, conforme vimos na **figura 26**. No nome da pasta, digite **aplicativo_015**, pressione a tecla **Enter** duas vezes, conforme vimos na **figura 27**. Repita o procedimento acima e crie outra pasta, clique no ícone **Criar Nova Pasta**, conforme vimos na **figura 26**, no nome da pasta, digite **scripts**, pressione a tecla **Enter** duas vezes. No item **Nome:**, digite **aplicativo_015**, no item **Tipo:**, selecione **JavaScriptFile**, conforme vimos na **figura 28**. Clique no botão **Salvar**. Para saber se o algoritmo foi salvo no caminho que especificamos, basta verificar no topo da janela do **Notepad++**, que mostra o caminho onde salvamos nosso aplicativo, conforme vimos na **figura 29**. Clique no botão **Salvar & Fechar**. Veja que o cursor do mouse está posicionado na **linha 1**, neste local digite o código abaixo:

```
// Função : Calcular o peso de um determinado planeta, qual seu peso equivalente na Terra
// Autor : Professor Msc Rafael Soares
// Data : 24/10/2018

// Seção de Declarações
var opcao, peso_na_terra;

// Seção de Comandos
alert ("Escolha um Planeta na Lista Abaixo:" + "\nMercúrio" + "\nVênus"
+
"\nMarte" + "\nJúpiter" + "\nSaturno" + "\nUrano");
opcao = prompt("Digite o nome do Planeta Conforme o Menu:");
peso_na_terra = parseFloat(prompt("Digite o Peso do Planeta Escolhido:"));
```

Salve o aplicativo, para isto, clique com o botão do mouse sobre o menu **Arquivo**, em seguida selecione o item **Salvar**, ou pressione, ao mesmo tempo, as teclas de atalho **Ctrl+S**, ou selecione o item **Salvar todos**, ou pressione, ao mesmo tempo, as teclas de atalho **Ctrl+Shift+S**, ou clique no ícone dos disquetes duplos na barra de ferramentas, conforme vimos nas **figuras 33** e **34**. Vamos criar um arquivo do tipo **HTML**, chamado **index.html**, para isto clique com o botão do mouse sobre o menu **Arquivo**, em seguida selecione o item **Novo**, ou pressione, ao mesmo tempo, as teclas de atalho **Ctrl+N**, conforme vimos na **figura 35**. Em seguida, clique com o botão do mouse sobre o menu **Arquivo**, e selecione o item **Salvar como...**, ou pressione, ao mesmo tempo, as teclas de atalho **Ctrl+Alt+S**, conforme vimos na **figura 25**. Vai abrir a janela **Salvar como**, no item **Salvar em:**, clique na setinha para baixo da caixa de seleção **combobox** e selecione **Disco local (C:)**, se você renomeou o seu **Disco local (C:)**, clique no nome do disco que você escolheu — no meu caso eu chamei de **Win10 (C:)** —, em seguida clique duas vezes com o botão do mouse sobre a pasta **projetos_livro**, clique duas vezes com o botão do mouse sobre a pasta **javascript**, em seguida clique duas vezes com o botão do mouse sobre a pasta **aplicativo_015**, no item **Nome:**, digite **index**, no item **Tipo:**, selecione **Hyper Text Markup Language**, conforme vimos na **figura 36**. Clique no botão **Salvar**. Para saber se o algoritmo foi salvo no caminho que especificamos, basta verificar no topo da janela do **Notepad++**, que mostra o caminho onde salvamos nosso arquivo **HTML**, conforme vimos na **figura 29**. Veja que o cursor do mouse está posicionado na **linha 1**, neste local digite o código abaixo:

```
<!DOCTYPE html>

<html lang="pt-BR">
<head>
  <meta charset="utf-8" />
  <title>Aprendendo Algoritmos com JavaScript</title>
</head>
<body>
      <script src="scripts/aplicativo_015.js"></script>
      <script>
              switch (opcao)
              {
                      case "Mercúrio":
```

```
                    document.write("O Planeta Mercúrio, com
o peso de" + peso_na_terra + " Kg " + "Tem o Seu Peso no Planeta Terra de
" + ((peso_na_terra/10) * 0.37) + " Kg");
                    break;
               case "Vênus":
                    document.write("O Planeta Vênus, com o
peso de" + peso_na_terra + " Kg " + "Tem o Seu Peso no Planeta Terra de "
+ ((peso_na_terra/10) * 0.88) + " Kg");
                    break;
               case "Marte":
                    document.write("O Planeta Marte, com o
peso de" + peso_na_terra + " Kg " + "Tem o Seu Peso no Planeta Terra de "
+ ((peso_na_terra/10) * 0.38) + " Kg");
                    break;
               case "Júpiter":
                    document.write("O Planeta Júpiter, com o
peso de" + peso_na_terra + " Kg " + "Tem o Seu Peso no Planeta Terra de "
+ ((peso_na_terra/10) * 2.64) + " Kg");
                    break;
               case "Saturno":
                    document.write("O Planeta Saturno, com
o peso de" + peso_na_terra + " Kg " + "Tem o Seu Peso no Planeta Terra de
" + ((peso_na_terra/10) * 1.15) + " Kg");
                    break;
               case "Urano":
                    document.write("O Planeta Urano, com o
peso de" + peso_na_terra + " Kg " + "Tem o Seu Peso no Planeta Terra de "
+ ((peso_na_terra/10) * 1.17) + " Kg");
                    break;
               default:
                    document.write("O Planeta " + opcao + "
não Faz Parte do Menu de Opções");
          }
     </script>
  </body>
  </html>
```

Observe que à medida que vamos digitando, o código vai aparecer automaticamente, em uma caixa de seleção, basta selecionar o mesmo para completar, conforme vimos na **figura 37**. Salve o aplicativo, para isto, clique com o botão do mouse sobre o menu **Arquivo**, em seguida selecione o item **Salvar**, ou pressione, ao mesmo tempo, as teclas de atalho **Ctrl+S**, ou selecione o item **Salvar todos**, ou pressione, ao mesmo tempo, as teclas de atalho **Ctrl+Shift+S**, ou clique no ícone dos disquetes duplos na barra de ferramentas, conforme vimos nas **figuras 33** e **34**. Vamos executar nosso aplicativo, para isto vamos até o menu **Executar**, observe que tem todos os principais navegadores web, vamos selecionar o item **Google Chrome**, conforme vimos na **figura 39**. Vai aparecer a janela do **Chrome**, juntamente com uma caixa de diálogo, com os nomes dos planetas, **Escolha um Planeta na Lista Abaixo:**, clique no botão **OK** e vai aparecer uma caixa de diálogo com o seguinte título **Digite o nome do Planeta Conforme o Menu:**, e logo abaixo uma caixa de texto para digitar o nome do planeta, conforme vimos na **figura 112**. Clique no botão **OK**. Vai aparecer uma caixa de diálogo com o seguinte título **Digite o Peso do Planeta Escolhido:**, e logo abaixo uma caixa de texto para inserirmos o peso do planeta, um valor qualquer do tipo real, use ponto e não vírgula, para separar as casas decimais, conforme vimos na **figura 112**. Clique no botão **OK**, e veja o resultado no corpo da página **HTML**, conforme **figura 122**:

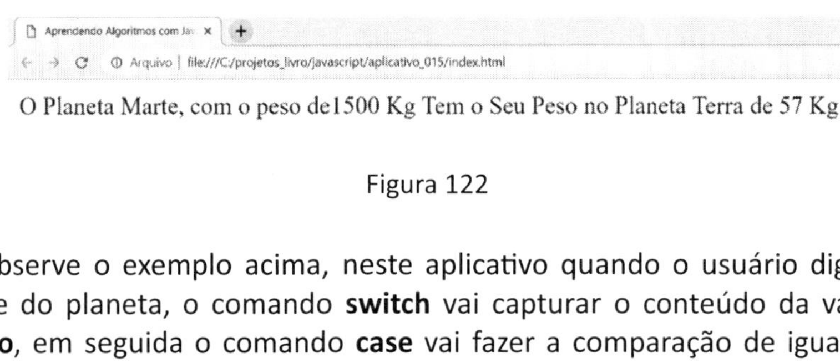

Figura 122

Observe o exemplo acima, neste aplicativo quando o usuário digitar o nome do planeta, o comando **switch** vai capturar o conteúdo da variável **opçao**, em seguida o comando **case** vai fazer a comparação de igualdade; se a resposta for verdadeira ele vai fazer os cálculos usando a fórmula que especificamos e vai mostrar a mensagem como nome do planeta e seu peso na Terra, e novamente vamos cair em outro comando **case** que vai fazer a comparação de igualdade, e dependendo da resposta vai exibir a mensagem adequada. Se nenhuma das condições for satisfeita ele entra no comando **default,** lembrando que este comando é opcional, imprime a mensagem e encerra a execução do algoritmo.

O comando **break** é utilizado para que a comparação não entre em todos os comandos **case**, isto é, se não for utilizado, mesmo se a comparação de igualdade for verdadeira, ele vai continuar fazendo as comparações nos comandos **case** seguintes.

ESTRUTURAS DE REPETIÇÃO, LAÇO DE REPETIÇÃO OU LOOPS

A característica que consolidou o grande sucesso na utilização das linguagens de programação para resolver problemas cotidianos foi a sua capacidade de repetir o processamento de um conjunto de operações para grandes quantidades de dados. Estas tarefas repetitivas acontecem diversas vezes dentro de uma situação específica no nosso dia a dia, assim sendo, as estruturas de repetição buscam uma maneira de repetir um conjunto de procedimentos até que determinado objetivo seja atingido, quando a repetição se encerra.

Conhecido como **looping**, nos permite criar, em determinadas situações, uma estrutura em que temos que repetir o programa ou parte dele algumas vezes. Isto quer dizer que vai nos permitir realizar uma sequência repetitiva de passos, para que possamos executar uma ou mais ações correspondentes em um determinado laço.

O que há em comum nas estruturas de repetição é a **condição de controle**, que vai ser determinada por uma expressão lógica ou booleana, que é testada em cada ciclo para determinar se a repetição vai prosseguir ou não. As estruturas de repetição são classificadas em dois tipos:

- **Condicional**: Os comandos são repetidos até que satisfaça a condição de repetição. Utilizadas quando não sabemos previamente quantas vezes devemos executar as instruções do bloco de repetição. As estruturas de repetição condicional podem executar o teste da condição no início, usando a estrutura **enquanto...faca/while** ou no final, usando a estrutura **repita...ate/do while**.
- **Contada**: Os comandos são repetidos através de um número predefinido de vezes. Vamos utilizar quando soubermos previamente quantas vezes devemos executar as instruções do bloco de repetição. Neste caso, para sabermos quando parar, esse tipo de estrutura de repetição vai utilizar uma variável chamada contadora para controlar a quantidade de repetições, assim vamos usar a estrutura **para...faca/for**. Veremos cada uma delas separadamente.

ESTRUTURA DE REPETIÇÃO ENQUANTO...FACA/WHILE

Esta estrutura verifica antes de cada execução se é **permitido** executar o trecho do algoritmo. Neste caso, antes de entrar na estrutura de repetição, uma expressão lógica vai ser avaliada e, se o resultado da mesma for **verdadeiro**, os comandos que estão dentro da estrutura serão executados. Depois da execução dos comandos, a expressão lógica vai ser avaliada novamente. Se o resultado da expressão lógica for **falso**, o algoritmo sai da estrutura de repetição e segue para a próxima linha. Geralmente, o mecanismo que altera o valor da expressão lógica que controla o laço está embutido dentro do bloco de comandos ou depende de alguma variável externa que será fornecida em tempo de execução. Esta estrutura é utilizada principalmente quando não sabemos com antecedência a quantidade de repetições que precisam ser realizadas. Nesta estrutura todas as variáveis devem ser inicializadas. Veja abaixo a sua sintaxe:

Estrutura de Repetição enquanto...faca/while	
Representação no VisuAlg	**Representação no JavaScript**
enquanto < condição> faca <sequência-de-comandos> fimenquanto	**while (condição)** **{** <sequência-de-comandos>; }

Onde:

<condição>: Esta expressão vai ser avaliada antes de cada repetição do laço. Quando seu resultado for **Verdadeiro**, vão ser executadas as **<sequência-de-comandos>**.

Fimenquanto/}: Indica o fim da **<sequência-de-comandos>** que será repetida.

Cada vez que a execução atinge este ponto, volta-se ao início do laço para que a **<condição>** seja avaliada novamente. Se o resultado desta avaliação for **Verdadeiro**, a **<sequência-de-Comandos>** será executada mais uma vez; caso contrário, a execução prosseguirá a partir do primeiro comando após **fimenquanto/}**.

Vejam como a **Estrutura de Repetição enquanto...faca/while**, é implementada no **VisuAlg**, vamos criar um aplicativo para o Departamento de Letras da Universidade Saber é Bom – USB, que escreva no monitor a seguinte frase **"Curso de Letras da Universidade Saber é Bom – USB"**, um determinado número de vezes, enquanto não for digitado zero o aplicativo não será encerrado. Vamos retornar para o nosso algoritmo **algoritmo_015** no **VisuAlg**, se o mesmo estiver aberto, basta posicionar o botão do mouse sobre o ícone do **VisuAlg** na barra de tarefas do **Windows 10**, vai aparecer uma miniatura do algoritmo, conforme vimos na **figura 56**. Clique sobre esta miniatura e vamos retornar à tela principal do mesmo. Caso o **VisuAlg** esteja fechado, para abri-lo novamente, basta clicar sobre o ícone do **VisuAlg** na barra de tarefas do **Windows 10**, conforme vimos na **figura 156** no **Anexo I**, vai abrir a tela principal do mesmo, clique com o botão do mouse sobre o menu **Arquivo**, em seguida selecione o item **Novo**, ou pressione, ao mesmo tempo, as teclas de atalho **Ctrl+N**, conforme vimos na **figura 57**.

Antes de começarmos a digitar algo, vamos salvar nosso algoritmo, para isto, clique com o botão do mouse sobre o menu **Arquivo**, em seguida selecione o item **Salvar**, ou pressione, ao mesmo tempo, as teclas de atalho **Ctrl+S**, conforme vimos na **figura 4**. Ou clique no ícone do disquete no menu de ferramentas, conforme vimos na **figura 5**. Independentemente da forma escolhida, para salvar o algoritmo vai abrir a janela **Salvar como**, no item **Salvar em:**, selecione **Disco local (C:)**, se você renomeou o seu **Disco local (C:)**, clique no nome do disco que você escolheu — no meu caso eu chamei de **Win10 (C:)** —, em seguida selecione a pasta **projetos_livro**, e clique no botão **Abrir** ou clique duas vezes com o botão do mouse sobre a pasta, em seguida selecione a pasta **algoritmos**, e clique no botão **Abrir** ou clique duas vezes com o botão do mouse sobre a pasta. No item **Nome:**, digite **algoritmo_016**, conforme vimos na **figura 6**. Clique no botão **Salvar**. Para saber se o algoritmo foi salvo no caminho que especificamos, basta verificar no topo da janela do **VisuAlg**, que mostra o caminho onde salvamos nosso algoritmo, conforme vimos na **figura 7**. Não esqueça de configurar a numeração de linhas, pois é muito importante, principalmente na indicação de erros. Para isto, clique no menu **Exibir**, e selecione o item **Número de linhas**, conforme vimos na **figura 8**. Ou clique no ícone **Numerar linhas** no menu de ferramentas, conforme vimos na **figura 9**. Agora posicione o cursor no início da **linha 1**, em seguida pressione, ao mesmo tempo, as teclas **Ctrl+T**, veja como ficou, conforme vimos na **figura 12**. Pressione a tecla **Delete** do teclado, e observe que o cursor do mouse vai ficar piscando na **linha 1**, neste local digite o código abaixo:

```
algoritmo "Estrutura Repetição enquanto...faca"
// Função : Usar a Estrutura de Repetição enquanto...faca/while
// Autor : Prof. Msc Rafael Soares
// Data : 21/02/2019
// Seção de Declarações
var
contador, qtd_vezes: inteiro
```

```
inicio
// Seção de Comandos
escreval("Digite a Quantidade de Vezes Que A Frase Deve Aparecer no Monitor")
escreva("ou Digite Zero Para Sair: ")
leia(qtd_vezes)
enquanto qtd_vezes <> 0 faca
  contador <- 1
  enquanto contador <= qtd_vezes faca
      escreval ("Curso de Letras da Universidade Saber é Bom - USB ", contador, "ª Vez")
    contador <- contador+1
  fimenquanto
  escreval("Digite a Quantidade de Vezes Que A Frase Deve Aparecer no Monitor")
  escreva("ou Digite Zero Para Sair: ")
  leia(qtd_vezes)
fimenquanto
fimalgoritmo
```

Salve o algoritmo, conforme vimos nas **figuras 4** e **5**. Não esqueça de fazer a indentação do código, conforme vimos nas **figuras 97** e **98**, ou pressione, ao mesmo tempo, as teclas **Ctrl+G**. É muito importante fazer a indentação do código, pois desta forma, deixaremos o nosso código mais legível. Vamos pedir para o usuário entrar com os dados, para isto, vamos alterar a exibição da janela de entrada e saída do **VisuAlg**, clique no ícone **Executar o algoritmo como DOS** no menu de ferramentas, conforme vimos na **figura 77**. Vamos executar o algoritmo, para isto vamos até o menu **Algoritmo**, e vamos selecionar o item **Executar**, ou pressionar a tecla **F9**, conforme vimos na **figura 14**. Ou clique no ícone **Executar** no menu de ferramentas, conforme vimos na **figura 15**. Veja que vai aparecer uma janela com o cursor do mouse piscando dentro de uma caixa de texto, conforme vimos na **figura 109**. Digite um numero inteiro, em seguida clique no botão **OK**. Veja que vamos retornar para a mesma janela, digite outro valor do tipo inteiro, em seguida clique no botão **OK**. Vamos retornar para a mesma janela, lembre-se que o programa só vai ser encerrado depois de digitar o zero, digite 0, em seguida clique no botão **OK**, veja que as informações vão aparecer na janela de visualização de resultados, conforme **figura 123**:

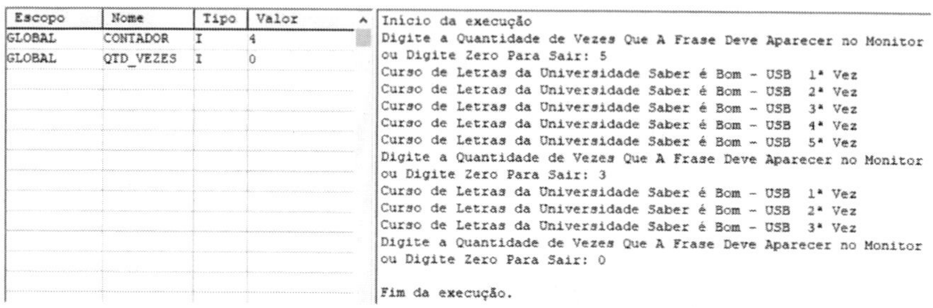

Figura 123

Veja como a **Estrutura de Repetição enquanto...faca/while**, é implementada no **JavaScript**, usando o exemplo anterior, vamos retornar para o nosso aplicativo, **aplicativo_015** no **Notepad++**, se o mesmo estiver aberto, basta posicionar o botão do mouse sobre o ícone do **Notepad++** na barra de tarefas do **Windows 10**, vai aparecer uma miniatura do aplicativo, conforme vimos na **figura 61**. Clique sobre esta miniatura e vamos retornar à tela principal do mesmo. Caso o **Notepad++** esteja fechado, para abri-lo novamente, basta clicar sobre o ícone do **Notepad++** na barra de tarefas do **Windows 10**, conforme vimos na **figura 156** no **Anexo I**, vai abrir a tela principal do mesmo, antes de começarmos a digitar algo, vamos fechar os arquivos **aplicativo_015** e **index.html**, para isto clique no ícone do quadradinho vermelho com um **X** dentro, conforme vimos na **figura 24**. Vamos salvar nosso aplicativo, para isto, clique com o botão do mouse sobre o menu **Arquivo**, em seguida selecione o item **Salvar como...**, ou pressione, ao mesmo tempo, as teclas de atalho **Ctrl+Alt+S**, conforme vimos na **figura 25**. Vai abrir a janela **Salvar como**, no item **Salvar em:**, clique na setinha para baixo da caixa de seleção **combobox** e selecione **Disco local (C:)**, se você renomeou o seu **Disco local (C:)**, clique no nome do disco que você escolheu — no meu caso eu chamei de **Win10 (C:)** —, em seguida clique duas vezes com o botão do mouse sobre a pasta **projetos_livro**, clique duas vezes com o botão do mouse sobre a pasta **javascript**, e clique no ícone **Criar Nova Pasta**, conforme vimos na **figura 26**. No nome da pasta, digite **aplicativo_016**, pressione a tecla **Enter** duas vezes, conforme vimos na **figura 27**. Repita o procedimento acima e crie outra pasta, clique no ícone **Criar Nova Pasta**, conforme vimos na **figura 26**, no nome da pasta, digite **scripts**, pressione a tecla **Enter** duas vezes. No item **Nome:**, digite **aplicativo_016**, no item **Tipo:**, selecione **JavaScriptFile**, conforme vimos na **figura 28**. Clique no botão

Salvar. Para saber se o algoritmo foi salvo no caminho que especificamos, basta verificar no topo da janela do **Notepad++**, que mostra o caminho onde salvamos nosso aplicativo, conforme vimos na **figura 29**. Clique no botão **Salvar & Fechar**. Veja que o cursor do mouse está posicionado na **linha 1**, neste local digite o código abaixo:

```
// Função : Usar a Estrutura de Repetição enquanto...faca/while
// Autor : Prof. Msc Rafael Soares
// Data : 22/02 /2019
// Seção de Declarações
var indice, qtd_vezes;
```

Salve o aplicativo, para isto, clique com o botão do mouse sobre o menu **Arquivo**, em seguida selecione o item **Salvar**, ou pressione, ao mesmo tempo, as teclas de atalho **Ctrl+S**, ou selecione o item **Salvar todos**, ou pressione, ao mesmo tempo, as teclas de atalho **Ctrl+Shift+S**, ou clique no ícone dos disquetes duplos na barra de ferramentas, conforme vimos nas **figuras 33** e **34**. Vamos criar um arquivo do tipo **HTML**, chamado **index.html**, para isto clique com o botão do mouse sobre o menu **Arquivo**, em seguida selecione o item **Novo**, ou pressione, ao mesmo tempo, as teclas de atalho **Ctrl+N**, conforme vimos na **figura 35**. Em seguida, clique com o botão do mouse sobre o menu **Arquivo**, e selecione o item **Salvar como...**, ou pressione, ao mesmo tempo, as teclas de atalho **Ctrl+Alt+S**, conforme vimos na **figura 25**. Vai abrir a janela **Salvar como**, no item **Salvar em:**, clique na setinha para baixo da caixa de seleção **combobox** e selecione **Disco local (C:)**, se você renomeou o seu **Disco local (C:)**, clique no nome do disco que você escolheu — no meu caso eu chamei de **Win10 (C:)** —, em seguida clique duas vezes com o botão do mouse sobre a pasta **projetos_livro**, clique duas vezes com o botão do mouse sobre a pasta **javascript**, em seguida clique duas vezes com o botão do mouse sobre a pasta **aplicativo_016**, no item **Nome:**, digite **index**, no item **Tipo:**, selecione **Hyper Text Markup Language**, conforme vimos na **figura 36**. Clique no botão **Salvar**. Para saber se o algoritmo foi salvo no caminho que especificamos, basta verificar no topo da janela do **Notepad++**, que mostra o caminho onde salvamos nosso arquivo **HTML**, conforme vimos na **figura 29**. Veja que o cursor do mouse está posicionado na **linha 1**, neste local digite o código abaixo:

```
<!DOCTYPE html>

<html lang="pt-BR">
<head>
  <meta charset="utf-8" />
  <title>Aprendendo Algoritmos com JavaScript</title>
</head>
<body>
    <script src="scripts/aplicativo_016.js"></script>
    <script>
            qtd_vezes = parseInt(prompt("Digite a Quantidade de Vezes
Que A Frase Deve Aparecer no Monitor ou Digite Zero Para Sair:"));
            while (qtd_vezes != 0)
            {
                indice = 1;
                while(indice <= qtd_vezes)
                {
                    alert("Curso de Letras da Universidade
Saber é Bom - USB " + indice + "ª Vez");
                    document.write("Curso de Letras da
Universidade Saber é Bom - USB " + indice + "ª Vez");
                    document.write("<br>");
                    indice = indice + 1;
                }
                qtd_vezes = parseInt(prompt("Digite a Quantidade
de Vezes Que A Frase Deve Aparecer no Monitor ou Digite Zero Para Sair:"));
            }
    </script>
</body>
</html>
```

Observe que à medida que vamos digitando, o código vai aparecer automaticamente, em uma caixa de seleção, basta selecionar o mesmo para completar, conforme vimos na **figura 37**. Salve o aplicativo, para isto, clique com o botão do mouse sobre o menu **Arquivo**, em seguida selecione o item **Salvar**, ou pressione, ao mesmo tempo, as teclas de atalho **Ctrl+S**, ou selecione o item **Salvar todos**, ou pressione, ao mesmo tempo, as teclas de atalho **Ctrl+Shift+S**, ou clique no ícone dos disquetes duplos na barra de ferramentas, conforme vimos nas **figuras 33** e **34**. Vamos executar nosso aplicativo, para isto vamos até o menu **Executar**, observe que tem todos os principais navegadores web, vamos selecionar o item **Google Chrome**, conforme vimos na **figura 39**. Vai aparecer a janela do **Chrome**, juntamente com uma caixa de diálogo com o seguinte título **Digite a Quantidade de Vezes Que A Frase Deve Aparecer no Monitor ou Digite Zero Para Sair:**, e logo abaixo uma caixa de texto para inserirmos um número qualquer do tipo **inteiro**, em seguida clique no botão **OK**, observe que a frase vai ser repetida a quantidade de vezes que foi informada na caixa de texto, vá clicando no botão **OK** até finalizar, veja que vamos retornar à nossa caixa de texto, digite outro valor ou zero para sair, clique no botão **OK** e veja o resultado no corpo da página **HTML**, conforme **figura 124**:

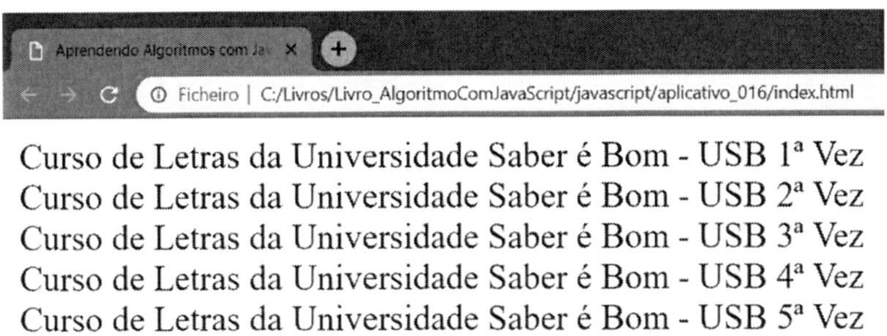

Figura 124

ESTRUTURA DE REPETIÇÃO REPITA...ATE

Na estrutura **repita...ate** existe um mecanismo de controle que estabelece antecipadamente quantas vezes o laço será executado; e para ser utilizada precisa das informações referentes aos valores de início, fim e incremento. Esta estrutura é muito parecida com a estrutura **enquanto...faca**, a diferença é que os comandos contidos no interior do laço serão executados pelo menos uma vez, independentemente de a condição ser falsa ou verdadeira, já que a condição de continuidade no laço só é testada no final do bloco de comandos. Veja abaixo a sua sintaxe:

<table>
<tr><th colspan="2">Estrutura de Repetição repita...ate/do...while</th></tr>
<tr><th>Representação no VisuAlg</th><th>Representação no JavaScript</th></tr>
<tr><td>Repita

sequência-de-comandos

ate<condição></td><td>do
{

sequência-de-comandos;

}
while(condição);</td></tr>
</table>

Onde:

Repita/do: Indica o início do laço.

<sequência-de-comandos>: Será executado independente se a condição for falsa ou verdadeira.

ate/while <condição>: Indica o fim da **<condição>** a serem repetidos. Cada vez que o programa chega neste ponto, a **<condição>** é avaliada: se seu resultado for **Falso**, os comandos presentes, entre esta linha e a linha repita, são executados; caso contrário, a execução prosseguirá a partir do primeiro comando após esta linha. Veja como a **Estrutura de Repetição repita...ate/do...while**, é implementada no **VisuAlg**, vamos criar um aplicativo para a Escola Imaginária do Saber, que entre com os nomes dos alunos e as três notas de suas respectivas provas. No final vai imprimir o nome e média de cada aluno. Vamos retornar para o nosso algoritmo **algoritmo_016** no **VisuAlg**, se o mesmo estiver aberto, basta posicionar o botão do mouse sobre o ícone do **VisuAlg** na barra de tarefas do **Windows 10**, vai aparecer uma miniatura do algoritmo, conforme vimos na **figura 56**. Clique sobre esta miniatura e vamos retornar à tela principal do mesmo. Caso o **VisuAlg** esteja fechado, para abri-lo novamente, basta clicar sobre o ícone do **VisuAlg** na barra de tarefas do **Windows 10**, conforme vimos na **figura 156** no **Anexo I**, vai abrir a tela principal do mesmo, clique com o botão do mouse sobre o menu **Arquivo**, em seguida selecione o item **Novo**, ou pressione, ao mesmo tempo, as teclas de atalho **Ctrl+N**, conforme vimos na **figura 57**.

Antes de começarmos a digitar algo, vamos salvar nosso algoritmo, para isto, clique com o botão do mouse sobre o menu **Arquivo**, em seguida selecione o item **Salvar**, ou pressione, ao mesmo tempo, as teclas de atalho **Ctrl+S**, conforme vimos na **figura 4**. Ou clique no ícone do disquete no menu de ferramentas, conforme vimos na **figura 5**. Independentemente da forma escolhida para salvar o algoritmo vai abrir a janela **Salvar como**, no item **Salvar**

em:, selecione **Disco local (C:)**, se você renomeou o seu **Disco local (C:)**, clique no nome do disco que você escolheu — no meu caso eu chamei de **Win10 (C:)** —, em seguida selecione a pasta **projetos_livro**, e clique no botão **Abrir** ou clique duas vezes com o botão do mouse sobre a pasta, em seguida selecione a pasta **algoritmos**, e clique no botão **Abrir** ou clique duas vezes com o botão do mouse sobre a pasta. No item **Nome:**, digite **algoritmo_017**, conforme vimos na **figura 6**. Clique no botão **Salvar**. Para saber se o algoritmo foi salvo no caminho que especificamos, basta verificar no topo da janela do **VisuAlg**, que mostra o caminho onde salvamos nosso algoritmo, conforme vimos na **figura 7**. Não esqueça de configurar a numeração de linhas, pois é muito importante, principalmente na indicação de erros. Para isto, clique no menu **Exibir**, e selecione o item **Número de linhas**, conforme vimos na **figura 8**. Ou clique no ícone **Numerar linhas** no menu de ferramentas, conforme vimos na **figura 9**. Agora posicione o cursor no início da **linha 1**, em seguida pressione, ao mesmo tempo, as teclas **Ctrl+T**, veja como ficou, conforme vimos na **figura 12**. Pressione a tecla **Delete** do teclado, e observe que o cursor do mouse vai ficar piscando na **linha 1**, neste local digite o código abaixo:

```
algoritmo "media_notas"
// Função : Usar a Estrutura de Repetição repita...ate/do...while
// Autor : Professor Msc Rafael Soares
// Data : 22/02/2019
// Seção de Declarações
var
nota1, nota2, nota3, media :real
indice, qtd_alunos : inteiro
nome_aluno :caractere
inicio
// Seção de Comandos
indice <- 1
escreval("Digite a Quantidade de Alunos:")
leia(qtd_alunos)
repita
  escreval("Digite o nome do Aluno:")
  leia(nome_aluno)
  escreval("Digite o Valor da 1ª Nota:")
  leia(nota1)
  escreval("Digite o Valor da 2ª Nota:")
  leia(nota2)
```

```
        escreval("Digite o Valor da 3ª Nota:")
        leia(nota3)
        media <- (nota1 + nota2 + nota3)/3
        escreval("A Média do Aluno ", nome_aluno, " é ", media:2:2)
        indice <- indice + 1
    ate (indice > qtd_alunos)
    fimalgoritmo
```

Salve o algoritmo, conforme vimos nas **figuras 4** e **5**. Não esqueça de fazer a indentação do código, conforme vimos nas **figuras 97** e **98**, ou pressione, ao mesmo tempo, as teclas **Ctrl+G**. É muito importante fazer a indentação do código, pois desta forma, deixaremos o nosso código mais legível. Vamos pedir para o usuário entrar com os dados, para isto, vamos alterar a exibição da janela de entrada e saída do **VisuAlg**, clique no ícone **Executar o algoritmo como DOS** no menu de ferramentas, conforme vimos na **figura 77**. Vamos executar o algoritmo, para isto vamos até o menu **Algoritmo**, e vamos selecionar o item **Executar**, ou pressionar a tecla **F9**, conforme vimos na **figura 14**. Ou clique no ícone **Executar** no menu de ferramentas, conforme vimos na **figura 15**. Veja que vai aparecer uma janela com o cursor do mouse piscando dentro de uma caixa de texto, conforme vimos na **figura 109**. Digite um número inteiro, em seguida clique no botão **OK**. Veja que vai aparecer uma janela para digitar o nome do aluno, digite um nome qualquer e clique no botão **OK**, vai aparecer uma janela pedindo para digitar a 1ª Nota, digite um número qualquer do tipo **float/real**, use ponto e não vírgula para separar as casas decimais, conforme vimos na **figura 112**, em seguida clique no botão **OK**, vai aparecer uma janela pedindo para digitar a 2ª Nota, digite um número qualquer do tipo **float/real**, use ponto e não vírgula, para separar as casas decimais, conforme vimos na **figura 112**, em seguida clique no botão **OK**, vai aparecer uma janela pedindo para digitar a 3ª Nota, digite um número qualquer do tipo **float/real**, use ponto e não vírgula, para separar as casas decimais, conforme vimos na **figura 112**, em seguida clique no botão **OK**. Estas informações vão ser repetidas três vezes, que foi a quantidade de alunos que digitei, veja que as informações vão aparecer na janela de visualização de resultados, conforme **figura 125**:

```
Início da execução
Digite a Quantidade de Alunos:
2
Digite o nome do Aluno:
Fulano
Digite o Valor da 1ª Nota:
5.5
Digite o Valor da 2ª Nota:
6.9
Digite o Valor da 3ª Nota:
9.9
A Média do Aluno Fulano é 7.43
Digite o nome do Aluno:
Sicrano
Digite o Valor da 1ª Nota:
5.55
Digite o Valor da 2ª Nota:
7.77
Digite o Valor da 3ª Nota:
8.9
A Média do Aluno Sicrano é 7.41

Fim da execução.
```

Figura 125

Veja como a **Estrutura de Repetição repita...ate/do...while** é implementada no **JavaScript**, usando o exemplo anterior, vamos retornar para o nosso aplicativo, **aplicativo_016** no **Notepad++**, se o mesmo estiver aberto, basta posicionar o botão do mouse sobre o ícone do **Notepad++** na barra de tarefas do **Windows 10**, vai aparecer uma miniatura do aplicativo, conforme vimos na **figura 61**. Clique sobre esta miniatura e vamos retornar à tela principal do mesmo. Caso o **Notepad++** esteja fechado, para abri-lo novamente, basta clicar sobre o ícone do **Notepad++** na barra de tarefas do **Windows 10**, conforme vimos na **figura 156** no **Anexo I**, vai abrir a tela principal do mesmo, antes de começarmos a digitar algo, vamos fechar os arquivos **aplicativo_016** e **index.html**, para isto clique no ícone do quadradinho vermelho com um **X** dentro, conforme vimos na **figura 24**. Vamos salvar nosso aplicativo, para isto, clique com o botão do mouse sobre o menu **Arquivo**, em seguida selecione o item **Salvar como...**, ou pressione, ao mesmo tempo, as teclas de atalho **Ctrl+Alt+S**, conforme vimos na **figura 25**. Vai abrir a janela **Salvar como**, no item **Salvar em:**, clique na setinha para baixo da caixa de seleção **combobox** e selecione **Disco local (C:)**, se você renomeou o seu **Disco local (C:)**, clique no nome do disco que você escolheu — no meu caso eu chamei de **Win10 (C:)** —, em seguida clique duas vezes com o botão do mouse sobre a pasta **projetos_**

livro, clique duas vezes com o botão do mouse sobre a pasta **javascript**, e clique no ícone **Criar Nova Pasta**, conforme vimos na **figura 26**. No nome da pasta, digite **aplicativo_017**, pressione a tecla **Enter** duas vezes, conforme vimos na **figura 27**. Repita o procedimento acima e crie outra pasta, clique no ícone **Criar Nova Pasta**, conforme vimos na **figura 26**, no nome da pasta, digite **scripts**, pressione a tecla **Enter** duas vezes. No item **Nome:**, digite **aplicativo_017**, no item **Tipo:**, selecione **JavaScriptFile**, conforme vimos na **figura 28**. Clique no botão **Salvar**. Para saber se o algoritmo foi salvo no caminho que especificamos, basta verificar no topo da janela do **Notepad++**, que mostra o caminho onde salvamos nosso aplicativo, conforme vimos na **figura 29**. Clique no botão **Salvar & Fechar**. Veja que o cursor do mouse está posicionado na **linha 1**, neste local digite o código abaixo:

```
// Função : Usar a Estrutura de Repetição repita...ate/do...while
// Autor : Professor Msc Rafael Soares
// Data : 22/02/2019
// Seção de Declarações
var nota1 = 0, nota2 = 0, nota3 = 0, media = 0, indice = 0, qtd_alunos =
0, nome_aluno;
```

Salve o aplicativo, para isto, clique com o botão do mouse sobre o menu **Arquivo**, em seguida selecione o item **Salvar**, ou pressione, ao mesmo tempo, as teclas de atalho **Ctrl+S**, ou selecione o item **Salvar todos**, ou pressione, ao mesmo tempo, as teclas de atalho **Ctrl+Shift+S**, ou clique no ícone dos disquetes duplos na barra de ferramentas, conforme vimos nas **figuras 33** e **34**. Vamos criar um arquivo do tipo **HTML**, chamado **index.html**, para isto clique com o botão do mouse sobre o menu **Arquivo**, em seguida selecione o item **Novo**, ou pressione, ao mesmo tempo, as teclas de atalho **Ctrl+N**, conforme vimos na **figura 35**. Em seguida, clique com o botão do mouse sobre o menu **Arquivo**, e selecione o item **Salvar como...**, ou pressione, ao mesmo tempo, as teclas de atalho **Ctrl+Alt+S**, conforme vimos na **figura 25**. Vai abrir a janela **Salvar como**, no item **Salvar em:**, clique na setinha para baixo da caixa de seleção **combobox** e selecione **Disco local (C:)**, se você renomeou o seu **Disco local (C:)**, clique no nome do disco que você escolheu — no meu caso eu chamei de **Win10 (C:)** —, em seguida clique duas vezes com o botão do mouse sobre a pasta **projetos_livro**, clique duas vezes com o botão do mouse sobre a pasta **javascript**, em seguida clique duas vezes com o botão do mouse sobre a pasta **aplicativo_017**, no item **Nome:**, digite **index**, no item **Tipo:**, selecione **Hyper Text Markup Language**, conforme vimos na **figura 36**.

Clique no botão **Salvar**. Para saber se o algoritmo foi salvo no caminho que especificamos, basta verificar no topo da janela do **Notepad++**, que mostra o caminho onde salvamos nosso arquivo **HTML**, conforme vimos na **figura 29**. Veja que o cursor do mouse está posicionado na **linha 1**, neste local digite o código abaixo:

```
<!DOCTYPE html>

<html lang="pt-BR">
<head>
   <meta charset="utf-8" />
   <title>Aprendendo Algoritmos com JavaScript</title>
</head>
<body>
      <script src="scripts/aplicativo_017.js"></script>
      <script>
                indice = 1;
                qtd_alunos = parseInt(prompt("Digite a Quantidade de
Alunos:"));
                do
                {
                          nome_aluno = prompt("Digite o nome do
Aluno:");
                          nota1 = parseFloat(prompt("Digite o Valor da 1ª
Nota:"));
                          nota2 = parseFloat(prompt("Digite o Valor da 2ª
Nota:"));
                          nota3 = parseFloat(prompt("Digite o Valor da 3ª
Nota:"));
                          media = parseFloat((nota1 + nota2 + nota3)/3);
                          document.write("A Média do Aluno " + nome_
aluno + " é " + (media).toFixed(2));
                          document.write("<br>");
                          indice = parseInt(indice+1);
                }while(indice <= qtd_alunos);
      </script>
</body>
</html>
```

Observe que à medida que vamos digitando, o código vai aparecer automaticamente em uma caixa de seleção, basta selecionar o mesmo para completar, conforme vimos na **figura 37**. Salve o aplicativo, para isto, clique com o botão do mouse sobre o menu **Arquivo**, em seguida selecione o item **Salvar**, ou pressione, ao mesmo tempo, as teclas de atalho **Ctrl+S**, ou selecione o item **Salvar todos**, ou pressione, ao mesmo tempo, as teclas de atalho **Ctrl+Shift+S**, ou clique no ícone dos disquetes duplos na barra de ferramentas, conforme vimos nas **figuras 33** e **34**. Vamos executar nosso aplicativo, para isto vamos até o menu **Executar**, observe que tem todos os principais navegadores web, vamos selecionar o item **Google Chrome**, conforme vimos na **figura 39**. Vai aparecer a janela do **Chrome**, juntamente com uma caixa de diálogo com o seguinte título **Digite a Quantidade de Alunos:**, e logo abaixo uma caixa de texto para inserirmos um número qualquer do tipo **inteiro**, em seguida clique no botão **OK**, veja que vai aparecer uma janela para digitar o nome do aluno, digite um nome qualquer e clique no botão **OK**, vai aparecer uma janela pedindo para digitar a 1ª Nota, digite um número qualquer do tipo **float/real**, use ponto e não vírgula, para separar as casas decimais, conforme vimos na **figura 112**, em seguida clique no botão **OK**, vai aparecer uma janela pedindo para digitar a 2ª Nota, digite um número qualquer do tipo **float/real**, use ponto e não vírgula, para separar as casas decimais, conforme vimos na **figura 112**, em seguida clique no botão **OK**, vai aparecer uma janela pedindo para digitar a 3ª Nota, digite um número qualquer do tipo **float/real**, use ponto e não vírgula, para separar as casas decimais, conforme vimos na **figura 112**, em seguida clique no botão **OK**. Estas informações vão ser repetidas três vezes, que foi a quantidade de alunos que digitei, e veja o resultado no corpo da página **HTML**, conforme **figura 126**:

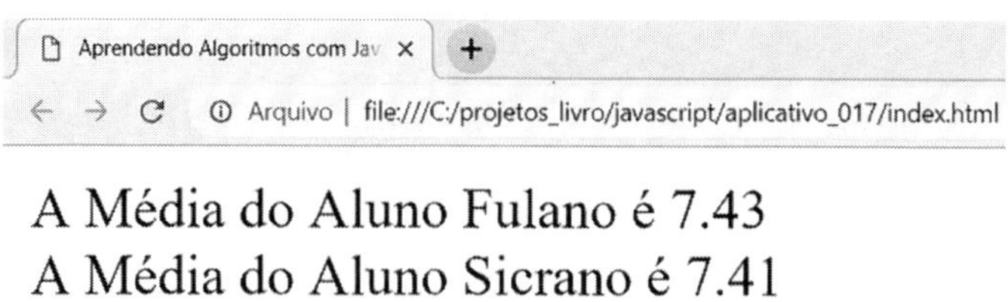

Figura 126

ESTRUTURA DE REPETIÇÃO PARA...FACA/FOR

Esta estrutura é útil quando conhecemos antecipadamente o número de vezes que se deseja executar um determinado conjunto de comandos, e para ser utilizada precisa das informações referentes aos valores de contador, final e incremento, repetindo a execução dos comandos enquanto a variável contadora não atingir o valor final. Vale lembrar que a variável contadora deve receber um valor inicial que é incrementado em uma unidade, automaticamente, a cada final de execução do bloco de comandos dentro do laço. Lembre-se de que a variável contadora deverá ser sempre um número do tipo inteiro e ela não pode ser modificada dentro do bloco de comandos. Esta é a estrutura mais utilizada por programadores talvez por sua popularidade e flexibilidade. Veja abaixo a sua sintaxe:

Estrutura de Repetição para..faca/for	
Representação no VisuAlg	**Representação no JavaScript**
para <variável> de <valor_inicial> ate <valor-limite> [passo <incremento>] faca comandos fimpara	**for (inicio; condição; incremento)** **{** Comandos; }

Onde:

<variável>/inicio: É uma variável numérica que controla o número de repetições do laço.

<valor_inicial>/condição: - É uma expressão numérica que fornece o valor com o qual **<variável>** é inicializada antes da primeira repetição.

<valor_limite>/ condição: É uma expressão numérica com o valor máximo que **<variável>** pode assumir.

<incremento>: É opcional, mas estando presente acompanhada pela palavra **passo**, dá o valor com que a variável de controle será incrementada (ou decrementada caso sua avaliação resulte em número negativo) a cada repetição do loop. O valor padrão de incremento é 1. Se a avaliação da expressão resultar em zero, o programa será interrompido com uma mensagem de erro.

fimpara/}: Determina o fim da sequência de comandos a serem repetidos. Cada vez que o programa chega neste ponto, o valor da variável de controle é incrementado ou decrementado e comparado ao valor limite. Se for menor ou igual a ele (ou maior ou igual, se o incremento for negativo), a lista de comandos será executada mais uma vez; senão, o programa prosseguirá no primeiro comando após o **fimpara**.

Veja como a **Estrutura de Repetição para..faca/for** é implementada no **VisuAlg**, vamos criar um aplicativo para uma universidade fictícia **Universidade Saber é Bom – USB**, onde o usuário entre com cinco números do tipo real e imprime o quadrado de cada um deles. Vamos retornar para o nosso algoritmo **algoritmo_017** no **VisuAlg**, se o mesmo estiver aberto, basta posicionar o botão do mouse sobre o ícone do **VisuAlg** na barra de tarefas do **Windows 10**, vai aparecer uma miniatura do algoritmo, conforme vimos na **figura 56**. Clique sobre esta miniatura e vamos retornar à tela principal do mesmo. Caso o **VisuAlg** esteja fechado, para abri-lo novamente, basta clicar sobre o ícone do **VisuAlg** na barra de tarefas do **Windows 10**, conforme vimos na **figura 156** no **Anexo I**, vai abrir a tela principal do mesmo, clique com o botão do mouse sobre o menu **Arquivo**, em seguida selecione o item **Novo**, ou pressione, ao mesmo tempo, as teclas de atalho **Ctrl+N**, conforme vimos na **figura 57**.

Antes de começarmos a digitar algo, vamos salvar nosso algoritmo, para isto, clique com o botão do mouse sobre o menu **Arquivo**, em seguida selecione o item **Salvar**, ou pressione, ao mesmo tempo, as teclas de atalho **Ctrl+S**, conforme vimos na **figura 4**. Ou clique no ícone do disquete no menu de ferramentas, conforme vimos na **figura 5**. Independentemente da forma escolhida para salvar o algoritmo vai abrir a janela **Salvar como**, no item **Salvar em:**, selecione **Disco local (C:)**, se você renomeou o seu **Disco local (C:)**, clique no nome do disco que você escolheu — no meu caso eu chamei de **Win10 (C:)** —, em seguida selecione a pasta **projetos_livro**, e clique no botão **Abrir** ou clique duas vezes com o botão do mouse sobre a pasta, em seguida selecione a pasta **algoritmos**, e clique no botão **Abrir** ou clique duas vezes com o botão do mouse sobre a pasta. No item **Nome:**, digite **algoritmo_018**, conforme vimos na **figura 6**. Clique no botão **Salvar**. Para saber se o algoritmo foi salvo no caminho que especificamos, basta verificar no topo da janela do **VisuAlg**, que mostra o caminho onde salvamos nosso algoritmo, conforme vimos na **figura 7**. Não esqueça de configurar a numeração de linhas, pois é muito importante, principalmente na indicação de erros. Para isto, clique no menu **Exibir**, e selecione o item **Número de linhas**, conforme vimos na **figura 8**. Ou clique no ícone **Numerar linhas** no menu de ferramentas, conforme vimos na **figura 9**. Agora posicione o cursor no início da **linha 1**, em seguida pressione, ao mesmo tempo, as teclas **Ctrl+T**, veja como ficou, conforme vimos na **figura 12**. Pressione a tecla **Delete** do teclado, e observe que o cursor do mouse vai ficar piscando na **linha 1**, neste local digite o código abaixo:

```
algoritmo "QuadradosDosNumeros"
// Função : Usar a Estrutura de Repetição para..faca/for
// Autor : Professor Msc Rafael Soares
// Data : 22/02/2019
// Seção de Declarações
var
indice: inteiro
numero: real
inicio
// Seção de Comandos
para indice de 1 ate 5 faca
  escreva ("Digite um Número do tipo Real: ")
  leia (numero)
  escreval ("O Quadrado de ", numero, " é ", numero ^ 2)
fimpara
fimalgoritmo
```

Salve o algoritmo, conforme vimos nas **figuras 4** e **5**. Não esqueça de fazer a indentação do código, conforme vimos nas **figuras 97** e **98**, ou pressione, ao mesmo tempo, as teclas **Ctrl+G**. É muito importante fazer a indentação do código, pois desta forma, deixaremos o nosso código mais legível. Vamos pedir para o usuário entrar com os dados, para isto, vamos alterar a exibição da janela de entrada e saída do **VisuAlg**, clique no ícone **Executar o algoritmo como DOS** no menu de ferramentas, conforme vimos na **figura 77**. Vamos executar o algoritmo, para isto vamos até o menu **Algoritmo**, e vamos selecionar o item **Executar**, ou pressionar a tecla **F9**, conforme vimos na **figura 14**. Ou clique no ícone **Executar** no menu de ferramentas, conforme vimos na **figura 15**. Veja que vai aparecer uma janela com o cursor do mouse piscando dentro de uma caixa de texto, conforme vimos na **figura 109**. Digite um valor qualquer do tipo real, use ponto e não vírgula, para separar as casas decimais, em seguida clique no botão **OK**, vai ser repetida esta caixa de texto mais 4 vezes, repita o procedimento anterior e vá clicando no botão **OK** até finalizar o **loop**. Veja que ao finalizar o **loop**, as informações vão aparecer na janela de visualização de resultados, conforme **figura 127**:

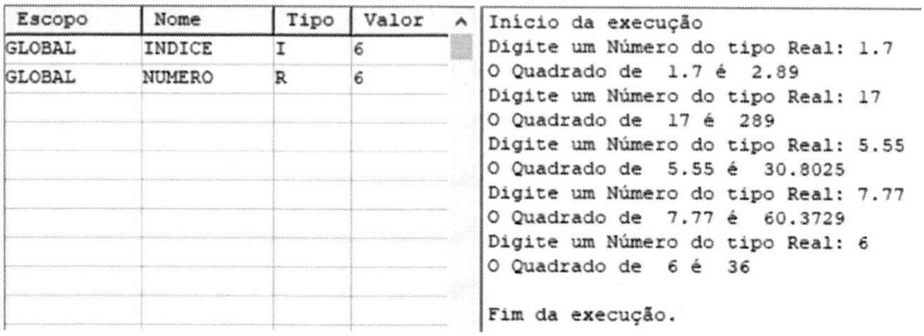

Figura 127

Veja como a **Estrutura de Repetição para..faca/for**, é implementada no **JavaScript**, usando o exemplo anterior, vamos retornar para o nosso aplicativo, **aplicativo_017** no **Notepad++**, se o mesmo estiver aberto, basta posicionar o botão do mouse sobre o ícone do **Notepad++** na barra de tarefas do **Windows 10**, vai aparecer uma miniatura do aplicativo, conforme vimos na **figura 61**. Clique sobre esta miniatura e vamos retornar à tela principal do mesmo. Caso o **Notepad++** esteja fechado, para abri-lo novamente, basta clicar sobre o ícone do **Notepad++** na barra de tarefas do **Windows 10**, conforme vimos na **figura 156** no **Anexo I**, vai abrir a tela principal do mesmo, antes de começarmos a digitar algo, vamos fechar os arquivos **aplicativo_017** e **index.html**, para isto clique no ícone do quadradinho vermelho com um **X** dentro, conforme vimos na **figura 24**. Vamos salvar nosso aplicativo, para isto, clique com o botão do mouse sobre o menu **Arquivo**, em seguida selecione o item **Salvar como...**, ou pressione, ao mesmo tempo, as teclas de atalho **Ctrl+Alt+S**, conforme vimos na **figura 25**. Vai abrir a janela **Salvar como**, no item **Salvar em:**, clique na setinha para baixo da caixa de seleção **combobox** e selecione **Disco local (C:)**, se você renomeou o seu **Disco local (C:)**, clique no nome do disco que você escolheu — no meu caso eu chamei de **Win10 (C:)** —, em seguida clique duas vezes com o botão do mouse sobre a pasta **projetos_livro**, clique duas vezes com o botão do mouse sobre a pasta **javascript**, e clique no ícone **Criar Nova Pasta**, conforme vimos na **figura 26**. No nome da pasta, digite **aplicativo_018**, pressione a tecla **Enter** duas vezes, conforme vimos na **figura 27**. Repita o procedimento acima e crie outra pasta, clique no ícone **Criar Nova Pasta**, conforme vimos na **figura 26**, no nome da pasta, digite **scripts**, pressione a tecla **Enter** duas vezes. No item **Nome:**, digite **aplicativo_018**, no item **Tipo:**, selecione **JavaScriptFile**, conforme vimos na **figura 28**. Clique no botão **Salvar**. Para saber se o algoritmo foi salvo no caminho que especificamos, basta verificar no topo da janela do **Notepad++**, que mostra o caminho onde salvamos nosso aplicativo, conforme vimos na **figura 29**. Clique no botão **Salvar & Fechar**. Veja que o cursor do mouse está posicionado na **linha 1**, neste local digite o código abaixo:

```
// Função : Usar a Estrutura de Repetição para..faca/for
// Autor : Professor Msc Rafael Soares
// Data : 22/02/2019
// Seção de Declarações
var indice, numero;
```

Salve o aplicativo, para isto, clique com o botão do mouse sobre o menu **Arquivo**, em seguida selecione o item **Salvar**, ou pressione, ao mesmo tempo, as teclas de atalho **Ctrl+S**, ou selecione o item **Salvar todos**, ou pressione, ao mesmo tempo, as teclas de atalho **Ctrl+Shift+S**, ou clique no ícone dos disquetes duplos na barra de ferramentas, conforme vimos nas **figuras 33** e **34**. Vamos criar um arquivo do tipo **HTML**, chamado **index.html**, para isto clique com o botão do mouse sobre o menu **Arquivo**, em seguida selecione o item **Novo**, ou pressione, ao mesmo tempo, as teclas de atalho **Ctrl+N**, conforme vimos na **figura 35**. Em seguida, clique com o botão do mouse sobre o menu **Arquivo**, e selecione o item **Salvar como...**, ou pressione, ao mesmo tempo, as teclas de atalho **Ctrl+Alt+S**, conforme vimos na **figura 25**. Vai abrir a janela **Salvar como**, no item **Salvar em:**, clique na setinha para baixo da caixa de seleção **combobox** e selecione **Disco local (C:)**, se você renomeou o seu **Disco local (C:)**, clique no nome do disco que você escolheu — no meu caso eu chamei de **Win10 (C:)** —, em seguida clique duas vezes com o botão do mouse sobre a pasta **projetos_livro**, clique duas vezes com o botão do mouse sobre a pasta **javascript**, em seguida clique duas vezes com o botão do mouse sobre a pasta **aplicativo_018**, no item **Nome:**, digite **index**, no item **Tipo:**, selecione **Hyper Text Markup Language**, conforme vimos na **figura 36**. Clique no botão **Salvar**. Para saber se o algoritmo foi salvo no caminho que especificamos, basta verificar no topo da janela do **Notepad++**, que mostra o caminho onde salvamos nosso arquivo **HTML**, conforme vimos na **figura 29**. Veja que o cursor do mouse está posicionado na **linha 1**, neste local digite o código abaixo:

```
<!DOCTYPE html>

<html lang="pt-BR">
<head>
  <meta charset="utf-8" />
  <title>Aprendendo Algoritmos com JavaScript</title>
</head>
<body>
     <script src="scripts/aplicativo_018.js"></script>
     <script>
               for (indice = 1; indice <= 5; indice++)
               {
                         numero = parseFloat(prompt("Digite um Número
do tipo Float/Real:"));
                         document.write("O Quadrado de " + numero + " é "
+ (numero ** 2).toFixed(2));
                         document.write("<br>");
               }
     </script>
</body>
</html>
```

Observe que à medida que vamos digitando, o código vai aparecer automaticamente, em uma caixa de seleção, basta selecionar o mesmo para completar, conforme vimos na **figura 37**. Salve o aplicativo, para isto, clique com o botão do mouse sobre o menu **Arquivo**, em seguida selecione o item **Salvar**, ou pressione, ao mesmo tempo, as teclas de atalho **Ctrl+S**, ou selecione o item **Salvar todos**, ou pressione, ao mesmo tempo, as teclas de atalho **Ctrl+Shift+S**, ou clique no ícone dos disquetes duplos na barra de ferramentas, conforme vimos nas **figuras 33** e **34**. Vamos executar nosso aplicativo, para isto vamos até o menu **Executar**, observe que tem todos os principais navegadores web, vamos selecionar o item **Google Chrome**, conforme vimos na **figura 39**. Vai aparecer a janela do **Chrome**, juntamente com uma caixa de diálogo com o seguinte título **Digite um Número do tipo Float/Real:**, e logo abaixo uma caixa de texto para inserirmos um número qualquer do tipo **float/real**, use ponto e não vírgula, para separar as casas decimais, conforme vimos na **figura 112**, em seguida clique no botão **OK**, vai ser repetida esta caixa de texto mais 4 vezes, repita o procedimento anterior e vá clicando no botão **OK** até finalizar o **loop**, e vejam o resultado no corpo da página **HTML**, conforme **figura 128**:

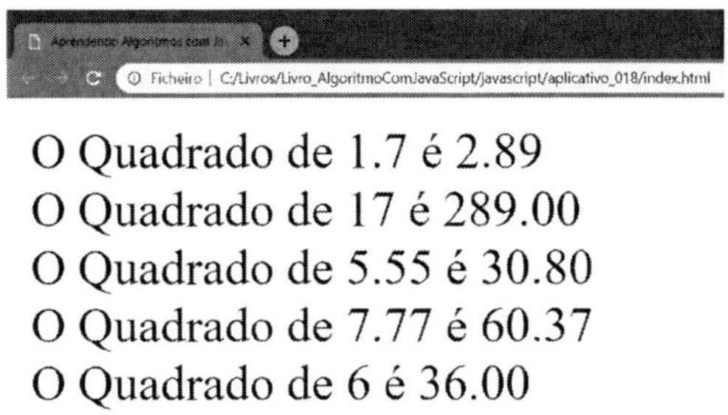

Figura 128

ESTRUTURAS DE REPETIÇÃO ENCADEADAS OU ANINHADAS

ESTRUTURA DE REPETIÇÃO PARA...FACA/FOR DENTRO DE PARA... FACA/FOR

Nesta estrutura a instrução de repetição **para...faca/for** pode ser encadeada ou aninhada uma dentro da outra. Observe que não existe um limite de quantos testes condicionais podem estar dentro um do outro, esta condição depende do problema a ser resolvido, mas quanto maior o número de aninhamentos, mais tempo demora a execução do algoritmo. Chamamos este fenômeno de recursão. Veja abaixo a sua sintaxe:

Estrutura de Repetição para...faca/for dentro de para...faca/for	
Representação no VisuAlg	Representação no JavaScript

para <variável> de <valor_inicial> ate <valor-limite> [passo <incremento>]
faca
para <variável> de <valor_inicial> ate <valor-limite> [passo <incremento>]
faca
 	
comandos
fimpara
fimpara
	for (inicio; condição; incremento)
	{
	for (inicio; condição; incremento)
	{
	
	Comandos;
	}
	}

Veja como a **Estrutura de Repetição para...faca/for dentro de para...**

faca/for, é implementada no **VisuAlg**, vamos criar um aplicativo para o Departamento de Educação Física da universidade fictícia **Universidade Saber é Bom – USB**, onde o preparador físico vai definir a quantidade de voltas e de abdominais que o atleta deve realizar na pista de atletismo, e caso ele não queira continuar, digitar 0 para encerrar o aplicativo. No final exibir o total de abdominais deste atleta ao final da corrida. Vamos retornar para o nosso algoritmo **algoritmo_018** no **VisuAlg**, se o mesmo estiver aberto, basta posicionar o botão do mouse sobre o ícone do **VisuAlg** na barra de tarefas do **Windows 10**, vai aparecer uma miniatura do algoritmo, conforme vimos na **figura 56**. Clique sobre esta miniatura e vamos retornar à tela principal do mesmo. Caso o **VisuAlg** esteja fechado, para abri-lo novamente, basta clicar sobre o ícone do **VisuAlg** na barra de tarefas do **Windows 10**, conforme vimos na **figura 156** no **Anexo I**, vai abrir a tela principal do mesmo, clique com o botão do mouse sobre o menu **Arquivo**, em seguida selecione o item **Novo**, ou pressione, ao mesmo tempo, as teclas de atalho **Ctrl+N**, conforme vimos na **figura 57**.

Antes de começarmos a digitar algo, vamos salvar nosso algoritmo, para isto, clique com o botão do mouse sobre o menu **Arquivo**, em seguida selecione o item **Salvar**, ou pressione, ao mesmo tempo, as teclas de atalho **Ctrl+S**, conforme vimos na **figura 4**. Ou clique no ícone do disquete no menu de ferramentas, conforme vimos na **figura 5**. Independentemente da forma escolhida para salvar o algoritmo vai abrir a janela **Salvar como**, no item **Salvar em:**, selecione **Disco local (C:)**, se você renomeou o seu **Disco local (C:)**, clique no nome do disco que você escolheu — no meu caso eu chamei de **Win10 (C:)** —, em seguida selecione a pasta **projetos_livro**, e clique no botão **Abrir** ou clique duas vezes com o botão do mouse sobre a pasta, em seguida selecione a pasta **algoritmos**, e clique no botão **Abrir** ou clique duas vezes com o botão do mouse sobre a pasta. No item **Nome:**, digite **algoritmo_019**, conforme vimos na **figura 6**. Clique no botão **Salvar**. Para saber se o algoritmo foi salvo no caminho que especificamos, basta verificar no topo da janela do **VisuAlg**, que mostra o caminho onde salvamos nosso algoritmo, conforme vimos na **figura 7**. Não esqueçam de configurar a numeração de linhas, pois é muito importante, principalmente na indicação de erros. Para isto, clique no menu **Exibir**, e selecione o item **Número de linhas**, conforme vimos na **figura 8**. Ou clique no ícone **Numerar linhas** no menu de ferramentas, conforme vimos na **figura 9**. Agora posicione o cursor no início da **linha 1**, em seguida pressione, ao mesmo tempo, as teclas **Ctrl+T**, veja como ficou, conforme vimos na **figura 12**. Pressione a tecla **Delete** do teclado, e observe que o cursor do mouse vai ficar piscando na **linha 1**, neste local digite o código abaixo:

algoritmo "Estrutura Repetição para...faca"

```
// Função : Usar a Estrutura de Repetição para..faca/for dentro de para..
faca/for
// Autor : Prof. Msc Rafael Soares
// Data : 22/02/2019
// Seção de Declarações
var

voltas_na_pista, qtd_abdominais, tot_abdominais, tot_voltas_na_pista
: inteiro
inicio
// Seção de Comandos
escreval("Digite a Quantidade de Voltas na Pista de Atletismo ou zero
Para Sair: ")
leia(voltas_na_pista)
enquanto voltas_na_pista <> 0 faca
  tot_voltas_na_pista <- tot_voltas_na_pista+voltas_na_pista
  para voltas_na_pista de 1 ate voltas_na_pista faca
    escreval (voltas_na_pista, "ª Volta na Pista de Atletismo")
    escreval("Digite a Quantidade de Abdominais ou zero Para Sair: ")
    leia(qtd_abdominais)
    enquanto qtd_abdominais <> 0 faca
      tot_abdominais <- tot_abdominais+qtd_abdominais
      para qtd_abdominais de 1 ate qtd_abdominais faca
        escreval (qtd_abdominais, "º Abdominal")
      fimpara
      escreval("Digite a Quantidade de Abdominais ou zero Para Sair: ")
      leia(qtd_abdominais)
    fimenquanto
  fimpara
  escreval("Digite a Quantidade de Voltas na Pista de Atletismo:")
  leia(voltas_na_pista)
fimenquanto
se voltas_na_pista = 0 entao
  escreval("O Total de Voltas na Pista foi de", tot_voltas_na_pista)
  escreval("O Total de Abdominais foi de", tot_abdominais)
senao
  escreval("O Total de Voltas na Pista foi de", voltas_na_pista)
  escreval("O Total de Abdominais foi de", tot_abdominais)
fimse
fimalgoritmo
```

Salve o algoritmo, conforme vimos nas **figuras 4** e **5**. Não esqueça de fazer a indentação do código, conforme vimos nas **figuras 97** e **98**, ou pressione ao mesmo tempo as teclas **Ctrl+G**. É muito importante fazer a indentação do código, pois desta forma, deixaremos o nosso código mais legível. Vamos pedir para o usuário entrar com os dados, para isto, vamos alterar a exibição da janela de entrada e saída do **VisuAlg**, clique no ícone **Executar o algoritmo como DOS** no menu de ferramentas, conforme vimos na **figura 77**. Vamos executar o algoritmo, para isto vamos até o menu **Algoritmo**, e vamos selecionar o item **Executar**, ou pressionar a tecla **F9**, conforme vimos na **figura 14**. Ou clique no ícone **Executar** no menu de ferramentas, conforme vimos na **figura 15**. Veja que vai aparecer uma janela com o cursor do mouse piscando dentro de uma caixa de texto, para digitar a quantidade de voltas na pista, conforme vimos na **figura 109**. Digite um valor qualquer do tipo **inteiro**, em seguida clique no botão **OK**, veja que vai aparecer uma janela com o cursor do mouse piscando dentro de uma caixa de texto, para digitar a quantidade de abdominais, digite um valor qualquer do tipo **inteiro**, em seguida clique no botão **OK**, Veja que ao finalizar o **loop**, a janela para digitar a quantidade de abdominais vai aparecer novamente, se o preparador físico não quiser que o atleta faça mais abdminais, ele terá que digitar **0 (zero)** para sair do **loop**, em seguida clique no botão **OK**, veja que vai retornar para a janela de quantidade de abdominais, este processo se repete de acordo com a quantidade de voltas digitadas, após a última volta, o preparador físico deve digitar a nova quantidade de voltas ou zero para sair. Vá clicando no botão **OK** até finalizar o **loop**. Veja que ao finalizar o **loop**, as informações vão aparecer na janela de visualização de resultados, conforme **figura 129**:

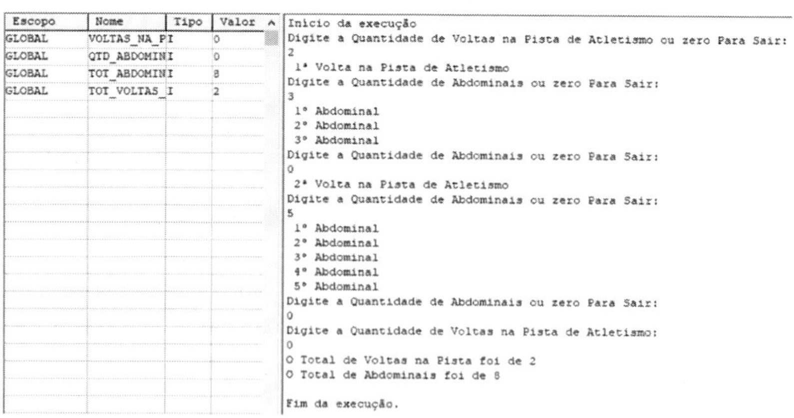

Figura 129

Veja como a **Estrutura de Repetição para...faca/for dentro de para... faca/for** é implementada no **JavaScript**, usando o exemplo anterior, vamos retornar para o nosso aplicativo, **aplicativo_018** no **Notepad++**, se o mesmo estiver aberto, basta posicionar o botão do mouse sobre o ícone do **Notepad++** na barra de tarefas do **Windows 10**, vai aparecer uma miniatura do aplicativo, conforme vimos na **figura 61**. Clique sobre esta miniatura e vamos retornar à tela principal do mesmo. Caso o **Notepad++** esteja fechado, para abri-lo novamente, basta clicar sobre o ícone do **Notepad++** na barra de tarefas do **Windows 10**, conforme vimos na **figura 156** no **Anexo I**, vai abrir a tela principal do mesmo, antes de começarmos a digitar algo, vamos fechar os arquivos **aplicativo_018** e **index.html**, para isto clique no ícone do quadradinho vermelho com um **X** dentro, conforme vimos na **figura 24**. Vamos salvar nosso aplicativo, para isto, clique com o botão do mouse sobre o menu **Arquivo**, em seguida selecione o item **Salvar como...**, ou pressione, ao mesmo tempo, as teclas de atalho **Ctrl+Alt+S**, conforme vimos na **figura 25**. Vai abrir a janela **Salvar como**, no item **Salvar em:**, clique na setinha para baixo da caixa de seleção **combobox** e selecione **Disco local (C:)**, se você renomeou o seu **Disco local (C:)**, clique no nome do disco que você escolheu — no meu caso eu chamei de **Win10 (C:)** —, em seguida clique duas vezes com o botão do mouse sobre a pasta **projetos_livro**, clique duas vezes com o botão do mouse sobre a pasta **javascript**, e clique no ícone **Criar Nova Pasta**, conforme vimos na **figura 26**. No nome da pasta, digite **aplicativo_019**, pressione a tecla **Enter** duas vezes, conforme vimos na **figura 27**. Repita o procedimento acima e crie outra pasta, clique no ícone **Criar Nova Pasta**, conforme vimos na **figura 26**, no nome da pasta, digite **scripts**, pressione a tecla **Enter** duas vezes. No item **Nome:**, digite **aplicativo_019**, no item **Tipo:**, selecione **JavaScriptFile**, conforme vimos na **figura 28**. Clique no botão **Salvar**. Para saber se o algoritmo foi salvo no caminho que especificamos, basta verificar no topo da janela do **Notepad++**, que mostra o caminho onde salvamos nosso aplicativo, conforme vimos na **figura 29**. Clique no botão **Salvar & Fechar**. Veja que o cursor do mouse está posicionado na **linha 1**, neste local digite o código abaixo:

```
// Função : Usar a Estrutura de Repetição para..faca/for dentro de para..faca/for dentro de for
// Autor : Prof. Msc Rafael Soares
// Data : 22/02/2019
// Seção de Declarações
var indiceVoltas = 0, indiceAbdominais = 0, voltas_na_pista = 0, qtd_abdominais = 0, tot_abdominais = 0, tot_voltas_na_pista = 0;
```

Salve o aplicativo, para isto, clique com o botão do mouse sobre o menu **Arquivo**, em seguida selecione o item **Salvar**, ou pressione, ao mesmo tempo, as teclas de atalho **Ctrl+S**, ou selecione o item **Salvar todos**, ou pressione, ao mesmo tempo, as teclas de atalho **Ctrl+Shift+S**, ou clique no ícone dos disquetes duplos na barra de ferramentas, conforme vimos nas **figuras 33** e **34**. Vamos criar um arquivo do tipo **HTML**, chamado **index.html**, para isto clique com o botão do mouse sobre o menu **Arquivo**, em seguida selecione o item **Novo**, ou pressione ao mesmo tempo as teclas de atalho **Ctrl+N**, conforme vimos na **figura 35**. Em seguida, clique com o botão do mouse sobre o menu **Arquivo**, e selecione o item **Salvar como...**, ou pressione, ao mesmo tempo, as teclas de atalho **Ctrl+Alt+S**, conforme vimos na **figura 25**. Vai abrir a janela **Salvar como**, no item **Salvar em:**, clique na setinha para baixo da caixa de seleção **combobox** e selecione **Disco local (C:)**, se você renomeou o seu **Disco local (C:)**, clique no nome do disco que você escolheu — no meu caso eu chamei de **Win10 (C:)** —, em seguida clique duas vezes com o botão do mouse sobre a pasta **projetos_livro**, clique duas vezes com o botão do mouse sobre a pasta **javascript**, em seguida clique duas vezes com o botão do mouse sobre a pasta **aplicativo_019**, no item **Nome:**, digite **index**, no item **Tipo:**, selecione **Hyper Text Markup Language**, conforme vimos na **figura 36**. Clique no botão **Salvar**. Para saber se o algoritmo foi salvo no caminho que especificamos, basta verificar no topo da janela do **Notepad++**, que mostra o caminho onde salvamos nosso arquivo **HTML**, conforme vimos na **figura 29**. Veja que o cursor do mouse está posicionado na **linha 1**, neste local digite o código abaixo:

```
<!DOCTYPE html>

<html lang="pt-BR">
<head>
   <meta charset="utf-8" />
   <title>Aprendendo Algoritmos com JavaScript</title>
</head>
<body>
      <script src="scripts/aplicativo_019.js"></script>
      <script>
            voltas_na_pista = parseInt(prompt("Digite a Quantidade
de Voltas na Pista de Atletismo ou zero Para Sair:"));
            while (voltas_na_pista != 0)
            {
```

```
                        tot_voltas_na_pista = tot_voltas_na_pista +
voltas_na_pista;
                        for (indiceVoltas = 1; indiceVoltas <= voltas_na_
pista; indiceVoltas++)
                        {
                                alert(indiceVoltas + "ª Volta na Pista de
Atletismo");
                                qtd_abdominais = parseInt(prompt("Digite
a Quantidade de Abdominais ou zero Para Sair:"));
                                while (qtd_abdominais != 0)
                                {
                                        tot_abdominais = tot_abdominais
+ qtd_abdominais;
                                        for (indiceAbdominais = 1;
indiceAbdominais <= qtd_abdominais; indiceAbdominais++)
                                        {
                                                alert(indiceAbdominais +
"º Abdominal");
                                        }
                                        qtd_abdominais =
parseInt(prompt("Digite a Quantidade de Abdominais ou zero Para
Sair:"));
                                }
                        }
                        voltas_na_pista = parseInt(prompt("Digite a
Quantidade de Voltas na Pista de Atletismo ou zero Para Sair:"));

                }
                if(voltas_na_pista = 0)
                {
                        document.write("O Total de Voltas na Pista foi de "
, tot_voltas_na_pista);
                        document.write("<br>");
                        document.write("O Total de Abdominais foi de " ,
tot_abdominais);
                }
                else
                {
                        document.write("O Total de Voltas na Pista foi de "
, tot_voltas_na_pista);
```

```
                              document.write("<br>");
                              document.write("O Total de Abdominais foi de " ,
tot_abdominais);
              }
        </script>
    </body>
    </html>
```

Observe que à medida que vamos digitando, o código vai aparecer automaticamente, em uma caixa de seleção, basta selecionar o mesmo para completar, conforme vimos na **figura 37**. Salve o aplicativo, para isto, clique com o botão do mouse sobre o menu **Arquivo**, em seguida selecione o item **Salvar**, ou pressione, ao mesmo tempo, as teclas de atalho **Ctrl+S**, ou selecione o item **Salvar todos**, ou pressione, ao mesmo tempo, as teclas de atalho **Ctrl+Shift+S**, ou clique no ícone dos disquetes duplos na barra de ferramentas, conforme vimos nas **figuras 33** e **34**. Vamos executar nosso aplicativo, para isto vamos até o menu **Executar**, observe que tem todos os principais navegadores web, vamos selecionar o item **Google Chrome**, conforme vimos na **figura 39**. Vai aparecer a janela do **Chrome**, juntamente com uma caixa de diálogo com o seguinte título **Digite a Quantidade de Voltas na Pista de Atletismo ou zero Para Sair:**, e logo abaixo uma caixa de texto para inserirmos um número qualquer do tipo **inteiro**, digite um número qualquer ou zero para sair, em seguida clique no botão **OK**, vai aparecer a caixa de texto dizendo que esta é a primeira volta na pista, clique no botão **OK**, vai aparecer uma caixa de diálogo com o seguinte título **Digite a Quantidade de Abdominais ou zero Para Sair:**, e logo abaixo uma caixa de texto para inserirmos um número qualquer do tipo **inteiro**, digite um número qualquer ou zero para sair, em seguida clique no botão **OK**, vai aparecer a caixa de texto dizendo que este é o primeiro abdominal, esta caixa vai se repetir de acordo com a quantidade de vezes que foi digitada, vá clicando no botão **OK** até finalizar o **loop**, vai aparecer uma caixa de diálogo com o seguinte título **Digite a Quantidade de Abdominais ou zero Para Sair:**, e logo abaixo uma caixa de texto para inserirmos um número qualquer do tipo **inteiro**, digite um número qualquer ou zero para sair, digite zero e vamos retornar para a caixa de texto dizendo que esta é a segunda volta na pista, clique no botão **OK**, vai aparecer uma caixa de diálogo com o seguinte título **Digite a Quantidade de Abdominais ou zero Para Sair:**, e logo abaixo uma caixa de texto para inserirmos um número qualquer do tipo **inteiro**, digite um número qualquer ou zero para sair, em seguida clique no botão **OK**, vai aparecer a caixa de texto dizendo que este é o primeiro abdominal, esta caixa vai se repetir de acordo com a quantidade de vezes que foi digitada, vá clicando no botão **OK** até finalizar o **loop**, vai aparecer uma caixa de diálogo com o seguinte título **Digite a Quantidade de Abdominais ou zero Para Sair:**, e logo abaixo uma caixa de texto para inserirmos um número qualquer do tipo **inteiro**, digite um número qualquer ou zero para sair, vai aparecer uma caixa de diálogo com o seguinte título **Digite a Quantidade de Voltas na Pista de Atletismo ou zero Para Sair:**, digite zero e clique no botão **OK**, e veja o resultado no corpo da página **HTML**, conforme **figura 130**:

Figura 130

Capítulo 04 – Estruturas de Dados Homogêneas

Até o momento utilizamos estruturas simples para armazenar informações na memória do computador, o que nos era útil para as implementações que estávamos realizando. Mas vai chegar um momento em que precisaremos armazenar não um único valor, mas um conjunto de valores, deste modo devemos utilizar as estruturas indexadas ou homogêneas, que são as seguintes:

- Vetores;
- Matrizes.

Essas estruturas correspondem a conjuntos de elementos de um mesmo tipo, representados por um único nome. Vamos imaginar a seguinte situação: Construir um aplicativo para ler os nomes de 700 funcionários de uma empresa e imprimi-los. Bem, podemos construir um aplicativo para ler estes nomes e ordená-los em ordem alfabética, o que seria uma tarefa muito difícil, pois teríamos que definir 700 variáveis do tipo caractere ou literal e fazer a leitura destas variáveis. Veremos cada uma delas separadamente.

VARIÁVEIS INDEXADAS UNIDIMENSIONAIS VETORES(ARRAY)

Um vetor é um conjunto de arranjos de elementos armazenados na **Memória Principal** do computador, um após o outro, todos com o mesmo nome. Esta estrutura é utilizada quando necessitamos representar os dados em termos de conjuntos de valores ao invés de utilizarmos variáveis. Geralmente um vetor é representado como uma matriz linha da matemática, cujos valores são identificados por índice, veja abaixo:

Índice:	0	1	2	3	4	5	6	7	8	9
Nome:	2	4	7	8	12	3	56	78	33	19

São referenciadas por um único índice assumindo que a primeira posição do vetor é 0(zero) ou 1(um), temos aí um vetor de 10 elementos, ou podemos dizer que temos 10 variáveis que ocupam posições consecutivas de memória, sendo de um mesmo tipo e compartilhando o mesmo nome. Desta forma cada variável da coleção chamamos de **elemento** que é identificada por um índice. Veja abaixo a sua sintaxe:

Estrutura Indexadas Unidimensional – Vetor(Array)	
Representação no VisuAlg	**Representação no JavaScript**
nome : vetor [0..N] de inteiros	**var nome = [ ];**

Veja como a **Variável Indexada Unidimensional Vetor(Array)** é implementada no **VisuAlg**, vamos criar um aplicativo para a concessionária de veículos Carro dos Seus Sonhos, que entre com o nome de vários veículos, caso ele não queria continuar, digitar -1 para encerrar o aplicativo. No final exibir os nomes dos veiculos digitados. Vamos retornar para o nosso algoritmo **algoritmo_019** no **VisuAlg**, se o mesmo estiver aberto, basta posicionar o botão do mouse sobre o ícone do **VisuAlg** na barra de tarefas do **Windows 10**, vai aparecer uma miniatura do algoritmo, conforme vimos na **figura 56**. Clique sobre esta miniatura e vamos retornar à tela principal do mesmo. Caso o **VisuAlg** esteja fechado, para abri-lo novamente, basta clicar sobre o ícone do **VisuAlg** na barra de tarefas do **Windows 10**, conforme vimos na **figura 156** no **Anexo I**, vai abrir a tela principal do mesmo, clique com o botão do mouse sobre o menu **Arquivo**, em seguida selecione o item **Novo**, ou pressione, ao mesmo tempo, as teclas de atalho **Ctrl+N**, conforme vimos na **figura 57**.

Antes de começarmos a digitar algo, vamos salvar nosso algoritmo, para isto, clique com o botão do mouse sobre o menu **Arquivo**, em seguida selecione o item **Salvar**, ou pressione, ao mesmo tempo, as teclas de atalho **Ctrl+S**, conforme vimos na **figura 4**. Ou clique no ícone do disquete no menu de ferramentas, conforme vimos na **figura 5**. Independentemente da forma escolhida para salvar o algoritmo vai abrir a janela **Salvar como**, no item **Salvar em:**, selecione **Disco local (C:)**, se você renomeou o seu **Disco local (C:)**, clique no nome do disco que você escolheu — no meu caso eu chamei de **Win10 (C:)** —, em seguida selecione a pasta **projetos_livro**, e clique no botão **Abrir** ou clique duas vezes com o botão do mouse sobre a pasta, em seguida selecione a pasta **algoritmos**, e clique no botão **Abrir** ou clique duas vezes com o botão do mouse sobre a pasta. No item **Nome:**, digite **algoritmo_020**, conforme vimos na **figura 6**. Clique no botão **Salvar**. Para saber se o algoritmo foi salvo no caminho que especificamos, basta verificar no topo da janela do **VisuAlg**, que mostra o caminho onde salvamos nosso algoritmo, conforme vimos na **figura 7**. Não esqueça de configurar a numeração de linhas, pois é muito importante, principalmente na indicação de erros. Para isto, clique no menu **Exibir**, e selecione o item **Número de linhas**, conforme vimos na **figura 8**. Ou clique no ícone **Numerar linhas** no menu de ferramentas, conforme vimos na **figura 9**. Agora posicione o cursor no início da **linha 1**, em seguida pressione, ao mesmo tempo, as teclas **Ctrl+T**, veja como ficou, conforme vimos na **figura 12**. Pressione a tecla **Delete** do teclado, e observe que o cursor do mouse vai ficar piscando na **linha 1**, neste local digite o código abaixo:

```
algoritmo "Estrutura Indexadas - Vetor(Array)"
// Função : Usar a Estrutura Indexadas - Vetor(Array)
// Autor : Prof. Msc Rafael Soares
// Data : 11/04/2019
// Seção de Declarações
var
indice, qtdVeiculos, totVeiculos :inteiro
nomeVeiculo :vetor [0..40] de caractere

inicio
// Seção de Comandos
enquanto qtdVeiculos <> -1 faca
   escreval("Digite a Quantidade de Veículos para Cadastrar ou -1 Para
Sair: ")
  leia(qtdVeiculos)
  para indice de 1 ate qtdVeiculos faca
    totVeiculos <- totVeiculos + 1
    escreva ("Digite o Nome do Veículo: ")
    leia(nomeVeiculo[totVeiculos])
  fimPara
fimEnquanto
para indice de 1 ate totVeiculos faca
  escreval("O Veículo ", nomeVeiculo[indice], " tem o índice ", indice-1)
fimPara
fimAlgoritmo
```

Salve o algoritmo, conforme vimos nas **figuras 4** e **5**. Não esqueça de fazer a indentação do código, conforme vimos nas **figuras 97** e **98**, ou pressione, ao mesmo tempo, as teclas **Ctrl+G**. É muito importante fazer a indentação do código, pois desta forma, deixaremos o nosso código mais legível. Vamos pedir para o usuário entrar com os dados, para isto, vamos alterar a exibição da janela de entrada e saída do **VisuAlg**, clique no ícone **Executar o algoritmo como DOS** no menu de ferramentas, conforme vimos na **figura 77**. Vamos executar o algoritmo, para isto vamos até o menu **Algoritmo**, e vamos selecionar o item **Executar**, ou pressionar a tecla **F9**, conforme vimos na **figura 14**. Ou clique no ícone **Executar** no menu de ferramentas, conforme vimos na **figura 15**. Veja que vai aparecer uma janela com o cursor do mouse piscando dentro de uma caixa de texto, para digitar a quantidade de Veículos, conforme vimos na **figura 109**. Digite um valor qualquer do tipo **inteiro**, em seguida clique no botão **OK**, veja que vai aparecer uma janela com o cursor do mouse piscando dentro de uma caixa de texto, para digitar o nome do veículo, digite um nome do tipo **caractere**, em seguida clique no botão **OK**, Veja que ao finalizar o **loop**, a janela para digitar a quantidade de veiculos vai aparecer novamente, se o funcionário não quiser digitar mais veiculos, ele terá que digitar **-1 (menos um)** para sair do **loop**, em seguida clique no botão **OK**, veja que vai retornar para a janela de quantidade de abdominais, este processo se repete de acordo com a quantidade de veículos digitados. Vá clicando no botão **OK** até finalizar o **loop**. Veja que ao finalizar o **loop**, as informações vão aparecer na janela de visualização de resultados, conforme **figura 131**:

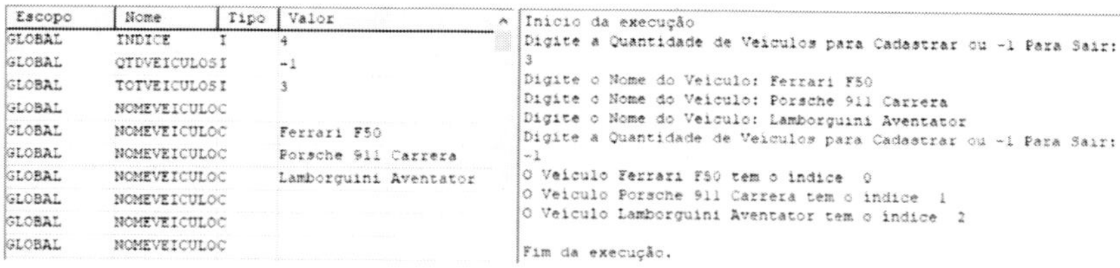

Figura 131

O tipo **Array** é provavelmente um dos tipos mais usados no **ECMAScript**. Um array **ECMAScript** é muito diferente de **arrays** na maioria das outras linguagens de programação. Como em outras linguagens, os arrays **ECMAScript** são listas ordenadas de dados, mas diferentemente de outras linguagens, eles podem conter qualquer tipo de dado em cada posição. Isso significa que é possível criar um **array** que tenha uma string na primeira posição, um número na segunda, um objeto na terceira e assim por diante. Os arrays **ECMAScript** também são dimensionados dinamicamente, crescendo automaticamente para acomodar quaisquer dados adicionados a eles.

Veja como a **Variável Indexada Unidimensional Vetor(Array)**, é implementada no **JavaScript**, usando o exemplo anterior, vamos retornar para o nosso aplicativo, **aplicativo_019** no **Notepad++**, se o mesmo estiver aberto, basta posicionar o botão do mouse sobre o ícone do **Notepad++** na barra de tarefas do **Windows 10**, vai aparecer uma miniatura do aplicativo, conforme vimos na **figura 61**. Clique sobre esta miniatura e vamos retornar à tela principal do mesmo. Caso o **Notepad++** esteja fechado, para abri-lo novamente, basta clicar sobre o ícone do **Notepad++** na barra de tarefas do **Windows 10**, conforme vimos na **figura 61**, vai abrir a tela principal do mesmo, antes de começarmos a digitar algo, vamos fechar os arquivos **aplicativo_019** e **index.html**, para isto clique no ícone do quadradinho vermelho com um **X** dentro, conforme vimos na **figura 24**. Vamos salvar nosso aplicativo, para isto, clique com o botão do mouse sobre o menu **Arquivo**, em seguida selecione o item **Salvar como...**, ou pressione, ao mesmo tempo, as teclas de atalho **Ctrl+Alt+S**, conforme vimos na **figura 25**. Vai abrir a janela **Salvar como**, no item **Salvar em:**, clique na setinha para baixo da caixa de seleção **combobox** e selecione **Disco local (C:)**, se você renomeou o seu **Disco local (C:)**, clique no nome do disco que você escolheu — no meu caso eu chamei de **Win10 (C:)** —, em seguida clique duas vezes com o botão do mouse sobre a pasta **projetos_livro**, clique duas vezes com o botão do mouse sobre a pasta **javascript**, e clique no ícone **Criar Nova Pasta**, conforme vimos na **figura 26**. No nome da pasta, digite **aplicativo_020**, pressione a tecla **Enter** duas vezes, conforme vimos na **figura 27**. Repita o procedimento acima e crie outra pasta, clique no ícone **Criar Nova Pasta**, conforme vimos na **figura 26**, no nome da pasta, digite **scripts**, pressione a tecla **Enter** duas vezes. No item **Nome:**, digite **aplicativo_020**, no item **Tipo:**, selecione **JavaScriptFile**, conforme vimos na **figura 28**. Clique no botão **Salvar**. Para saber se o algoritmo foi salvo no caminho que especificamos, basta verificar no topo da janela do **Notepad++**, que mostra o caminho onde salvamos nosso aplicativo, conforme vimos na **figura 29**. Clique no botão **Salvar & Fechar**. Veja que o cursor do mouse está posicionado na **linha 1**, neste local digite o código abaixo:

```
// Função : Usar a Estrutura Indexadas - Vetor(Array)
// Autor : Prof. Msc Rafael Soares
// Data : 11/04/2019
```

```
// Seção de Declarações
var indice, qtd_Veiculos, tot_Veiculos, nome_veiculo = [ ];
```

Salve o aplicativo, para isto, clique com o botão do mouse sobre o menu **Arquivo**, em seguida selecione o item **Salvar**, ou pressione, ao mesmo tempo, as teclas de atalho **Ctrl+S**, ou selecione o item **Salvar todos**, ou pressione, ao mesmo tempo, as teclas de atalho **Ctrl+Shift+S**, ou clique no ícone dos disquetes duplos na barra de ferramentas, conforme vimos nas **figuras 33** e **34**. Vamos criar um arquivo do tipo **HTML**, chamado **index.html**, para isto clique com o botão do mouse sobre o menu **Arquivo**, em seguida selecione o item **Novo**, ou pressione, ao mesmo tempo, as teclas de atalho **Ctrl+N**, conforme vimos na **figura 35**. Em seguida, clique com o botão do mouse sobre o menu **Arquivo**, e selecione o item **Salvar como...**, ou pressione, ao mesmo tempo, as teclas de atalho **Ctrl+Alt+S**, conforme vimos na **figura 25**. Vai abrir a janela **Salvar como**, no item **Salvar em:**, clique na setinha para baixo da caixa de seleção **combobox** e selecione **Disco local (C:)**, se você renomeou o seu **Disco local (C:)**, clique no nome do disco que você escolheu — no meu caso eu chamei de **Win10 (C:)** —, em seguida clique duas vezes com o botão do mouse sobre a pasta **projetos_livro**, clique duas vezes com o botão do mouse sobre a pasta **javascript**, em seguida clique duas vezes com o botão do mouse sobre a pasta **aplicativo_020**, no item **Nome:**, digite **index**, no item **Tipo:**, selecione **Hyper Text Markup Language**, conforme vimos na **figura 36**. Clique no botão **Salvar**. Para saber se o algoritmo foi salvo no caminho que especificamos, basta verificar no topo da janela do **Notepad++**, que mostra o caminho onde salvamos nosso arquivo **HTML**, conforme vimos na **figura 29**. Veja que o cursor do mouse está posicionado na **linha 1**, neste local digite o código abaixo:

```
<!DOCTYPE html>

<html lang="pt-BR">
<head>
  <meta charset="utf-8" />
  <title>Aprendendo Algoritmos com JavaScript</title>
</head>
<body>
    <script src="scripts/aplicativo_020.js"></script>
    <script>
          qtd_Veiculos = parseInt(prompt("Digite a Quantidade de
```

```
Veículos para Cadastrar ou -1 Para Sair:"));
                while (qtd_Veiculos != -1)
                {
                        for (indice = 1; indice <= qtd_Veiculos; indice++)
                        {
                                nome_veiculo[indice] = (prompt("Digite o
Nome do " + indice + "º Veículo: "));
                                tot_Veiculos = (indice + 1);
                        }
                        qtd_Veiculos = parseInt(prompt("Digite a
Quantidade de Veículos para Cadastrar ou -1 Para Sair:"));
                }
                tot_Veiculos = (tot_Veiculos -1);
                for (indice = 1; indice <= tot_Veiculos; indice++)
                {
                        document.write("O Veículo " + nome_
veiculo[indice] + " tem o índice " + indice-1);
                        document.write("<br>");
                }
        </script>
    </body>
    </html>
```

Observe que à medida que vamos digitando, o código vai aparecer automaticamente, em uma caixa de seleção, basta selecionar o mesmo para completar, conforme vimos na **figura 37**. Salve o aplicativo, para isto, clique com o botão do mouse sobre o menu **Arquivo**, em seguida selecione o item **Salvar**, ou pressione, ao mesmo tempo, as teclas de atalho **Ctrl+S**, ou selecione o item **Salvar todos**, ou pressione, ao mesmo tempo, as teclas de atalho **Ctrl+Shift+S**, ou clique no ícone dos disquetes duplos na barra de ferramentas, conforme vimos nas **figuras 33** e **34**. Vamos executar nosso aplicativo, para isto vamos até o menu **Executar**, observe que tem todos os principais navegadores web, vamos selecionar o item **Google Chrome**, conforme vimos na **figura 39**. Vai aparecer a janela do **Chrome**, juntamente com uma caixa de diálogo com o seguinte título **Digite a Quantidade de Veículos para Cadastrar ou -1 Para Sair:**, e logo abaixo uma caixa de texto para digitar a quantidade de Veículos, digite um número qualquer do tipo **inteiro**, ou -1 para sair, em seguida clique no botão **OK**, uma caixa de diálogo com o seguinte título **Digite o Nome do Veículo:**, e logo abaixo uma caixa de texto para digitar o nome do veículo, digite um nome qualquer, em seguida clique no botão **OK**, esta caixa vai se repetir de acordo com a quantidade de veículos que foi digitada, vá clicando no botão **OK** até finalizar o **loop**, a janela para digitar a quantidade de veiculos vai aparecer novamente, se o funcionário não quiser digitar mais veiculos, ele terá que digitar **-1 (menos um)** para sair do **loop**, em seguida clique no botão **OK**, veja que vai retornar para a janela de quantidade de abdominais, este processo se repete de acordo com a quantidade de veiculos digitados. Vá clicando no botão **OK** até finalizar o **loop**. Veja que ao finalizar o **loop**, vai aparecer uma caixa de diálogo com o seguinte título **Digite a Quantidade de Veículos para Cadastrar ou -1 Para Sair:**, e logo abaixo uma caixa de texto para digitar a quantidade de Veículos, digite um número qualquer do tipo **inteiro**, ou -1 para sair, digite -1 e clique no botão **OK**, e veja o resultado no corpo da página **HTML**, conforme **figura 132**:

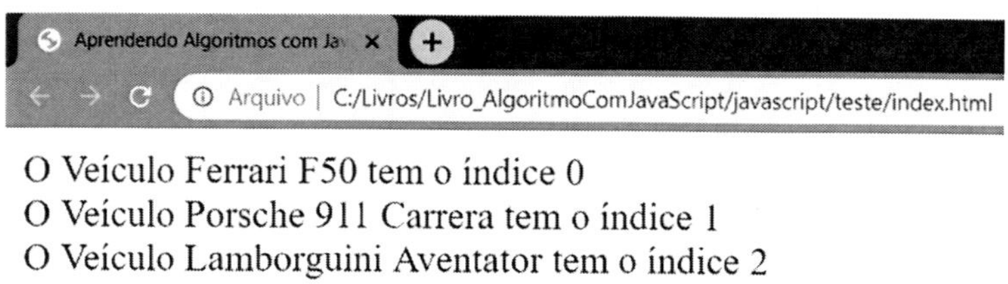

Figura 132

VARIÁVEIS COMPOSTAS HOMOGÊNEAS MULTIDIMENSIONAIS MATRIZ(ARRAY)

Variáveis indexadas com duas dimensões, também conhecidas como matrizes, são referenciadas por dois índices: um para indicar a **linha** da matriz e outro para indicar a **coluna** da matriz, cada qual começando por 0 ou 1. Nas estruturas de dados homogêneas toda posição deve ter o mesmo tipo de dados, como vimos nas variáveis. Veja abaixo a sua sintaxe:

Estrutura Indexada Multidimensional – Matriz(Array)	
Representação no VisuAlg	Representação no JavaScript
nomeMatriz : vetor [linhaI..linhaF, colunaI.. colunaF] de Tipo	var nome = [ ];

Em **JavaScript**, não existe matriz, o que fazemos é criar um vetor dentro de outro, ou seja, uma estrutura similar a uma matriz, ou seja, criamos um vetor de vetores. Onde:

- **nomeMatriz(var nome)**: qualquer nome válido, usamos as mesmas regras para criação de variáveis;
- **vetor([ ])**: é palavra reservada para indicar a criação da estrutura homogênea;
- **[linhaI..linhaF, colunaI..colunaF])**: linhaI é o valor inicial do índice de linhas; linhaF é o valor final do índice de linhas; colunaI é o valor inicial do índice de colunas; e colunaF o valor final do índice de colunas;
- **Tipo**: pode ser qualquer tipo que estudamos até aqui, inteiro, real, caracter ou lógico. Lembre-se de que todas as posições da matriz terão esse mesmo tipo inteiro, real, caracter ou lógico.

Observe que cada posição dentro da matriz vai ser identificada pelo valor do índice da linha e pelo valor do índice da coluna. Usando o algoritmo do tópico anterior, podemos ter uma estrutura de dados homogênea bidimensional chamada veiculos, para armazenar o nome e o modelo dos veiculos; para se atribuir um valor a um elemento de uma matriz é necessário usar dois índices, um para a **linha** e outro para a **coluna**, veja abaixo a sintaxe para esta condição no **VisuAlg**:

veiculos[nº linha, nº coluna] <- valor

Da mesma forma que na estrutura unidimensional, aqui vamos precisar utilizar para percorrer as posições da matriz a estrutura **para...faca;** neste caso devemos utilizar as estruturas **para...faca** aninhadas, uma dentro da outra, ou seja, uma para cada dimensão. Neste caso seria uma para percorrer as linhas e outra para percorrer as colunas. Uma vez que sabemos os valores inicial e final das linhas e colunas da matriz. Veja como a **Variável Composta Homogênea Multidimensional Matriz(Array)** é implementada no **VisuAlg**, vamos criar um aplicativo para a concessionária de veículos Carro dos Seus Sonhos, que entre com o nome do veículo e seu modelo. No final exibir os nomes e os modelos dos veiculos digitados. Vamos retornar para o nosso algoritmo **algoritmo_020** no **VisuAlg**, se o mesmo estiver aberto, basta posicionar o botão do mouse sobre o ícone do **VisuAlg** na barra de tarefas do **Windows 10**, vai aparecer uma miniatura do algoritmo, conforme vimos na **figura 56**. Clique sobre esta miniatura e vamos retornar à tela principal do mesmo. Caso o **VisuAlg** esteja fechado, para abri-lo novamente, basta clicar sobre o ícone do **VisuAlg** na barra de tarefas do **Windows 10**, conforme vimos na **figura 156** no **Anexo I**, vai abrir a tela principal do mesmo, clique com o botão do mouse sobre o menu **Arquivo**, em seguida selecione o item **Novo**, ou pressione, ao mesmo tempo, as teclas de atalho **Ctrl+N**, conforme vimos na **figura 57**.

Antes de começarmos a digitar algo, vamos salvar nosso algoritmo, para isto, clique com o botão do mouse sobre o menu **Arquivo**, em seguida selecione o item **Salvar**, ou pressione, ao mesmo tempo, as teclas de atalho **Ctrl+S**, conforme vimos na **figura 4**. Ou clique no ícone do disquete no menu de ferramentas, conforme vimos na **figura 5**. Independentemente da forma escolhida para salvar o algoritmo vai abrir a janela **Salvar como**, no item **Salvar em:**, selecione **Disco local (C:)**, se você renomeou o seu **Disco local (C:)**, clique no nome do disco que você escolheu — no meu caso eu chamei de **Win10 (C:)** —, em seguida selecione a pasta **projetos_livro**, e clique no botão **Abrir** ou clique duas vezes com o botão do mouse sobre a pasta, em seguida selecione a pasta **algoritmos**, e clique no botão **Abrir** ou clique duas vezes com o botão do mouse sobre a pasta. No item **Nome:**, digite **algoritmo_021**, conforme vimos na **figura 6**. Clique no botão **Salvar**. Para saber se o algoritmo foi salvo no caminho que especificamos, basta verificar no topo da janela do **VisuAlg**, que mostra o caminho onde salvamos nosso algoritmo, conforme vimos na **figura 7**. Não esqueça de configurar a numeração de linhas, pois é muito importante, principalmente na indicação de erros. Para isto, clique no menu **Exibir**, e selecione o item **Número de linhas**, conforme vimos na **figura 8**. Ou clique no ícone **Numerar linhas** no menu de ferramentas, conforme vimos na **figura 9**. Agora posicione o cursor no início da **linha 1**, em seguida pressione, ao mesmo tempo, as teclas **Ctrl+T**, veja como ficou, conforme vimos na **figura 12**. Pressione a tecla **Delete** do teclado, e observe que o cursor do mouse vai ficar piscando na **linha 1**, neste local digite o código abaixo:

```
algoritmo “Estrutura Homogenea”
// Função : Usar a Estrutura Homogênea Bidimensional Matriz
// Autor : Prof. Msc Rafael Soares
// Data : 05/07/2019
// Seção de Declarações
var
veiculos: vetor[0..2,0..1] de caracter
linha, coluna : inteiro
inicio
// Seção de Comandos
linha <- 0
```

```
coluna <- 0
para linha de 0 ate 2 faca
  para coluna de 0 ate 1 faca
    escreval("Digite o Nome do Veiculo em Seguida o Modelo: ")
    leia(veiculos[linha, coluna])
  fimpara
fimpara
para linha de 0 ate 2 faca
  escreval("Nome e Modelo do Veículo: ")
  para coluna de 0 ate 1 faca
    escreval(veiculos[linha, coluna])
  fimpara
fimpara
fimalgoritmo
```

Salve o algoritmo, conforme vimos nas **figuras 4** e **5**. Não esqueça de fazer a indentação do código, conforme vimos nas **figuras 97** e **98**, ou pressione, ao mesmo tempo, as teclas **Ctrl+G**. É muito importante fazer a indentação do código, pois desta forma, deixaremos o nosso código mais legível. Vamos pedir para o usuário entrar com os dados, para isto, vamos alterar a exibição da janela de entrada e saída do **VisuAlg**, clique no ícone **Executar o algoritmo como DOS** no menu de ferramentas, conforme vimos na **figura 77**. Vamos executar o algoritmo, para isto vamos até o menu **Algoritmo**, e vamos selecionar o item **Executar**, ou pressionar a tecla **F9**, conforme vimos na **figura 14**. Ou clique no ícone **Executar** no menu de ferramentas, conforme vimos na **figura 15**. Veja que vai aparecer uma janela com o cursor do mouse piscando dentro de uma caixa de texto, para digitar o nome do veículo, em seguida clique no botão **OK**, e vai aparecer a mesma caixa de texto anterior, digite o nome do modelo, esta caixa vai se repetir de acordo com a quantidade de veículos que foi digitada, vá clicando no botão **OK** até finalizar o **loop**. Veja que ao finalizar o **loop**, as informações vão aparecer na janela de visualização de resultados, conforme **figura 133**:

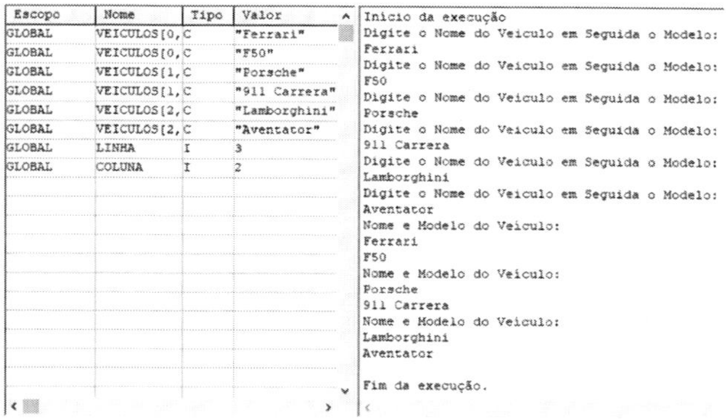

Figura 133

Assim como no **VisuAlg**, na linguagem **JavaScript** para se atribuir um valor a um elemento de uma matriz é necessário usar dois índices, um para a **linha** e outro para a **coluna**, veja abaixo a sintaxe para esta condição no **JavaScript**:

veiculos[nº linha][nº coluna] = valor

Veja como a **Variável Composta Homogênea Multidimensional Matriz(Array)** é implementada no **JavaScript**, usando o exemplo anterior, vamos retornar para o nosso aplicativo, **aplicativo_020** no **Notepad++**, se o mesmo estiver aberto, basta posicionar o botão do mouse sobre o ícone do **Notepad++** na barra de tarefas do **Windows 10**, vai aparecer uma miniatura do aplicativo, conforme vimos na **figura 61**. Clique sobre esta miniatura e vamos retornar à tela principal do mesmo. Caso o **Notepad++** esteja fechado, para abri-lo novamente, basta clicar sobre o ícone do **Notepad++** na barra de tarefas do **Windows 10**, conforme vimos na **figura 61**, vai abrir a tela principal do mesmo, antes de começarmos a digitar algo, vamos fechar os arquivos **aplicativo_020** e **index.html**, para isto clique no ícone do quadradinho vermelho com um **X** dentro, conforme vimos na **figura 24**. Vamos salvar nosso aplicativo, para isto, clique com o botão do mouse sobre o menu **Arquivo**, em seguida selecione o item **Salvar como...**, ou pressione, ao mesmo tempo, as teclas de atalho **Ctrl+Alt+S**, conforme vimos na **figura 25**. Vai abrir a janela **Salvar como**, no item **Salvar em:**, clique na setinha para baixo da caixa de seleção **combobox** e selecione **Disco local (C:)**, se você renomeou o seu **Disco local (C:)**, clique no nome do disco que você escolheu — no meu caso eu chamei de **Win10 (C:)** —, em seguida clique duas vezes com o botão do mouse sobre a pasta **projetos_livro**, clique duas vezes com o botão do mouse sobre a pasta **javascript**, e clique no ícone **Criar Nova Pasta**, conforme vimos na **figura 26**. No nome da pasta, digite **aplicativo_021**, pressione a tecla **Enter** duas vezes, conforme vimos na **figura 27**. Repita o procedimento acima e crie outra pasta, clique no ícone **Criar Nova Pasta**, conforme vimos na **figura 26**, no nome da pasta, digite **scripts**, pressione a tecla **Enter** duas vezes. No item **Nome:**, digite **aplicativo_021**, no item **Tipo:**, selecione **JavaScriptFile**, conforme vimos na **figura 28**. Clique no botão **Salvar**. Para saber se o algoritmo foi salvo no caminho que especificamos, basta verificar no topo da janela do **Notepad++**, que mostra o caminho onde salvamos nosso aplicativo, conforme vimos na **figura 29**. Clique no botão **Salvar & Fechar**. Veja que o cursor do mouse está posicionado na **linha 1**, neste local digite o código abaixo:

```
// Função : Usar a Estrutura Homogênea Bidimensional Matriz
// Autor : Prof. Msc Rafael Soares
// Data : 05/07/2019
// Seção de Declarações
var veiculos = [], indiceLinha, indiceColuna, Linha, Coluna, valores, i, j;
```

Salve o aplicativo, para isto, clique com o botão do mouse sobre o menu **Arquivo**, em seguida selecione o item **Salvar**, ou pressione, ao mesmo tempo, as teclas de atalho **Ctrl+S**, ou selecione o item **Salvar todos**, ou pressione, ao mesmo tempo, as teclas de atalho **Ctrl+Shift+S**, ou clique no ícone dos disquetes duplos na barra de ferramentas, conforme vimos nas **figuras 33** e **34**. Vamos criar um arquivo do tipo **HTML**, chamado **index.html**, para isto clique com o botão do mouse sobre o menu **Arquivo**, em seguida selecione o item **Novo**, ou pressione, ao mesmo tempo, as teclas de atalho **Ctrl+N**, conforme vimos na **figura 35**. Em seguida, clique com o botão do mouse sobre o menu **Arquivo**, e selecione o item **Salvar como...**, ou pressione, ao mesmo tempo, as teclas de atalho **Ctrl+Alt+S**, conforme vimos na **figura 25**. Vai abrir a janela **Salvar como**, no item **Salvar em:**, clique na setinha para baixo da caixa de seleção **combobox** e selecione **Disco local (C:)**, se você renomeou o seu **Disco local (C:)**, clique no nome do disco que você escolheu — no meu caso eu chamei de **Win10 (C:)** —, em seguida clique duas vezes com o botão do mouse sobre a pasta **projetos_livro**, clique duas vezes com o botão do mouse sobre a pasta **javascript**, em seguida clique duas vezes com o botão do mouse sobre a pasta **aplicativo_021**, no item **Nome:**, digite **index**, no item **Tipo:**, selecione **Hyper Text Markup Language**, conforme vimos na **figura 36**.

Clique no botão **Salvar**. Para saber se o algoritmo foi salvo no caminho que especificamos, basta verificar no topo da janela do **Notepad++**, que mostra o caminho onde salvamos nosso arquivo **HTML**, conforme vimos na **figura 29**. Veja que o cursor do mouse está posicionado na **linha 1**, neste local digite o código abaixo:

```
<!DOCTYPE html>

<html lang="pt-BR">
<head>
   <meta charset="utf-8" />
   <title>Aprendendo Algoritmos com JavaScript</title>
</head>
<body>
      <script src="scripts/aplicativo_021.js"></script>
      <script>
                  Linhas = prompt("Digite a Quantidade de Veículos: ");
                  Colunas = prompt("Digite 2 Para Nome e Quantidade de
Modelos: ");
                  alert("Você Informou que Serão " + Linhas + " Veiculos " +
" e " + Colunas + " Modelos.");

                  //Matriz vazia
                  Veiculos = [];

                  //Interação de 0 até n~umero de Linhas, ou seja, para que
o indice começe com zero, 3-1=2: 0 a 2, são 3 elementos
                  for (i = 0; i < Linhas; i++)
                  {
                           //Nesta posição vai ser recebido um outro vetor
                           Veiculos[i] = [];
                           //Interação pelas colunas
                           for (j = 0; j < Colunas; j++)
                           {
                                    //A matriz vai ficar com a estrutura de
linhas e colunas vazias
                                    Veiculos[i][j] = '';
                           }
                  }
```

```
            //Popular, inserir dados na matriz Veiculos
            for (indiceLinha = 0; indiceLinha < Linhas; indiceLinha++)
            {
                    for (indiceColuna = 0; indiceColuna < Colunas;
indiceColuna++)
                    {
                            //O usuário vai digitar os valores
                            Veiculos[indiceLinha][indiceColuna] =
prompt("Digite o Nome do Veículos e em seguida o Modelo: ");
                    }
            }

            //Ler e Mostrar o conteúdo da matriz
            valores = '';
            for (indiceLinha = 0; indiceLinha < Linhas; indiceLinha++)
            {
                    for (indiceColuna = 0; indiceColuna < Colunas;
indiceColuna++)
                    {
                            //Exibir em formato de Linhas e Colunas
                            if (indiceColuna < Colunas -1)
                            {
                                    valores += Veiculos[indiceLinha]
[indiceColuna] + " - ";
                            }
                            else
                            {
                                    valores += Veiculos[indiceLinha]
[indiceColuna] + " \n";
                            }
                    }
            }

            alert("Nome do Veículo e Modelo:\n" + valores);

        </script>
    </body>
    </html>
```

Observe que à medida que vamos digitando, o código vai aparecer automaticamente, em uma caixa de seleção, basta selecionar o mesmo para completar, conforme vimos na **figura 37**. Salve o aplicativo, para isto, clique com o botão do mouse sobre o menu **Arquivo**, em seguida selecione o item **Salvar**, ou pressione, ao mesmo tempo, as teclas de atalho **Ctrl+S**, ou selecione o item **Salvar todos**, ou pressione, ao mesmo tempo, as teclas de atalho **Ctrl+Shift+S**, ou clique no ícone dos disquetes duplos na barra de ferramentas, conforme vimos nas **figuras 33** e **34**. Vamos executar nosso aplicativo, para isto vamos até o menu **Executar**, observe que tem todos os principais navegadores web, vamos selecionar o item **Google Chrome**, conforme vimos na **figura 39**. Vai aparecer a janela do **Chrome**, juntamente com uma caixa de diálogo com o seguinte título **Digite a Quantidade de Veículos:**, e logo abaixo uma caixa de texto para digitar a quantidade de Veículos, digite um número qualquer do tipo **inteiro**, em seguida clique no botão **OK**, e vai aparecer uma caixa de diálogo com o seguinte título **Digite 2 Para Nome e Quantidade de Modelos:,** logo abaixo uma caixa de texto para digitar a quantidade de Modelos, digite um número qualquer do tipo **inteiro**, em seguida clique no botão **OK**, e vai aparecer uma caixa de diálogo com o seguinte título **Você Informou que Serão X Veiculos e X Modelos.**, em seguida clique no botão **OK**, e vai aparecer uma caixa de diálogo com o seguinte título **Digite o Nome do Veículos e em seguida o Modelo:**, digite um nome, em seguida clique no botão **OK**, e vai aparecer a mesma caixa de diálogo anterior, digite um modelo, esta caixa vai se repetir de acordo com a quantidade de veículos que foi digitada, vá clicando no botão **OK** até finalizar o **loop** e veja o resultado em uma janela de alerta da página **HTML**, conforme **figura 134**:

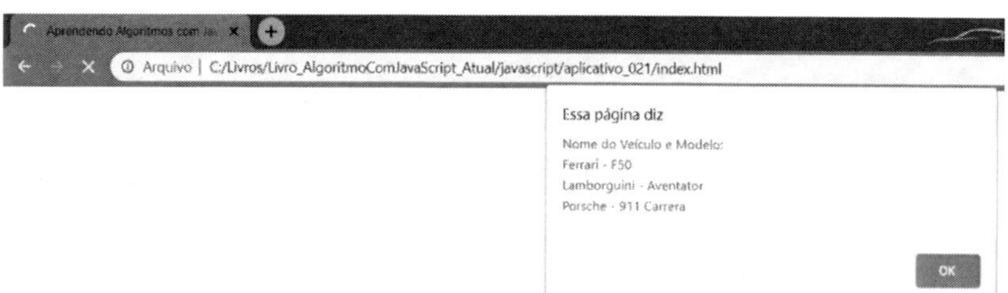

Figura 134

Clique no botão **OK** e vamos retornar para o corpo de nossa página **HTML**. No quesito matrizes, estamos mais do que gabaritados a lidar com as mesmas.

MODULARIZAÇÃO OU SUBALGORITMOS

Modularizar, em programação, é uma característica muito importante. Este método é muito utilizado quando precisamos facilitar a construção de algoritmos muito extensos, assim dividimos estes algoritmos em pequenas etapas, que são chamados de **subalgoritmos**. Desta forma, em vez de escrevermos um algoritmo muito extenso, escrevemos vários algoritmos menores, os quais, não isoladamente, mas em conjunto, resolvem o problema proposto; é o que chamamos de **dividir para conquistar**. As ferramentas de modularização que várias linguagens utilizam são os procedimentos (**procedures**) e as funções (**functions**). Elas permitem construir programas constituídos de módulos bastante independentes que correspondem aos refinamentos sucessivos recomendados na programação estruturada. Os procedimentos e funções devem ser declarados antes do corpo do programa.

Estes trechos de algoritmos efetuam um ou mais cálculos determinados. Devemos utilizá-los quando uma determinada tarefa é efetuada em diversos lugares no mesmo algoritmo. Desta forma, em vez de escrevermos um trecho de algoritmo diversas vezes, escrevemos um **subalgoritmo** e o chamamos diversas vezes. Também conhecido como **subprograma**, **subrotina** ou **módulo**, deve ser declarado antes do início do algoritmo principal e pode ser chamado em qualquer ponto após sua declaração, neste caso, dentro do algoritmo principal ou a partir de outro **subalgoritmo** definido abaixo dele. Suas principais vantagens são:

- Reduzir o tamanho do algoritmo: pois trechos repetidos são implementados uma única vez e depois serão apenas chamados;
- Facilitar a compreensão e visualização do algoritmo: uma vez que a modularização nos faz pensar no algoritmo por partes;
- Facilitar a depuração: neste caso fica mais fácil detectar e corrigir os erros;
- Facilitar a alteração do código: as alterações, quando necessárias, vão ser feitas uma única vez;
- Generalizar o código com uso de parâmetros: aqui temos a possibilidade de escrever algoritmos para diversas situações genéricas.

Existem dois tipos de subalgoritmos os **procedimentos** e as **funções**, que iremos descrever detalhadamente a seguir.

PROCEDIMENTOS

Funções e procedimentos são muito semelhantes - de fato, em algumas linguagens de programação existem apenas funções, e os procedimentos são vistos como um caso especial de uma função, assim como um quadrado é um tipo especial de retângulo. De um modo geral, as funções retornam um valor, enquanto os procedimentos não, portanto, um procedimento é apenas uma função que não retorna um valor, geralmente as funções Void. Na linguagem **VisuAlg**, procedimento é um subprograma que não retorna nenhum valor, podendo retornar valores apenas por meio dos parâmetros. Deve ser declarado entre o final da declaração de variáveis e a linha **inicio** do programa principal. Veja abaixo a sua sintaxe:

Procedimentos	
Representação no VisuAlg	**Representação no JavaScript**

procedimento <nome-de-procedimento>
[(<sequência-de-declarações-de-parâmetros>)]
// Seção de Declarações Internas
// Declaração de variáveis locais
var
 	
inicio
// Seção de Comandos
fimprocedimento
	function nome_da_função(argumentos)
	{
	código de instruções
	}

Onde:

- **nomeProcedimento:** obedece às mesmas regras de nomeação das variáveis que vimos anteriormente;
- **[(<sequência-de-declarações-de-parâmetros>)]:** como vimos, um procedimento pode não receber nenhum parâmetro ou pode ter um ou mais parâmetros. Desta forma, podemos dizer que parâmetros é a forma de comunicação entre quem chama o procedimento e o procedimento. Neste caso, são valores de entrada, que precisam ser enviados por quem chamou o procedimento, e a sua sintaxe deve ser como mostrado abaixo:
    - [var] sequência-de-parâmetros : tipo-de-dado
    - Se a declaração for de um mesmo tipo de dado vai ser separada por vírgula, caso contrário, se for de tipos de

dados diferentes vai ser separada por ponto e vírgula. A palavra-chave var é opcional. Se estiver presente, indica que a passagem de parâmetros é feita por referência; caso contrário, a passagem de parâmetros será feita por valor;

- **[var] Declaração de Variáveis Locais:** começa com a palavra-chave var, em seguida vem a seguinte sintaxe: **<lista-de-variáveis> : <tipo-de-dado>**.
    - o Neste caso as variáveis locais só são vistas e só podem ser usadas dentro do procedimento;
- **// Seção de Comandos:** aqui você pode declarar qualquer instrução que vimos até aqui, ou seja, estrutura sequencial, condicional ou de repetição, comandos de entrada e saída de dados, operações, enfim, tudo, bastando lembrar que um subalgoritmo, procedimento ou função são um algoritmo como outro qualquer, só que menor e específico para a realização de uma tarefa.

Veremos no próximo tópico como fazer a chamada ao procedimento criado.

CHAMANDO UM PROCEDIMENTO

Esta chamada é feita pelo seu nome, como um comando simples, dentro do algoritmo principal, de outro **subalgoritmo** ou dentro do próprio procedimento, neste caso, quando um procedimento chama ele mesmo, estamos fazendo uso de uma técnica chamada recursão, que veremos mais adiante. Veja abaixo a sua sintaxe:

Chmando Procedimentos	
Representação no VisuAlg	**Representação no JavaScript**
nomeProcedimento(valores para os parâmetros)	return argumentos;

Observe que é parecido com os comandos leia e escreva, porque eles também são procedimentos. Veja que um procedimento não pode ser chamado no meio de expressões ou em atribuições como no caso de funções. Quando chamamos um procedimento, devemos observar se ele tem parâmetros definidos. Se tiver, quem o chamou vai ter que passar um valor para cada parâmetro, valor este que chamamos de argumento. Desta forma, a quantidade dos parâmetros, sua sequência e respectivos tipos não podem mudar, devem estar de acordo com o que foi especificado na sua declaração. Os procedimentos podem ser dos seguintes tipos:

- Sem Parâmetros;
- Com Parâmetros;
- Passagem por valor;
- Passagem por referência.

PROCEDIMENTO SEM PARÂMETROS

Veja como o **Procedimento Sem Parâmetros** é implementado no **VisuAlg**, vamos criar um aplicativo para o departamento de Matemática da Universidade Saber é Bom – USB, onde teremos um procedimento chamado **soma**, que vai calcular a soma entre os dois valores digitados pelo usuário, em seguida o programa principal vai imprimir o resultado. Vamos retornar para o nosso algoritmo **algoritmo_021** no **VisuAlg**, se o mesmo estiver aberto, basta posicionar o botão do mouse sobre o ícone do **VisuAlg** na barra de tarefas do **Windows 10**, vai aparecer uma miniatura do algoritmo, conforme vimos na **figura 56**. Clique sobre esta miniatura e vamos retornar à tela principal do mesmo. Caso o **VisuAlg** esteja fechado, para abri-lo novamente, basta clicar sobre o ícone do **VisuAlg** na barra de tarefas do **Windows 10**, conforme vimos na **figura 156** no **Anexo I**, vai abrir a tela principal do mesmo, clique com o botão do mouse sobre o menu **Arquivo**, em seguida selecione o item **Novo**, ou pressione, ao mesmo tempo, as teclas de atalho **Ctrl+N**, conforme vimos na **figura 57**.

Antes de começarmos a digitar algo, vamos salvar nosso algoritmo, para isto, clique com o botão do mouse sobre o menu **Arquivo**, em seguida selecione o item **Salvar**, ou pressione, ao mesmo tempo, as teclas de atalho **Ctrl+S**, conforme vimos na **figura 4**. Ou clique no ícone do disquete no menu de ferramentas, conforme vimos na **figura 5**. Independentemente da forma escolhida para salvar o algoritmo vai abrir a janela **Salvar como**, no item **Salvar em:**, selecione **Disco local (C:)**, se você renomeou o seu **Disco local (C:)**, clique no nome do disco que você escolheu — no meu caso eu chamei de **Win10 (C:)** —, em seguida selecione a pasta **projetos_livro**, e clique no botão **Abrir** ou clique duas vezes com o botão do mouse sobre a pasta, em seguida selecione a pasta **algoritmos**, e clique no botão **Abrir** ou clique duas vezes com o botão do mouse sobre a pasta. No item **Nome:**, digite **algoritmo_022**, conforme vimos na **figura 6**. Clique no botão **Salvar**. Para saber se o algoritmo foi salvo no caminho que especificamos, basta verificar no topo da janela do **VisuAlg**, que mostra o caminho onde salvamos nosso algoritmo, conforme vimos na **figura 7**. Não esqueça de configurar a numeração de linhas, pois é muito importante, principalmente na indicação de erros. Para isto, clique no menu **Exibir**, e selecione o item **Número de linhas**, conforme vimos na **figura 8**. Ou clique no ícone **Numerar linhas** no menu de ferramentas, conforme vimos na **figura 9**. Agora posicione o cursor no início da **linha 1**, em seguida pressione, ao mesmo tempo, as teclas **Ctrl+T**, veja como ficou, conforme vimos na **figura 12**. Pressione a tecla **Delete** do teclado, e observe que o cursor do mouse vai ficar piscando na **linha 1**, neste local digite o código abaixo:

```
algoritmo "Procedimento"
// Função : Usar Procedimentos sem parâmetros
// Autor : Prof. Msc Rafael Soares
// Data : 05/07/2019
var
numero1, numero2, resultado : inteiro

//Após a declaração das variáveis globais, define-se o procedimento
procedimento soma
var auxiliar: inteiro

inicio

// numero1, numero2 e resultado são variáveis globais
auxiliar <- numero1 + numero2
resultado <- auxiliar
fimprocedimento

inicio
// Seção de Comandos
escreval("Digite o 1º Número: ")
leia(numero1)
escreval("Digite o 2º Número: ")
leia(numero2)
soma
escreva("O Resultado da Soma é: ", resultado)
fimalgoritmo
```

Salve o algoritmo, conforme vimos nas **figuras 4** e **5**. Não esqueça de fazer a indentação do código, conforme vimos nas **figuras 97** e **98**, ou pressione, ao mesmo tempo, as teclas **Ctrl+G**. É muito importante fazer a indentação do código, pois desta forma, deixaremos o nosso código mais legível. Vamos pedir para o usuário entrar com os dados, para isto, vamos alterar a exibição da janela de entrada e saída do **VisuAlg**, clique no ícone **Executar o algoritmo como DOS** no menu de ferramentas, conforme vimos na **figura 77**. Vamos executar o algoritmo, para isto vamos até o menu **Algoritmo**, e vamos selecionar o item **Executar**, ou pressionar a tecla **F9**, conforme vimos na **figura 14**. Ou clique no ícone **Executar** no menu de ferramentas, conforme vimos na **figura 15**. Veja que vai aparecer uma janela com o cursor do mouse piscando dentro de uma caixa de texto, para digitar o primeiro número, conforme vimos na **figura 109**. Digite um valor qualquer do tipo **inteiro**, em seguida clique no botão **OK**, veja que vai aparecer uma janela com o cursor do mouse piscando dentro de uma caixa de texto, para digitar o segundo número, digite um valor qualque do tipo **inteiro**, em seguida clique no botão **OK**, e veja que ao finalizar a soma vai ser exibida na janela de visualização de resultados, conforme **figura 135**:

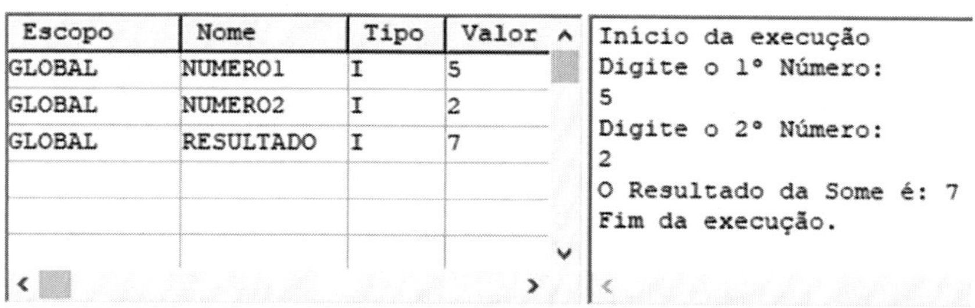

Figura 135

Observe que um procedimento sem parâmetros utiliza uma variável local que nomeamos de **auxiliar** para armazenar temporariamente o resultado da soma, claro que esta variável é desnecessária, nós a colocamos aí apenas para ilustrar o exemplo, antes de atribuí-lo à variável global **resultado**, ou seja, podemos utilizar variáveis globais em qualquer parte do algoritmo, enquanto as variáveis locais só podem ser utilizadas dentro do procedimento ou função. Veja como o **Procedimento Sem Parâmetros** é implementado no **JavaScript**, usando o exemplo anterior, vamos retornar para o nosso aplicativo, **aplicativo_021** no **Notepad++**, se o mesmo estiver aberto, basta posicionar o botão do mouse sobre o ícone do **Notepad++** na barra de tarefas do **Windows 10**, vai aparecer uma miniatura do aplicativo, conforme vimos na **figura 61**. Clique sobre esta miniatura e vamos retornar à tela principal do mesmo. Caso o **Notepad++** esteja fechado, para abri-lo novamente, basta clicar sobre o ícone do **Notepad++** na barra de tarefas do **Windows 10**, conforme vimos na **figura 61**, vai abrir a tela principal do mesmo, antes de começarmos a digitar algo, vamos fechar os arquivos **aplicativo_021** e **index.html**, para isto, clique no ícone do quadradinho vermelho com um **X** dentro, conforme vimos na **figura 24**. Vamos salvar nosso aplicativo, para isto, clique com o botão do mouse sobre o menu **Arquivo**, em seguida selecione o item **Salvar como...**, ou pressione, ao mesmo tempo, as teclas de atalho **Ctrl+Alt+S**, conforme vimos na **figura 25**. Vai abrir a janela **Salvar como**, no item **Salvar em:**, clique na setinha para baixo da caixa de seleção **combobox** e selecione **Disco local (C:)**, se você renomeou o seu **Disco local (C:)**, clique no nome do disco que você escolheu — no meu caso eu chamei de **Win10 (C:)** —, em seguida clique duas vezes com o botão do mouse sobre a pasta **projetos_livro**, clique duas vezes com o botão do mouse sobre a pasta **javascript**, e clique no ícone **Criar Nova Pasta**, conforme vimos na **figura 26**. No nome da pasta, digite **aplicativo_022**, pressione a tecla **Enter** duas vezes, conforme vimos na **figura 27**. Repita o procedimento acima e crie outra pasta, clique no ícone **Criar Nova Pasta**, conforme vimos na **figura 26**, no nome da pasta, digite **scripts**, pressione a tecla **Enter** duas vezes. No item **Nome:**, digite **aplicativo_022**, no item **Tipo:**, selecione **JavaScriptFile**, conforme vimos na **figura 28**. Clique no botão **Salvar**. Para saber se o algoritmo foi salvo no caminho que especificamos, basta verificar no topo da janela do **Notepad++**, que mostra o caminho onde salvamos nosso aplicativo, conforme vimos na **figura 29**. Clique no botão **Salvar & Fechar**. Veja que o cursor do mouse está posicionado na **linha 1**, neste local digite o código abaixo:

```
// Função : Usar Procedimentos sem parâmetros
// Autor : Prof. Msc Rafael Soares
// Data : 05/07/2019
// Seção de Declarações
var numero1, numero2, resultado;

function soma()
{
	var auxiliar;
	auxiliar = (numero1 + numero2);
```

```
        return (auxiliar);
    }
```

Salve o aplicativo, para isto, clique com o botão do mouse sobre o menu **Arquivo**, em seguida selecione o item **Salvar**, ou pressione, ao mesmo tempo, as teclas de atalho **Ctrl+S**, ou selecione o item **Salvar todos**, ou pressione, ao mesmo tempo, as teclas de atalho **Ctrl+Shift+S**, ou clique no ícone dos disquetes duplos na barra de ferramentas, conforme vimos nas **figuras 33** e **34**. Vamos criar um arquivo do tipo **HTML**, chamado **index.html**, para isto clique com o botão do mouse sobre o menu **Arquivo**, em seguida selecione o item **Novo**, ou pressione, ao mesmo tempo, as teclas de atalho **Ctrl+N**, conforme vimos na **figura 35**. Em seguida, clique com o botão do mouse sobre o menu **Arquivo**, e selecione o item **Salvar como...**, ou pressione, ao mesmo tempo, as teclas de atalho **Ctrl+Alt+S**, conforme vimos na **figura 25**. Vai abrir a janela **Salvar como**, no item **Salvar em:**, clique na setinha para baixo da caixa de seleção **combobox** e selecione **Disco local (C:)**, se você renomeou o seu **Disco local (C:)**, clique no nome do disco que você escolheu — no meu caso eu chamei de **Win10 (C:)** —, em seguida clique duas vezes com o botão do mouse sobre a pasta **projetos_livro**, clique duas vezes com o botão do mouse sobre a pasta **javascript**, em seguida clique duas vezes com o botão do mouse sobre a pasta **aplicativo_022**, no item **Nome:**, digite **index**, no item **Tipo:**, selecione **Hyper Text Markup Language**, conforme vimos na **figura 36**. Clique no botão **Salvar**. Para saber se o algoritmo foi salvo no caminho que especificamos, basta verificar no topo da janela do **Notepad++**, que mostra o caminho onde salvamos nosso arquivo **HTML**, conforme vimos na **figura 29**. Veja que o cursor do mouse está posicionado na **linha 1**, neste local digite o código abaixo:

```
<!DOCTYPE html>

<html lang="pt-BR">
<head>
  <meta charset="utf-8" />
  <title>Aprendendo Algoritmos com JavaScript</title>
</head>
<body>
      <script src="scripts/aplicativo_022.js"></script>
      <script>
              numero1 = parseInt(prompt("Digite o 1º Número:"));
```

```
                numero2 = parseInt(prompt("Digite o 2º Número:"));

                document.write("Resultado da soma é: " + soma(resultado));
        </script>
    </body>
    </html>
```

Observe que à medida que vamos digitando, o código vai aparecer automaticamente, em uma caixa de seleção, basta selecionar o mesmo para completar, conforme vimos na **figura 37**. Salve o aplicativo, para isto, clique com o botão do mouse sobre o menu **Arquivo**, em seguida selecione o item **Salvar**, ou pressione, ao mesmo tempo, as teclas de atalho **Ctrl+S**, ou selecione o item **Salvar todos**, ou pressione, ao mesmo tempo, as teclas de atalho **Ctrl+Shift+S**, ou clique no ícone dos disquetes duplos na barra de ferramentas, conforme vimos nas **figuras 33** e **34**. Vamos executar nosso aplicativo, para isto vamos até o menu **Executar**, observe que tem todos os principais navegadores web, vamos selecionar o item **Google Chrome**, conforme vimos na **figura 39**. Vai aparecer a janela do **Chrome**, juntamente com uma caixa de diálogo com o seguinte título **Digite o 1º Número:**, e logo abaixo uma caixa de texto para digitar o primeiro número, digite um número qualquer do tipo **inteiro**, em seguida clique no botão **OK**, e vai aparecer uma caixa de diálogo com o seguinte título **Digite o 2º Número:,** logo abaixo uma caixa de texto para digitar o segundo número, digite um número qualquer do tipo **inteiro**, em seguida clique no botão **OK**, e veja o resultado no corpo da página **HTML**, conforme **figura 136**:

Figura 136

Algumas das partes mais interessantes do **ECMAScript** são suas funções, principalmente porque funções na verdade são objetos. Cada função é uma instância do tipo **Function** que possui propriedades e métodos como qualquer outro tipo de referência. Como as funções são objetos, os nomes das funções são simplesmente ponteiros para objetos de função e não estão necessariamente vinculados à função em si. As funções são tipicamente definidas usando a sintaxe de declaração de função, como vimos no exemplo anterior.

PROCEDIMENTO COM PASSAGEM DE PARÂMETROS

Torna a comunicação entre o **subalgoritmo, procedimento** ou **função** e quem o ativa mais viva, deixando muito bem definidas as informações que entram e que saem de um **subalgoritmo** e a forma como estas informações serão alteradas com a unidade que o acionou. Com este esquema selecionado são definidos os parâmetros na declaração do **subalgoritmo**, ou seja, procedimento ou função, e os argumentos na chamada do **subalgoritmo**. Neste caso, argumentos é o que passamos para o **subalgoritmo**, no momento da chamada do mesmo. Note que argumentos e parâmetros devem corresponder por tipo e posição, pois se uma destas condições falhar, ocorrerá um erro na execução do algoritmo.

PASSAGEM DE PARÂMETROS POR VALOR

Nesta modalidade, o valor do argumento no momento da chamada do procedimento é avaliado e **reproduzido** ou **copiado** para o parâmetro correspondente do **subalgoritmo,** neste caso, o argumento vai ser apenas um valor de entrada para o parâmetro correspondente. Assim sendo, toda e qualquer alteração feita dentro do **subalgoritmo**, no parâmetro não vai causar nenhuma alteração do argumento fora do **subalgoritmo**. Este fato se deve porque o que está sendo manuseado dentro do **subalgoritmo** é uma cópia do argumento. Para saber se estamos usando a passagem de parâmetros por valor, basta verificarmos se a palavra reservada **var** está ausente na declaração de parâmetros do **subalgoritmo**, e neste caso vamos utilizá-la quando não precisarmos alterar o valor do argumento, mas apenas utilizá-la.

Veja como o **Procedimento com Passagem de Parâmetros por Valor** é implementado no **VisuAlg**, vamos criar um aplicativo para o departamento de Matemática da Universidade Saber é Bom – USB, onde teremos um procedimento chamado **soma**, que vai calcular a soma entre os dois valores digitados pelo usuário, em seguida o programa principal vai imprimir o resultado. Vamos retornar para o nosso algoritmo **algoritmo_022** no **VisuAlg**, se o mesmo estiver aberto, basta posicionar o botão do mouse sobre o ícone do **VisuAlg** na barra de tarefas do **Windows 10**, vai aparecer uma miniatura do algoritmo, conforme vimos na **figura 56**. Clique sobre esta miniatura e vamos retornar à tela principal do mesmo. Caso o **VisuAlg** esteja fechado, para abri-lo novamente, basta clicar sobre o ícone do **VisuAlg** na barra de tarefas do **Windows 10**, conforme vimos na **figura 156** no **Anexo I**, vai abrir a tela principal do mesmo, clique com o botão do mouse sobre o menu **Arquivo**, em seguida selecione o item **Novo**, ou pressione, ao mesmo tempo, as teclas de atalho **Ctrl+N**, conforme vimos na **figura 57**.

Antes de começarmos a digitar algo, vamos salvar nosso algoritmo, para isto, clique com o botão do mouse sobre o menu **Arquivo**, em seguida selecione o item **Salvar**, ou pressione, ao mesmo tempo, as teclas de atalho **Ctrl+S**, conforme vimos na **figura 4**. Ou clique no ícone do disquete no menu de ferramentas, conforme vimos na **figura 5**. Independentemente da forma escolhida para salvar o algoritmo vai abrir a janela **Salvar como**, no item **Salvar em:**, selecione **Disco local (C:)**, se você renomeou o seu **Disco local (C:)**, clique no nome do disco que você escolheu — no meu caso eu chamei de **Win10 (C:)** —, em seguida selecione a pasta **projetos_livro**, e clique no botão **Abrir** ou clique duas vezes com o botão do mouse sobre a pasta, em seguida selecione a pasta **algoritmos**, e clique no botão **Abrir** ou clique duas vezes com o botão do mouse sobre a pasta. No item **Nome:**, digite **algoritmo_023**, conforme vimos na **figura 6**. Clique no botão **Salvar**. Para saber se o algoritmo foi salvo no caminho que especificamos, basta verificar no topo da janela do **VisuAlg**, que mostra o caminho onde salvamos nosso algoritmo, conforme vimos na **figura 7**. Não esqueça de configurar a numeração de linhas, pois é muito importante, principalmente na indicação de erros. Para isto, clique no menu **Exibir**, e selecione o item **Número de linhas**, conforme vimos na **figura 8**. Ou clique no ícone **Numerar linhas** no menu de ferramentas, conforme vimos na **figura 9**. Agora posicione o cursor no início da **linha 1**, em seguida pressione, ao mesmo tempo, as teclas **Ctrl+T**, veja como ficou, conforme vimos na **figura 12**. Pressione a tecla **Delete** do teclado, e observe que o cursor do mouse vai ficar piscando na **linha 1**, neste local digite o código abaixo:

```
algoritmo "Procedimento"
// Função : Usar Procedimentos com parâmetros e passagem por valor
// Autor : Prof. Msc Rafael Soares
// Data : 13/07/2019
var
numero1, numero2, resultado : inteiro

//Após a declaração das variáveis globais, define-se o procedimento
```

```
procedimento soma(number1, number2 : inteiro)
inicio
// resultado é uma variável global
number1 <- number1 + 1
number2 <- number2 + 1
resultado <- number1 + number2
fimprocedimento

inicio
// Seção de Comandos
escreval("Digite o 1º Número: ")
leia(numero1)
escreval("Digite o 2º Número: ")
leia(numero2)
soma(numero1, numero2)
escreva("O Resultado da Some é:", resultado)
fimalgoritmo
```

Salve o algoritmo, conforme vimos nas **figuras 4** e **5**. Não se esqueça de fazer a indentação do código, conforme vimos nas **figuras 97** e **98**, ou pressione ao mesmo tempo as teclas **Ctrl+G**. É muito importante fazer a indentação do código, pois desta forma, deixaremos o nosso código mais legível. Vamos pedir para o usuário entrar com os dados, para isto, vamos alterar a exibição da janela de entrada e saída do **VisuAlg**, clique no ícone **Executar o algoritmo como DOS** no menu de ferramentas, conforme vimos na **figura 77**. Vamos executar o algoritmo, para isto vamos até o menu **Algoritmo**, e vamos selecionar o item **Executar**, ou pressionar a tecla **F9**, conforme vimos na **figura 14**. Ou clique no ícone **Executar** no menu de ferramentas, conforme vimos na **figura 15**. Vejam que vai aparecer uma janela com o cursor do mouse piscando dentro de uma caixa de texto, para digitar o primeiro número, conforme vimos na **figura 109**. Digite um valor qualquer do tipo **inteiro**, em seguida clique no botão **OK**, vejam que vai aparecer uma janela com o cursor do mouse piscando dentro de uma caixa de texto, para digitar o segundo numero, digite um valor qualque do tipo **inteiro**, em seguida clique no botão **OK**, e vejam que ao finalizar a soma vai ser exibida na janela de visualização de resultados, conforme **figura 137**:

Figura 137

Observem que na **linha 10**, logo após a declaração do procedimento, não há menção à palavra reservada **var**, neste caso estamos usando a passagem de parâmetros por valor, e as variáveis **number1** e **number2** são **locais**. Na **linha 23**, fazemos a chamada ao procedimento **soma** e vamos receber as variáveis **numero1** e **numero2**, em seguida será feito um **backup**, uma cópia, na qual a variável **numero1,** que é o **argumento**, vai ser copiado para a variável **number1,** que é o **parâmetro;** e **numero2,** que é o **argumento**, vai ser copiado para **number2,** que é o **parâmetro**. Vejam que os argumentos e parâmetros do procedimento só vão existir na memória do computador, quando o procedimento for chamado e, ao encerrar o procedimento todas as variáveis e parâmetros são apagados, deixam de existir.

Vejam como o **Procedimento Com Passagem de Parâmetros por Valor**, é implementado no **JavaScript**, usando o exemplo anterior, vamos retornar para o nosso aplicativo, **aplicativo_022** no **Notepad++**, se o mesmo estiver aberto, basta posicionar o botão do mouse sobre o ícone do **Notepad++** na barra de tarefas do **Windows 10**, vai aparecer uma miniatura do aplicativo, conforme vimos na **figura 61**. Clique sobre esta miniatura e vamos retornar a tela principal do mesmo. Caso o **Notepad++** esteja fechado, para abri-lo novamente, basta clicar sobre o ícone do **Notepad++** na barra de tarefas do **Windows 10**, conforme vimos na **figura 61**, vai abrir a tela principal do mesmo, antes de começarmos a digitar algo, vamos fechar os arquivos **aplicativo_022** e **index.html**, para isto clique no ícone do quadradinho vermelho com um **X** dentro, conforme vimos na **figura 24**. Vamos salvar nosso aplicativo, para isto, clique com o botão do mouse sobre o menu **Arquivo**, em seguida selecione o item **Salvar como...**, ou pressione ao mesmo tempo as teclas de atalho **Ctrl+Alt+S**, conforme vimos na **figura 25**. Vai abrir a janela **Salvar como**, no item **Salvar em:**, clique na setinha para baixo da caixa de seleção **combobox** e selecione **Disco local (C:)**, se você renomeou o seu **Disco local (C:)**, clique no nome do disco que você escolheu — no meu caso eu chamei de **Win10 (C:) —**, em seguida clique duas vezes com o botão do mouse sobre a pasta **projetos_**

livro, clique duas vezes com o botão do mouse sobre a pasta **javascript**, e clique no ícone **Criar Nova Pasta**, conforme vimos na **figura 26**. No nome da pasta, digite **aplicativo_023**, pressione a tecla **Enter** duas vezes, conforme vimos na **figura 27**. Repita o procedimento acima e crie outra pasta, clique no ícone **Criar Nova Pasta**, conforme vimos na **figura 26**, no nome da pasta, digite **scripts**, pressione a tecla **Enter** duas vezes. No item **Nome:**, digite **aplicativo_023**, no item **Tipo:**, selecione **JavaScriptFile**, conforme vimos na **figura 28**. Clique no botão **Salvar**. Para saber se o algoritmo foi salvo no caminho que especificamos, basta verificar no topo da janela do **Notepad++**, que mostra o caminho onde salvamos nosso aplicativo, conforme vimos na **figura 29**. Clique no botão **Salvar & Fechar**. Vejam que o cursor do mouse está posicionado na **linha 1**, neste local digite o código abaixo:

```
// Função : Usar Procedimentos com parâmetros e passagem por valor
// Autor : Prof. Msc Rafael Soares
// Data : 13/07/2019
// Seção de Declarações
var numero1, numero2, resultado;

function soma(number1, number2)
{
	number1 = number1 + 1;
	number2 = number2 + 1;
	resultado = number1 + number2;

	return (resultado);
}
```

Salve o aplicativo, para isto, clique com o botão do mouse sobre o menu **Arquivo**, em seguida selecione o item **Salvar**, ou pressione ao mesmo tempo as teclas de atalho **Ctrl+S**, ou selecione o item **Salvar todos**, ou pressione ao mesmo tempo as teclas de atalho **Ctrl+Shift+S**, ou clique no ícone dos disquetes duplos na barra de ferramentas, conforme vimos nas **figuras 33** e **34**. Vamos criar um arquivo do tipo **HTML**, chamado **index.html**, para isto clique com o botão do mouse sobre o menu **Arquivo**, em seguida selecione o item **Novo**, ou pressione ao mesmo tempo as teclas de atalho **Ctrl+N**, conforme vimos na **figura 35**. Em seguida, clique com o botão do mouse sobre o menu **Arquivo**, e selecione o item **Salvar como...**, ou pressione ao mesmo tempo as teclas de atalho **Ctrl+Alt+S**, conforme vimos na **figura 25**. Vai abrir a janela **Salvar como**, no item **Salvar em:**, clique na setinha para baixo da caixa de seleção **combobox** e selecione **Disco local (C:)**, se você renomeou o seu **Disco local (C:)**, clique no nome do disco que você escolheu — no meu caso eu chamei de **Win10 (C:) —**, em seguida clique duas vezes com o botão do mouse sobre a pasta **projetos_livro**, clique duas vezes com o botão do mouse sobre a pasta **javascript**, em seguida clique duas vezes com o botão do mouse sobre a pasta **aplicativo_023**, no item **Nome:**, digite **index**, no item **Tipo:**, selecione **Hyper Text Markup Language**, conforme vimos na **figura 36**. Clique no botão **Salvar**. Para saber se o algoritmo foi salvo no caminho que especificamos, basta verificar no topo da janela do **Notepad++**, que mostra o caminho onde salvamos nosso arquivo **HTML**, conforme vimos na **figura 29**. Vejam que o cursor do mouse está posicionado na **linha 1**, neste local digite o código abaixo:

```
<!DOCTYPE html>

<html lang="pt-BR">
<head>
  <meta charset="utf-8" />
  <title>Aprendendo Algoritmos com JavaScript</title>
</head>
<body>
      <script src="scripts/aplicativo_023.js"></script>
      <script>
                  numero1 = parseInt(prompt("Digite o 1º Número:"));
                  numero2 = parseInt(prompt("Digite o 2º Número:"));

                  document.write("Resultado da soma é: " + soma(numero1,
numero2));
      </script>
</body>
</html>
```

Observem que a medida que vamos digitando, o código vai aparecer automaticamente, em uma caixa de seleção, basta selecionar o mesmo para completar, conforme vimos na **figura 37**. Salve o aplicativo, para isto, clique com o botão do mouse sobre o menu **Arquivo**, em seguida selecione o item **Salvar**, ou pressione ao mesmo tempo as teclas de atalho **Ctrl+S**, ou selecione o item **Salvar todos**, ou pressione ao mesmo tempo as teclas de atalho **Ctrl+Shift+S**, ou clique no ícone dos disquetes duplos na barra de ferramentas, conforme vimos nas **figuras 33** e **34**. Vamos executar nosso aplicativo, para isto vamos até o menu **Executar**, observem que tem todos os principais navegadores web, vamos selecionar o item **Google Chrome**, conforme vimos na **figura 39**. Vai aparecer a janela do **Chrome**, juntamente com uma caixa de diálogo com o seguinte título **Digite o 1º Número:**, e logo abaixo uma caixa de texto para digitar o primeiro número, digite um número qualquer do tipo **inteiro**, em seguida clique no botão **OK**, e vai aparecer uma caixa de diálogo com o seguinte título **Digite o 2º Número:,** logo abaixo uma caixa de texto para digitar o segundo número, digite um número qualquer do tipo **inteiro**, em seguida clique no botão **OK**, e vejam o resultado no corpo da página **HTML**, conforme **figura 138**:

Figura 138

PASSAGEM DE PARÂMETROS POR REFERÊNCIA

Conhecida também como **chamada por endereço** é utilizada para alterar o valor do **argumento** passado por quem aciona o **subalgoritmo** em vez de copiá-lo. Isto quer dizer que nesta técnica, toda alteração feita no **parâmetro** vai modificar o **argumento** associado a este parâmetro; neste caso dizemos que o parâmetro é de entrada e saída. Desta forma o que é fornecido ao **parâmetro** do **subalgoritmo** não é uma cópia do valor do argumento, mas o seu endereço de memória, ou seja, a localização na memória central. Assim sendo, **parâmetro** e **argumento** vão compartilhar o mesmo espaço de memória de tal modo que quando uma alteração for feita no **parâmetro** vai ser refletida no **argumento**. Para saber se estamos usando a **passagem de parâmetros por referência**, basta verificarmos se a palavra reservada **var** está presente na declaração de parâmetros do **subalgoritmo**.

Vejam como o **Procedimento Com Passagem de Parâmetros por Referência**, é implementado no **VisuAlg**, vamos criar um aplicativo para o departamento de Matemática da Universidade Saber é Bom – USB, onde teremos um procedimento chamado **soma**, que vai calcular a soma entre os dois valores digitados pelo usuário, em seguida o programa principal vai imprimir o resultado. Vamos retornar para o nosso algoritmo **algoritmo_023** no **VisuAlg**, se o mesmo estiver aberto, basta posicionar o botão do mouse sobre o ícone do **VisuAlg** na barra de tarefas do **Windows 10**, vai aparecer uma miniatura do algoritmo, conforme vimos na **figura 56**. Clique sobre esta miniatura e vamos retornar a tela principal do mesmo. Caso o **VisuAlg** esteja fechado, para abri-lo novamente, basta clicar sobre o ícone do **VisuAlg** na barra de tarefas do **Windows 10**, conforme vimos na **figura 156** no **Anexo I**, vai abrir a tela principal do mesmo, clique com o botão do mouse sobre o menu **Arquivo**, em seguida selecione o item **Novo**, ou pressione ao mesmo tempo as teclas de atalho **Ctrl+N**, conforme vimos na **figura 57**.

Antes de começarmos a digitar algo, vamos salvar nosso algoritmo, para isto, clique com o botão do mouse sobre o menu **Arquivo**, em seguida selecione o item **Salvar**, ou pressione ao mesmo tempo as teclas de atalho **Ctrl+S**, conforme vimos na **figura 4**. Ou clique no ícone do disquete no menu de ferramentas, conforme vimos na **figura 5**. Independentemente da forma escolhida para salvar o algoritmo vai abrir a janela **Salvar como**, no item **Salvar em:**, selecione **Disco local (C:)**, se você renomeou o seu **Disco local (C:)**, clique no nome do disco que você escolheu — no meu caso eu chamei de **Win10 (C:)** —, em seguida selecione a pasta **projetos_livro**, e clique no botão **Abrir** ou clique duas vezes com o botão do mouse sobre a pasta, em seguida selecione a pasta **algoritmos**, e clique no botão **Abrir** ou clique duas vezes com o botão do mouse sobre a pasta. No item **Nome:**, digite **algoritmo_024**, conforme vimos na **figura 6**. Clique no botão **Salvar**. Para saber se o algoritmo foi salvo no caminho que especificamos, basta verificar no topo da janela do **VisuAlg**, que mostra o caminho onde salvamos nosso algoritmo, conforme vimos na **figura 7**. Não se esqueça de configurar a numeração de linhas, pois é muito importante, principalmente na indicação de erros. Para isto, clique no menu **Exibir**, e selecione o item **Número de linhas**, conforme vimos na **figura 8**. Ou clique no ícone **Numerar linhas** no menu de ferramentas, conforme vimos na **figura 9**. Agora posicione o cursor no início da **linha 1**, em seguida pressione ao mesmo tempo as teclas **Ctrl+T**, veja como ficou, conforme vimos na **figura 12**. Pressione a tecla **Delete** do teclado, e observe que o cursor do mouse vai ficar piscando na **linha 1**, neste local digite o código abaixo:

algoritmo "Procedimento"

// Função : Usar Procedimentos com parâmetros e passagem por referência

```
// Autor : Prof. Msc Rafael Soares
// Data : 13/07/2019
var
numero1, numero2, resultado : inteiro

//Após a declaração das variáveis globais, define-se o procedimento
procedimento soma(var number1, number2, result : inteiro)
inicio
// resultado é uma variável global
result <- number1 + number2
escreval("O Valor da variável number1 é: ", number1)
escreval("O Valor da variável number2 é: ", number2)
fimprocedimento
inicio
// Seção de Comandos
escreval("Digite o 1º Número: ")
leia(numero1)
escreval("Digite o 2º Número: ")
leia(numero2)
soma(numero1, numero2, resultado)
escreval("O Valor da variável numero1 é: ", numero1)
escreval("O Valor da variável numero2 é: ", numero2)
escreval("O Resultado da Soma é: ", resultado)
fimalgoritmo
```

Salve o algoritmo, conforme vimos nas **figuras 4** ou **5**. Não se esqueça de fazer a indentação do código, conforme vimos nas **figuras 97** e **98**, ou pressione, ao mesmo tempo, as teclas **Ctrl+G**. É muito importante fazer a indentação do código, pois desta forma, deixaremos o nosso código mais legível. Vamos pedir para o usuário entrar com os dados, para isto, vamos alterar a exibição da janela de entrada e saída do **VisuAlg**, clique no ícone **Executar o algoritmo como DOS** no menu de ferramentas, conforme vimos na **figura 77**. Vamos executar o algoritmo, para isto vamos até o menu **Algoritmo**, e vamos selecionar o item **Executar**, ou pressionar a tecla **F9**, conforme vimos na **figura 14**. Ou clique no ícone **Executar** no menu de ferramentas, conforme vimos na **figura 15**. Veja que vai aparecer uma janela com o cursor do mouse piscando dentro de uma caixa de texto, para digitar o primeiro número, conforme vimos na **figura 109**. Digite um valor qualquer do tipo **inteiro**, em seguida clique no botão **OK**, veja que vai aparecer uma janela com o cursor do mouse piscando dentro de uma caixa de texto, para digitar o segundo número, digite um valor qualquer do tipo **inteiro**, em seguida clique no botão **OK**, e veja que ao finalizar a soma vai ser exibida na janela de visualização de resultados, conforme **figura 139**:

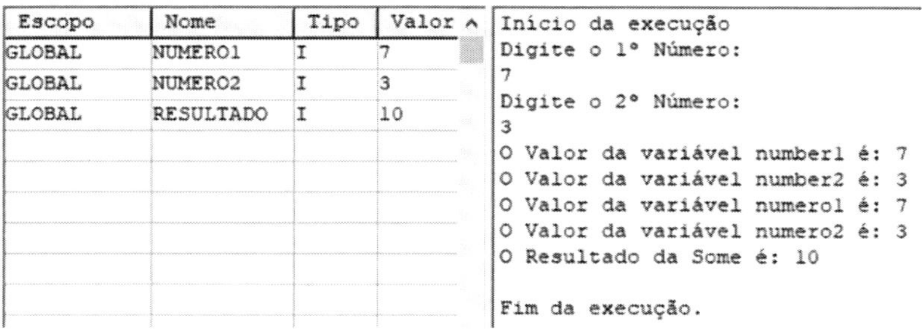

Figura 139

Observe que na **linha 10**, logo após a declaração do procedimento, não há menção à palavra reservada **var**, neste caso estamos usando a passagem de parâmetros por valor, e as variáveis **number1** e **number2** são **locais**. Na **linha 23**, fazemos a chamada ao procedimento **soma** e vamos receber as variáveis **numero1** e **numero2**, em seguida será feito um **backup**, uma cópia, na qual a variável **numero1,** que é o **argumento**, vai ser copiado para a variável **number1,** que é o **parâmetro;** e **numero2,** que é o **argumento**, vai ser copiado para **number2,** que é o **parâmetro**. Veja que os argumentos e parâmetros do procedimento só vão existir na memória do computador, quando o procedimento for chamado e, ao encerrar o procedimento todas as variáveis e parâmetros são apagados, deixam de existir. Observe que nas **linhas 13** e **14** do procedimento e nas **linhas 23** e **24** do algoritmo principal estão mostrando o conteúdo das varáveis que são os mesmos, ou seja, estão ocupando o mesmo espaço de memória, por este motivo os valores são idênticos.

Veja como o **Procedimento com Passagem de Parâmetros por Referência** é implementado no **JavaScript**, usando o exemplo anterior, vamos retornar para o nosso aplicativo, **aplicativo_023** no **Notepad++**, se o mesmo estiver aberto, basta posicionar o botão do mouse sobre o ícone do **Notepad++** na barra de tarefas do **Windows 10**, vai aparecer uma miniatura do aplicativo, conforme vimos na **figura 61**. Clique sobre esta miniatura e vamos retornar à tela principal do mesmo. Caso o **Notepad++** esteja fechado, para abri-lo novamente, basta clicar sobre o ícone do **Notepad++** na barra de tarefas do

Windows 10, conforme vimos na **figura 61**, vai abrir a tela principal do mesmo, antes de começarmos a digitar algo, vamos fechar os arquivos **aplicativo_023** e **index.html**, para isto clique no ícone do quadradinho vermelho com um **X** dentro, conforme vimos na **figura 24**. Vamos salvar nosso aplicativo, para isto, clique com o botão do mouse sobre o menu **Arquivo**, em seguida selecione o item **Salvar como...**, ou pressione, ao mesmo tempo, as teclas de atalho **Ctrl+Alt+S**, conforme vimos na **figura 25**. Vai abrir a janela **Salvar como**, no item **Salvar em:**, clique na setinha para baixo da caixa de seleção **combobox** e selecione **Disco local (C:)**, se você renomeou o seu **Disco local (C:)**, clique no nome do disco que você escolheu — no meu caso eu chamei de **Win10 (C:)** —, em seguida clique duas vezes com o botão do mouse sobre a pasta **projetos_livro**, clique duas vezes com o botão do mouse sobre a pasta **javascript**, e clique no ícone **Criar Nova Pasta**, conforme vimos na **figura 26**. No nome da pasta, digite **aplicativo_024**, pressione a tecla **Enter** duas vezes, conforme vimos na **figura 27**. Repita o procedimento acima e crie outra pasta, clique no ícone **Criar Nova Pasta**, conforme vimos na **figura 26**, no nome da pasta, digite **scripts**, pressione a tecla **Enter** duas vezes. No item **Nome:**, digite **aplicativo_024**, no item **Tipo:**, selecione **JavaScriptFile**, conforme vimos na **figura 28**. Clique no botão **Salvar**. Para saber se o algoritmo foi salvo no caminho que especificamos, basta verificar no topo da janela do **Notepad++**, que mostra o caminho onde salvamos nosso aplicativo, conforme vimos na **figura 29**. Clique no botão **Salvar & Fechar**. Veja que o cursor do mouse está posicionado na **linha 1**, neste local digite o código abaixo:

```
// Função : Usar Procedimentos com parâmetros e passagem por valor
// Autor : Prof. Msc Rafael Soares
// Data : 13/07/2019
var numero1, numero2, resultado;
function soma(number1, number2, result)
{
	result = (number1 + number2);
	alert("O Valor da variável number1 é: " + number1);
	alert("O Valor da variável number2 é: " + number2);

	return (result);
}
```

Salve o aplicativo, para isto, clique com o botão do mouse sobre o menu **Arquivo**, em seguida selecione o item **Salvar**, ou pressione, ao mesmo tempo, as teclas de atalho **Ctrl+S**, ou selecione o item **Salvar todos**, ou pressione, ao mesmo tempo, as teclas de atalho **Ctrl+Shift+S**, ou clique no ícone dos disquetes duplos na barra de ferramentas, conforme vimos nas **figuras 33** e **34**. Vamos criar um arquivo do tipo **HTML**, chamado **index.html**, para isto clique com o botão do mouse sobre o menu **Arquivo**, em seguida selecione o item **Novo**, ou pressione, ao mesmo tempo, as teclas de atalho **Ctrl+N**, conforme vimos na **figura 35**. Em seguida, clique com o botão do mouse sobre o menu **Arquivo**, e selecione o item **Salvar como...**, ou pressione, ao mesmo tempo, as teclas de atalho **Ctrl+Alt+S**, conforme vimos na **figura 25**. Vai abrir a janela **Salvar como**, no item **Salvar em:**, clique na setinha para baixo da caixa de seleção **combobox** e selecione **Disco local (C:)**, se você renomeou o seu **Disco local (C:)**, clique no nome do disco que você escolheu — no meu caso eu chamei de **Win10 (C:)** —, em seguida clique duas vezes com o botão do mouse sobre a pasta **projetos_livro**, clique duas vezes com o botão do mouse sobre a pasta **javascript**, em seguida clique duas vezes com o botão do mouse sobre a pasta **aplicativo_024**, no item **Nome:**, digite **index**, no item **Tipo:**, selecione **Hyper Text Markup Language**, conforme vimos na **figura 36**. Clique no botão **Salvar**. Para saber se o algoritmo foi salvo no caminho que especificamos, basta verificar no topo da janela do **Notepad++**, que mostra o caminho onde salvamos nosso arquivo **HTML**, conforme vimos na **figura 29**. Veja que o cursor do mouse está posicionado na **linha 1**, neste local digite o código abaixo:

```
<!DOCTYPE html>

<html lang="pt-BR">
<head>
  <meta charset="utf-8" />
  <title>Aprendendo Algoritmos com JavaScript</title>
</head>
<body>
      <script src="scripts/aplicativo_024.js"></script>
      <script>
            numero1 = parseInt(prompt("Digite o 1º Número:"));
            numero2 = parseInt(prompt("Digite o 2º Número:"));

            document.write("O Valor da variável numero1 é: " +
numero1);
            document.write("<br>");
```

```
                    document.write("O Valor da variável numero2 é: " +
numero2);
                    document.write("<br>");
                    document.write("Resultado da soma é: " +
soma(numero1, numero2, resultado));
          </script>
     </body>
     </html>
```

Observe que à medida que vamos digitando, o código vai aparecer automaticamente, em uma caixa de seleção, basta selecionar o mesmo para completar, conforme vimos na **figura 37**. Salve o aplicativo, para isto, clique com o botão do mouse sobre o menu **Arquivo**, em seguida selecione o item **Salvar**, ou pressione, ao mesmo tempo, as teclas de atalho **Ctrl+S**, ou selecione o item **Salvar todos**, ou pressione, ao mesmo tempo, as teclas de atalho **Ctrl+Shift+S**, ou clique no ícone dos disquetes duplos na barra de ferramentas, conforme vimos nas **figuras 33** e **34**. Vamos executar nosso aplicativo, para isto vamos até o menu **Executar**, observe que tem todos os principais navegadores web, vamos selecionar o item **Google Chrome**, conforme vimos na **figura 39**. Vai aparecer a janela do **Chrome**, juntamente com uma caixa de diálogo com o seguinte título **Digite o 1º Número:**, e logo abaixo uma caixa de texto para digitar o primeiro número, digite um número qualquer do tipo **inteiro**, em seguida clique no botão **OK**, e vai aparecer uma caixa de diálogo com o seguinte título **Digite o 2º Número:,** logo abaixo uma caixa de texto para digitar o segundo número, digite um número qualquer do tipo **inteiro**, em seguida clique no botão **OK**, vai aparecer uma caixa de alerta com o valor da variável **number1**, em seguida clique no botão **OK**, vai aparecer uma caixa de alerta com o valor da variável **number2**, em seguida clique no botão **OK** e veja o resultado no corpo da página **HTML**, conforme **figura 140**:

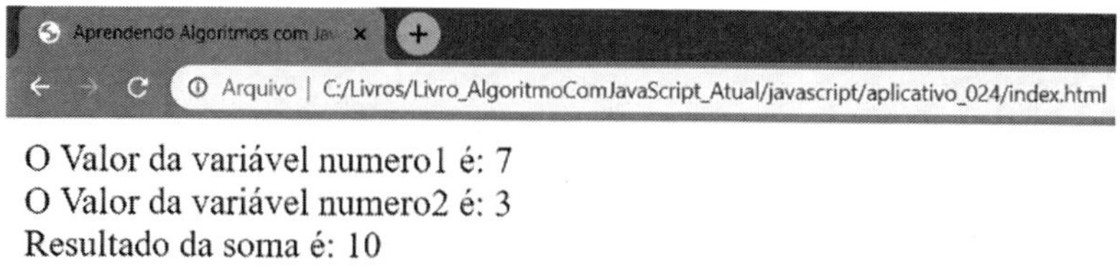

Figura 140

FUNÇÕES

O conceito de funções vem de função matemática, onde um valor é calculado a partir de outro(s) valor(es) fornecido(s) à função. Na linguagem do **VisuAlg** chamamos função de **subalgoritmo** que, além de executar uma determinada tarefa, retorna, explicitamente, um valor para quem a chamou, neste caso o algoritmo principal ou a outro **subalgoritmo** que a tenha chamado, retornando o resultado de sua execução, que neste caso é o valor que vai ser retornado através da instrução **retorne**. Semelhante aos procedimentos, sua declaração deve estar entre o final da declaração de variáveis e a linha **inicio** do algoritmo principal. Veja abaixo a sua sintaxe:

Função	
Representação no VisuAlg	**Representação no JavaScript**

//Declaração da Função
//cabeçalho, com o nome, os parâmetros e o tipo de retorno
funcao <nome-da-função> [(<sequência-de-declarações-deparâmetros>)]: <tipo-de-dado>
//declaração das variáveis da função, variáveis locais
var <declaração das variáveis locais da função>
//inicio da execução da função
Inicio
<instruções>
//valor a ser retornado no algoritmo, ao chamar a função
retorne <valor de retorno>
fimfuncao
	function <nome-da-função> (parametro1, parametro2, XXX)
	{
	
	return <valor de retorno>;
	
	}

Onde:

- **<nome-de-função>:** obedece as mesmas regras de nomenclatura das variáveis.
- **[(<sequência-de-declarações-de-parâmetros>)]:** assim como nos procedimentos, uma função pode não receber nenhum parâmetro ou pode ter um ou mais parâmetros, por valor ou referência, e a sua sintaxe deve ser como mostrado abaixo:
    - var sequência-de-parâmetros : tipo-de-dado

  - Se a declaração for de um mesmo tipo de dado vai ser separada por vírgula, caso contrário, se for de tipos de dados diferentes vai ser separada por ponto-e-vírgula. Conforme vimos nos parâmetros nas funções a palavra-chave **var** é opcional. Se estiver presente, indica que a passagem de parâmetros é feita por referência, caso contrário, a passagem de parâmetros será feita por valor;

- **Tipo de Retorno:** a função vai retornar explicitamente um valor para quem a chamou. Sendo que o tipo de retorno vai especificar exatamente o que o próprio nome indica, ou seja, que tipo de dados a função vai retornar.
- **[var declaração de variáveis locais]:** da mesma forma que no algoritmo principal, esta seção de declaração de variáveis locais começa com a palavra-chave **var**, em seguida, vem a seguinte sintaxe: **<lista-de-variáveis> : <tipo-de-dado>**. Neste caso as variáveis locais só são vistas e só podem ser usadas dentro da função;
- **<instruções>:** aqui, podemos ter qualquer instrução, exatamente como vimos nos procedimentos estudados no tópico anterior.
- **Retorne (return) <valor de retorno>:** esta instrução é um comando simples que vai ser usado apenas nas funções, desta forma tem como finalidade a interrupção da execução da função, e em seguida enviar um valor para o algoritmo principal ou para outro subalgoritmo ou função, que a tenha chamado. Neste caso, a variável ou expressão que vai ser retornado, tem que ser do mesmo tipo que foi nomeado quando declaramos a função. Sendo assim, se declaramos que a função vai retornar um valor inteiro, a variável ou expressão de retorno obrigatoriamente tem de ser um valor do tipo inteiro. Devemos lembrar que toda função deve ter em sua declaração de instruções pelo menos uma instrução retorne.

CHAMANDO UMA FUNÇÃO

Quando fazemos uma chamada de uma função, quer seja por parte do algoritmo principal ou por outro **subalgoritmo**, ela é feita simplesmente pelo aparecimento de seu nome, com os seus parâmetros obrigatoriamente entre parênteses na mesma ordem, do mesmo tipo e em igual quantidade aos parâmetros da função dentro de uma expressão ou atribuição. As funções podem ser dos seguintes tipos:

- Sem Parâmetros
- Com Parâmetros
    - passagem por valor
    - passagem por referência

FUNÇÃO SEM PARÂMETROS

Veja como a **Função Sem Parâmetros** é implementada no **VisuAlg**, vamos criar um aplicativo para o departamento de Matemática da Universidade Saber é Bom – USB, onde teremos um procedimento chamado **soma**, que vai calcular a soma entre os dois valores digitados pelo usuário, em seguida o programa principal vai imprimir o resultado. Vamos retornar para o nosso algoritmo **algoritmo_024** no **VisuAlg**, se o mesmo estiver aberto, basta posicionar o botão do mouse sobre o ícone do **VisuAlg** na barra de tarefas do **Windows 10**, vai aparecer uma miniatura do algoritmo, conforme vimos na **figura 56**. Clique sobre esta miniatura e vamos retornar à tela principal do mesmo. Caso o **VisuAlg** esteja fechado, para abri-lo novamente, basta clicar sobre o ícone do **VisuAlg** na barra de tarefas do **Windows 10**, conforme vimos na **figura 156** no **Anexo I**, vai abrir a tela principal do mesmo, clique com o botão do mouse sobre o menu **Arquivo**, em seguida selecione o item **Novo**, ou pressione, ao mesmo tempo, as teclas de atalho **Ctrl+N**, conforme vimos na **figura 57**.

Antes de começarmos a digitar algo, vamos salvar nosso algoritmo, para isto, clique com o botão do mouse sobre o menu **Arquivo**, em seguida selecione o item **Salvar**, ou pressione, ao mesmo tempo, as teclas de atalho **Ctrl+S**, conforme vimos na **figura 4**. Ou clique no ícone do disquete no menu de ferramentas, conforme vimos na **figura 5**. Independentemente da forma escolhida para salvar o algoritmo vai abrir a janela **Salvar como**, no item **Salvar em:**, selecione **Disco local (C:)**, se você renomeou o seu **Disco local (C:)**, clique no nome do disco que você escolheu — no meu caso eu chamei de **Win10 (C:)** —, em seguida selecione a pasta **projetos_livro**, e clique no botão **Abrir** ou clique duas vezes com o botão do mouse sobre a pasta, em seguida selecione a pasta **algoritmos**, e clique no botão **Abrir** ou clique duas vezes com o botão do mouse sobre a pasta. No item **Nome:**, digite **algoritmo_025**, conforme vimos na **figura 6**. Clique no botão **Salvar**. Para saber se o algoritmo foi salvo no caminho que especificamos, basta verificar no topo da janela do **VisuAlg**, que mostra o caminho onde salvamos nosso algoritmo, conforme vimos na **figura 7**. Não se esqueça de configurar a numeração de linhas, pois é muito importante, principalmente na indicação de erros. Para isto, clique no menu

Exibir, e selecione o item **Número de linhas**, conforme vimos na **figura 8**. Ou clique no ícone **Numerar linhas** no menu de ferramentas, conforme vimos na **figura 9**. Agora posicione o cursor no início da **linha 1**, em seguida pressione, ao mesmo tempo, as teclas **Ctrl+T**, veja como ficou, conforme vimos na **figura 12**. Pressione a tecla **Delete** do teclado, e observe que o cursor do mouse vai ficar piscando na **linha 1**, neste local digite o código abaixo:

```
algoritmo "Funcao"
// Função : Usar Função sem parâmetros
// Autor : Prof. Msc Rafael Soares
// Data : 15/07/2019
// Seção de Declarações
var
numero1, numero2, resultado : inteiro
//Após a declaração das variáveis globais, define-se a função
funcao soma : inteiro
var auxiliar: inteiro
inicio
// numero1, numero2 e resultado são variáveis globais
auxiliar <- numero1 + numero2
retorne auxiliar
fimfuncao
inicio
// Seção de Comandos
escreval("Digite o 1º Número: ")
leia(numero1)
escreval("Digite o 2º Número: ")
leia(numero2)
resultado <- soma
escreva("O Resultado da Soma é:", resultado)
fimalgoritmo
```

Salve o algoritmo, conforme vimos nas **figuras 4** e **5**. Não se esqueça de fazer a indentação do código, conforme vimos nas **figuras 97** e **98**, ou pressione, ao mesmo tempo, as teclas **Ctrl+G**. É muito importante fazer a indentação do código, pois desta forma, deixaremos o nosso código mais legível. Vamos pedir para o usuário entrar com os dados, para isto, vamos alterar a exibição da janela de entrada e saída do **VisuAlg**, clique no ícone **Executar o algoritmo como DOS** no menu de ferramentas, conforme vimos na

figura 77. Vamos executar o algoritmo, para isto vamos até o menu **Algoritmo**, e vamos selecionar o item **Executar**, ou pressionar a tecla **F9**, conforme vimos na **figura 14**. Ou clique no ícone **Executar** no menu de ferramentas, conforme vimos na **figura 15**. Veja que vai aparecer uma janela com o cursor do mouse piscando dentro de uma caixa de texto, para digitar o primeiro número, conforme vimos na **figura 109**. Digite um valor qualquer do tipo **inteiro**, em seguida clique no botão **OK**, veja que vai aparecer uma janela com o cursor do mouse piscando dentro de uma caixa de texto, para digitar o segundo número, digite um valor qualque do tipo **inteiro**, em seguida clique no botão **OK**, e veja que ao finalizar a soma vai ser exibida na janela de visualização de resultados, conforme **figura 141**:

Escopo	Nome	Tipo	Valor
GLOBAL	NUMERO1	I	7
GLOBAL	NUMERO2	I	3
GLOBAL	RESULTADO	I	10

```
Início da execução
Digite o 1° Número:
7
Digite o 2° Número:
3
O Resultado da Soma é: 10
Fim da execução.
```

Figura 141

Com relação às variáveis locais e globais, aqui vale o mesmo adotado nos procedimentos. No **JavaScript** não existem **procedimentos** ou **procedures**, na verdade vínhamos trabalhando com funções. Algumas das partes mais interessantes do **ECMAScript** são suas funções, principalmente porque funções na verdade são objetos. Cada função é uma instância do tipo **Function** que possui propriedades e métodos como qualquer outro tipo de referência. Como as funções são objetos, os nomes das funções são simplesmente ponteiros para objetos de função e não estão necessariamente vinculados à função em si. Portanto, um exemplo de **Função Sem Parâmetros**, implementada no **JavaScript** é o mesmo exemplo que vimos no **aplicativo_022.js**, no tópico **Procedimento sem Parâmetros**.

FUNÇÃO COM PASSAGEM DE PARÂMETROS

É a mesma definição que vimos nos procedimentos, ou seja, de tornar a comunicação entre o **subalgoritmo**, neste caso uma função, e quem o ativa mais viva, deixando muito bem definidas as informações que entram e que saem de um **subalgoritmo** e a forma como estas informações serão alteradas com a unidade que o ativou.

FUNÇÃO COM PASSAGEM DE PARÂMETROS POR VALOR

Aqui vale a mesma definição que vimos nos procedimentos, ou seja, o valor do argumento no momento da chamada da função é avaliado e **reproduzido** ou **copiado** para o parâmetro correspondente do **subalgoritmo,** neste caso, o argumento vai ser apenas um valor de entrada para o parâmetro correspondente. Veja como a **Função com Passagem de Parâmetros por Valor** é implementada no **VisuAlg**, vamos criar um aplicativo para o departamento de Matemática da Universidade Saber é Bom – USB, onde teremos um procedimento chamado **soma**, que vai calcular a soma entre os dois valores digitados pelo usuário, em seguida o programa principal vai imprimir o resultado. Vamos retornar para o nosso algoritmo **algoritmo_025** no **VisuAlg**, se o mesmo estiver aberto, basta posicionar o botão do mouse sobre o ícone do **VisuAlg** na barra de tarefas do **Windows 10**, vai aparecer uma miniatura do algoritmo, conforme vimos na **figura 56**. Clique sobre esta miniatura e vamos retornar à tela principal do mesmo. Caso o **VisuAlg** esteja fechado, para abri-lo novamente, basta clicar sobre o ícone do **VisuAlg** na barra de tarefas do **Windows 10**, conforme vimos na **figura 156** no **Anexo I**, vai abrir a tela principal do mesmo, clique com o botão do mouse sobre o menu **Arquivo**, em seguida selecione o item **Novo**, ou pressione, ao mesmo tempo, as teclas de atalho **Ctrl+N**, conforme vimos na **figura 57**.

Antes de começarmos a digitar algo, vamos salvar nosso algoritmo, para isto, clique com o botão do mouse sobre o menu **Arquivo**, em seguida selecione o item **Salvar**, ou pressione, ao mesmo tempo, as teclas de atalho **Ctrl+S**, conforme vimos na **figura 4**. Ou clique no ícone do disquete no menu de ferramentas, conforme vimos na **figura 5**. Independentemente da forma escolhida para salvar o algoritmo vai abrir a janela **Salvar como**, no item **Salvar em:**, selecione **Disco local (C:)**, se você renomeou o seu **Disco local (C:)**, clique no nome do disco que você escolheu — no meu caso eu chamei de **Win10 (C:)** —, em seguida selecione a pasta **projetos_livro**, e clique no botão **Abrir** ou clique duas vezes com o botão do mouse sobre a pasta, em seguida selecione a pasta **algoritmos**, e clique no botão **Abrir** ou clique duas vezes com o botão do mouse sobre a pasta. No item **Nome:**, digite **algoritmo_026**, conforme vimos na **figura 6**. Clique no botão **Salvar**. Para saber se o algoritmo foi salvo no caminho que especificamos, basta verificar no topo da janela do **VisuAlg**, que mostra o caminho onde salvamos nosso algoritmo, conforme vimos na **figura 7**. Não se esqueça de configurar a numeração de linhas, pois é muito importante, principalmente na indicação de erros. Para isto, clique no menu **Exibir**, e selecione o item **Número de linhas**, conforme vimos na **figura 8**. Ou clique no ícone **Numerar linhas** no menu de ferramentas, conforme vimos na **figura 9**. Agora posicione o cursor no início da **linha 1**, em seguida pressione, ao mesmo tempo, as teclas **Ctrl+T**, veja como ficou, conforme vimos na **figura 12**. Pressione a tecla **Delete** do teclado, e observe que o cursor do mouse vai ficar piscando na **linha 1**, neste local digite o código abaixo:

```
algoritmo "Funcao"
// Função : Usar Função com parâmetros e passagem por valor
// Autor : Prof. Msc Rafael Soares
// Data : 15/07/2019
// Seção de Declarações
var
numero1, numero2, resultado : inteiro

//Após a declaração das variáveis globais, define-se a função
funcao soma(number1, number2 : inteiro) : inteiro
inicio
// resultado é uma variável global
retorne number1 + number2
fimfuncao
inicio
// Seção de Comandos
escreval("Digite o 1º Número: ")
leia(numero1)
escreval("Digite o 2º Número: ")
leia(numero2)
resultado <- soma(numero1, numero2)
escreva("O Resultado da Soma é:", resultado)
fimalgoritmo
```

Salve o algoritmo, conforme vimos nas **figuras 4** e **5**. Não se esqueça de fazer a indentação do código, conforme vimos nas **figuras 97** e **98**, ou pressione, ao mesmo tempo, as teclas **Ctrl+G**. É muito importante fazer a indentação do código, pois desta forma, deixaremos o nosso código mais legível. Vamos pedir para o usuário entrar com os dados, para isto, vamos alterar a exibição da janela de entrada e saída do **VisuAlg**, clique no ícone **Executar o algoritmo como DOS** no menu de ferramentas, conforme vimos na **figura 77**. Vamos executar o algoritmo, para isto vamos até o menu **Algoritmo**, e vamos selecionar o item **Executar**, ou pressionar a tecla **F9**, conforme vimos na **figura 14**. Ou clique no ícone **Executar** no menu de ferramentas, conforme vimos na **figura 15**. Veja que vai aparecer uma janela com o cursor do mouse piscando dentro de uma caixa de texto, para digitar o primeiro número, conforme vimos na **figura 109**. Digite um valor qualquer do tipo **inteiro**, em seguida clique no botão **OK**, veja que vai aparecer uma janela com o cursor do mouse piscando dentro de uma caixa de texto, para digitar o segundo número, digite um valor qualque do tipo **inteiro**, em seguida clique no botão **OK**, e veja que ao finalizar a soma vai ser exibida na janela de visualização de resultados, conforme **figura 142**:

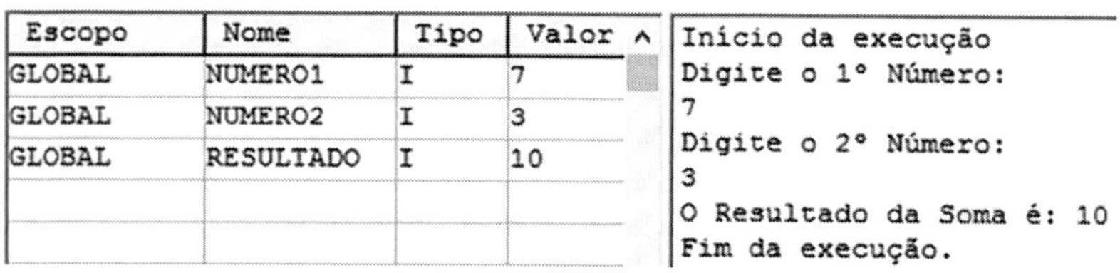

Figura 142

Veja que, após a declaração das variáveis globais do algoritmo, os números **numero1** e **numero2** a serem somados e a variável **resultado** para armazenar o **resultado**, criamos a função. O nome da função é **soma**. Os parâmetros são os números inteiros que serão armazenados nas variáveis **number1** e **number2**, as variáveis locais da função **soma**. Neste caso o tipo de retorno da função tem que ser do tipo inteiro. No algoritmo principal são recebidos dois números inteiros, que são armazenados nas variáveis **numero1** e **numero2**. Vai ser chamada uma expressão de atribuição, neste caso, a função **soma**, que vai armazenar nas variáveis locais **number1** e **number2** os valores das variáveis globais **numero1** e **numero2**, que vão ser digitados pelo usuário. Esse valor é, então, armazenado na variável resultado, por atribuição e exibido, em seguida.

Veja como a **Função com Passagem de Parâmetros por Valor** é implementada no **JavaScript**, usando o exemplo anterior, vamos retornar para o nosso aplicativo, **aplicativo_024** no **Notepad++**, se o mesmo estiver aberto, basta posicionar o botão do mouse sobre o ícone do **Notepad++** na barra de tarefas do **Windows 10**, vai aparecer uma miniatura do aplicativo, conforme vimos na **figura 61**. Clique sobre esta miniatura e vamos retornar à tela principal do mesmo. Caso o **Notepad++** esteja fechado, para abri-lo novamente, basta clicar sobre o ícone do **Notepad++** na barra de tarefas do **Windows 10**, conforme vimos na **figura 61**, vai abrir a tela principal do mesmo, antes de começarmos a digitar algo, vamos fechar os arquivos **aplicativo_024** e **index.html**, para isto clique no ícone do quadradinho vermelho com um **X** dentro, conforme vimos na **figura 24**. Vamos salvar nosso aplicativo, para isto, clique com o botão do mouse sobre o menu **Arquivo**, em seguida selecione o item **Salvar como...**, ou pressione, ao mesmo tempo, as teclas de atalho **Ctrl+Alt+S**, conforme vimos na **figura 25**. Vai abrir a janela **Salvar como**, no item **Salvar em:**, clique na setinha para baixo da caixa de seleção **combobox** e selecione **Disco local (C:)**, se você renomeou o seu **Disco local (C:)**, clique no nome do disco que você escolheu — no meu caso eu chamei de **Win10 (C:)** —, em seguida clique duas vezes com o botão do mouse sobre a pasta **projetos_livro**, clique duas vezes com o botão do mouse sobre a pasta **javascript**, e clique no ícone **Criar Nova Pasta**, conforme vimos na **figura 26**. No nome da pasta, digite **aplicativo_025**, pressione a tecla **Enter** duas vezes, conforme vimos na **figura 27**. Repita o procedimento acima e crie outra pasta, clique no ícone **Criar Nova Pasta**, conforme vimos na **figura 26**, no nome da pasta, digite **scripts**, pressione a tecla **Enter** duas vezes. No item **Nome:**, digite **aplicativo_025**, no item **Tipo:**, selecione **JavaScriptFile**, conforme vimos na **figura 28**. Clique no botão **Salvar**. Para saber se o algoritmo foi salvo no caminho que especificamos, basta verificar no topo da janela do **Notepad++**, que mostra o caminho onde salvamos nosso aplicativo, conforme vimos na **figura 29**. Clique no botão **Salvar & Fechar**. Veja que o cursor do mouse está posicionado na **linha 1**, neste local digite o código abaixo:

```
// Função : Usar Função com parâmetros e passagem por valor
// Autor : Prof. Msc Rafael Soares
// Data : 15/07/2019
// Seção de Declarações
var numero1, numero2, resultado;

function soma(number1, number2)
{
	return (number1 + number2);
}
```

Salve o aplicativo, para isto, clique com o botão do mouse sobre o menu **Arquivo**, em seguida selecione o item **Salvar**, ou pressione, ao mesmo tempo, as teclas de atalho **Ctrl+S**, ou selecione o item **Salvar todos**, ou pressione, ao mesmo tempo, as teclas de atalho **Ctrl+Shift+S**, ou clique no ícone dos disquetes duplos na barra de ferramentas, conforme vimos nas **figuras 33** e **34**. Vamos criar um arquivo do tipo **HTML**, chamado **index.html**, para isto clique com o botão do mouse sobre o menu **Arquivo**, em seguida selecione o item **Novo**, ou pressione, ao mesmo tempo, as teclas de atalho **Ctrl+N**, conforme vimos na **figura 35**. Em seguida, clique com o botão do mouse sobre o menu **Arquivo**, e selecione o item **Salvar como...**, ou pressione, ao mesmo tempo, as teclas de atalho **Ctrl+Alt+S**, conforme vimos na **figura 25**. Vai abrir a janela **Salvar como**, no item **Salvar em:**, clique na setinha para baixo da caixa de seleção **combobox** e selecione **Disco local (C:)**, se você renomeou o seu **Disco local (C:)**, clique no nome do disco que você escolheu — no meu caso eu chamei de **Win10 (C:)** —, em seguida clique duas vezes com o botão do mouse sobre a pasta **projetos_livro**, clique duas vezes com o botão do mouse sobre a pasta **javascript**, em seguida clique duas vezes com o botão do mouse sobre a pasta **aplicativo_025**, no item **Nome:**, digite **index**, no item **Tipo:**, selecione **Hyper Text Markup Language**, conforme vimos na **figura 36**. Clique no botão **Salvar**. Para saber se o algoritmo foi salvo no caminho que especificamos, basta verificar no topo da janela do **Notepad++**, que mostra o caminho onde salvamos nosso arquivo **HTML**, conforme vimos na **figura 29**. Veja que o cursor do mouse está posicionado na **linha 1**, neste local digite o código abaixo:

```
<!DOCTYPE html>

<html lang="pt-BR">
<head>
  <meta charset="utf-8" />
  <title>Aprendendo Algoritmos com JavaScript</title>
</head>
<body>
      <script src="scripts/aplicativo_025.js"></script>
      <script>
                numero1 = parseInt(prompt("Digite o 1º Número:"));
                numero2 = parseInt(prompt("Digite o 2º Número:"));
                resultado = soma(numero1, numero2);

                document.write("Resultado da soma é: " + resultado);
      </script>
</body>
</html>
```

Observem que à medida que vamos digitando, o código vai aparecer automaticamente, em uma caixa de seleção, basta selecionar o mesmo para completar, conforme vimos na **figura 37**. Salve o aplicativo, para isto, clique com o botão do mouse sobre o menu **Arquivo**, em seguida selecione o item **Salvar**, ou pressione, ao mesmo tempo, as teclas de atalho **Ctrl+S**, ou selecione o item **Salvar todos**, ou pressione, ao mesmo tempo, as teclas de atalho **Ctrl+Shift+S**, ou clique no ícone dos disquetes duplos na barra de ferramentas, conforme vimos nas **figuras 33** e **34**. Vamos executar nosso aplicativo, para isto vamos até o menu **Executar**, observe que tem todos os principais navegadores web, vamos selecionar o item **Google Chrome**, conforme vimos na **figura 39**. Vai aparecer a janela do **Chrome**, juntamente com uma caixa de diálogo com o seguinte título **Digite o 1º Número:**, e logo abaixo uma caixa de texto para digitar o primeiro número, digite um número qualquer do tipo **inteiro**, em seguida clique no botão **OK**, e vai aparecer uma caixa de diálogo com o seguinte título **Digite o 2º Número:,** logo abaixo uma caixa de texto para digitar o segundo número, digite um número qualquer do tipo **inteiro**, em seguida clique no botão **OK**, e veja o resultado no corpo da página **HTML**, conforme **figura 143**:

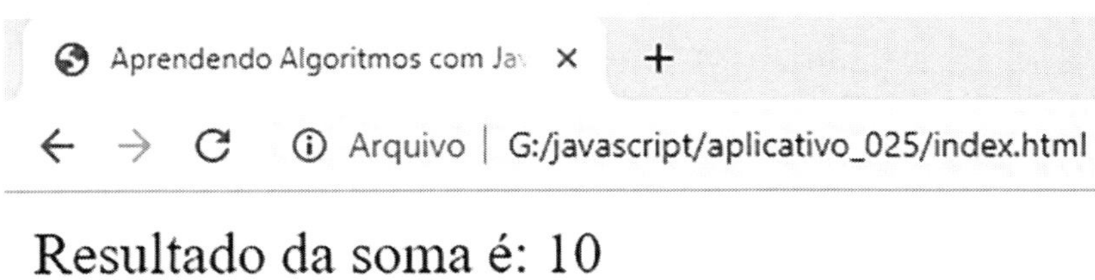

Figura 143

FUNÇÃO COM PASSAGEM DE PARÂMETROS POR REFERÊNCIA

Conhecida também como **chamada por endereço** vai ser utilizada quando quisermos alterar o valor do **argumento** passado por quem aciona o **subalgoritmo** em vez de copiá-lo. Isto quer dizer que nesta técnica, toda alteração feita no **parâmetro** vai modificar o **argumento** associado a este parâmetro, neste caso dizemos que o parâmetro é de entrada e saída. Ou seja, o que é fornecido ao **parâmetro** do **subalgoritmo** não é uma cópia do valor do argumento, mas o seu endereço de memória, ou seja, a localização na memória central. Desta forma **parâmetro** e **argumento** vão compartilhar o mesmo espaço de memória e assim quando uma alteração for feita no **parâmetro** vai ser refletida no **argumento**. Para saber se estamos usando a **passagem de parâmetros por referência**, basta verificarmos se a palavra reservada **var** está presente na declaração de parâmetros do **subalgoritmo**. Veja como a **Função com Passagem de Parâmetros por Referência** é implementada no **VisuAlg**, vamos criar um aplicativo para o departamento de Matemática da Universidade Saber é Bom – USB, onde teremos um procedimento chamado **soma**, que vai calcular a soma entre os dois valores digitados pelo usuário, em seguida o programa principal vai imprimir o resultado. Vamos retornar para o nosso algoritmo **algoritmo_026** no **VisuAlg**, se o mesmo estiver aberto, basta posicionar o botão do mouse sobre o ícone do **VisuAlg** na barra de tarefas do **Windows 10**, vai aparecer uma miniatura do algoritmo, conforme vimos na **figura 56**. Clique sobre esta miniatura e vamos retornar à tela principal do mesmo. Caso o **VisuAlg** esteja fechado, para abri-lo novamente, basta clicar sobre o ícone do **VisuAlg** na barra de tarefas do **Windows 10**, conforme vimos na **figura 156** no **Anexo I**, vai abrir a tela principal do mesmo, clique com o botão do mouse sobre o menu **Arquivo**, em seguida selecione o item **Novo**, ou pressione, ao mesmo tempo, as teclas de atalho **Ctrl+N**, conforme vimos na **figura 57**.

Antes de começarmos a digitar algo, vamos salvar nosso algoritmo, para isto, clique com o botão do mouse sobre o menu **Arquivo**, em seguida selecione o item **Salvar**, ou pressione, ao mesmo tempo, as teclas de atalho **Ctrl+S**, conforme vimos na **figura 4**. Ou clique no ícone do disquete no menu de ferramentas, conforme vimos na **figura 5**. Independentemente da forma escolhida para salvar o algoritmo vai abrir a janela **Salvar como**, no item **Salvar em:**, selecione **Disco local (C:)**, se você renomeou o seu **Disco local (C:)**, clique no nome do disco que você escolheu — no meu caso eu chamei de **Win10 (C:)** —, em seguida selecione a pasta **projetos_livro**, e clique no botão **Abrir** ou clique duas vezes com o botão do mouse sobre a pasta, em seguida selecione a pasta **algoritmos**, e clique no botão **Abrir** ou clique duas vezes com o botão do mouse sobre a pasta. No item **Nome:**, digite **algoritmo_027**, conforme vimos na **figura 6**. Clique no botão **Salvar**. Para saber se o algoritmo foi salvo no caminho que especificamos, basta verificar no topo da janela do **VisuAlg**, que mostra o caminho onde salvamos nosso algoritmo, conforme vimos na **figura 7**. Não se esqueça de configurar a numeração de linhas, pois é muito importante, principalmente na indicação de erros. Para isto, clique no menu

Exibir, e selecione o item **Número de linhas**, conforme vimos na **figura 8**. Ou clique no ícone **Numerar linhas** no menu de ferramentas, conforme vimos na **figura 9**. Agora posicione o cursor no início da **linha 1**, em seguida pressione, ao mesmo tempo, as teclas **Ctrl+T**, veja como ficou, conforme vimos na **figura 12**. Pressione a tecla **Delete** do teclado, e observe que o cursor do mouse vai ficar piscando na **linha 1**, neste local digite o código abaixo:

```
algoritmo "Funcao"
// Função : Usar Função com parâmetros e passagem por referência
// Autor : Prof. Msc Rafael Soares
// Data : 15/07/2019
// Seção de Declarações
var
numero1, numero2, resultado : inteiro

//Após a declaração das variáveis globais, define-se o procedimento
funcao soma(var number1, number2:inteiro; var result : inteiro) : inteiro
inicio
// resultado é uma variável global
number1 <- number1 + 1
number2 <- number2 + 1
result <- number1 + number2
escreval("O Valor da variável number1 é: ", number1)
escreval("O Valor da variável number2 é: ", number2)
retorne result
fimfuncao
inicio
// Seção de Comandos
escreval("Digite o 1º Número: ")
leia(numero1)
escreval("Digite o 2º Número: ")
leia(numero2)
escreval("O Valor da variável numero1 é: ", numero1)
escreval("O Valor da variável numero2 é: ", numero2)
resultado <- soma(numero1, numero2, resultado)
escreval("O Resultado da Soma é: ", resultado)
fimalgoritmo
```

Salve o algoritmo, conforme vimos nas **figuras 4** e **5**. Não se esqueça de fazer a indentação do código, conforme vimos nas **figuras 97** e **98**, ou pressione, ao mesmo tempo, as teclas **Ctrl+G**. É muito importante fazer a indentação do código, pois desta forma, deixaremos o nosso código mais legível. Vamos pedir para o usuário entrar com os dados, para isto, vamos alterar a exibição da janela de entrada e saída do **VisuAlg**, clique no ícone **Executar o algoritmo como DOS** no menu de ferramentas, conforme vimos na **figura 77**. Vamos executar o algoritmo, para isto vamos até o menu **Algoritmo**, e vamos selecionar o item **Executar**, ou pressionar a tecla **F9**, conforme vimos na **figura 14**. Ou clique no ícone **Executar** no menu de ferramentas, conforme vimos na **figura 15**. Veja que vai aparecer uma janela com o cursor do mouse piscando dentro de uma caixa de texto, para digitar o primeiro número, conforme vimos na **figura 109**. Digite um valor qualquer do tipo **inteiro**, em seguida clique no botão **OK**, veja que vai aparecer uma janela com o cursor do mouse piscando dentro de uma caixa de texto, para digitar o segundo número, digite um valor qualque do tipo **inteiro**, em seguida clique no botão **OK**, e veja que ao finalizar a soma vai ser exibida na janela de visualização de resultados, conforme **figura 144**:

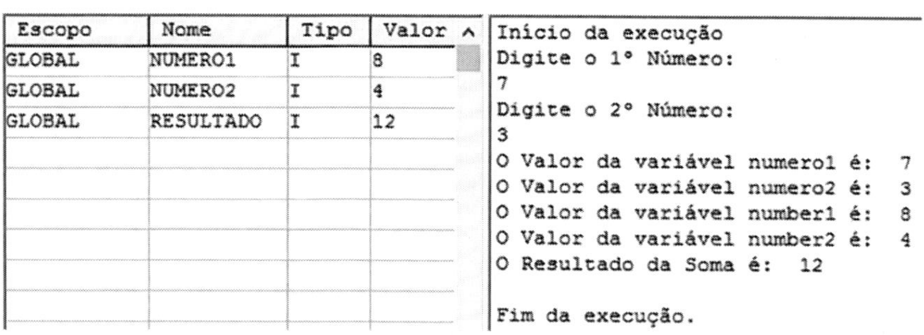

Figura 144

Veja como a **Função com Passagem de Parâmetros por Referência** é implementada no **JavaScript**, usando o exemplo anterior, vamos retornar para o nosso aplicativo, **aplicativo_025** no **Notepad++**, se o mesmo estiver aberto, basta posicionar o botão do mouse sobre o ícone do **Notepad++** na barra de tarefas do **Windows 10** vai aparecer uma miniatura do aplicativo, conforme vimos na **figura 61**. Clique sobre esta miniatura e vamos retornar à tela principal do mesmo. Caso o **Notepad++** esteja fechado, para abri-lo novamente, basta clicar sobre o ícone do **Notepad++** na barra de tarefas do

Windows 10, conforme vimos na **figura 61**, vai abrir a tela principal do mesmo, antes de começarmos a digitar algo, vamos fechar os arquivos **aplicativo_025** e **index.html**, para isto clique no ícone do quadradinho vermelho com um **X** dentro, conforme vimos na **figura 24**. Vamos salvar nosso aplicativo, para isto, clique com o botão do mouse sobre o menu **Arquivo**, em seguida selecione o item **Salvar como...**, ou pressione, ao mesmo tempo, as teclas de atalho **Ctrl+Alt+S**, conforme vimos na **figura 25**. Vai abrir a janela **Salvar como**, no item **Salvar em:**, clique na setinha para baixo da caixa de seleção **combobox** e selecione **Disco local (C:)**, se você renomeou o seu **Disco local (C:)**, clique no nome do disco que você escolheu — no meu caso eu chamei de **Win10 (C:) —**, em seguida clique duas vezes com o botão do mouse sobre a pasta **projetos_livro**, clique duas vezes com o botão do mouse sobre a pasta **javascript**, e clique no ícone **Criar Nova Pasta**, conforme vimos na **figura 26**. No nome da pasta, digite **aplicativo_026**, pressione a tecla **Enter** duas vezes, conforme vimos na **figura 27**. Repita o procedimento acima e crie outra pasta, clique no ícone **Criar Nova Pasta**, conforme vimos na **figura 26**, no nome da pasta, digite **scripts**, pressione a tecla **Enter** duas vezes. No item **Nome:**, digite **aplicativo_026**, no item **Tipo:**, selecione **JavaScriptFile**, conforme vimos na **figura 28**. Clique no botão **Salvar**. Para saber se o algoritmo foi salvo no caminho que especificamos, basta verificar no topo da janela do **Notepad++**, que mostra o caminho onde salvamos nosso aplicativo, conforme vimos na **figura 29**. Clique no botão **Salvar & Fechar**. Veja que o cursor do mouse está posicionado na **linha 1**, neste local digite o código abaixo:

```
// Função : Usar Função com parâmetros e passagem por Referência
// Autor : Prof. Msc Rafael Soares
// Data : 15/07/2019
// Seção de Declarações
var numero1, numero2, resultado;

function soma(number1, number2, result)
{
      number1 = (number1 + 1);
      number2 = (number2 + 1);
      result = (number1 + number2);

      alert("O Valor da variável number1 é: " + number1);
      alert("O Valor da variável number2 é: " + number2);
```

```
        return (result);
}
```

Salve o aplicativo, para isto, clique com o botão do mouse sobre o menu **Arquivo**, em seguida selecione o item **Salvar**, ou pressione, ao mesmo tempo, as teclas de atalho **Ctrl+S**, ou selecione o item **Salvar todos**, ou pressione, ao mesmo tempo, as teclas de atalho **Ctrl+Shift+S**, ou clique no ícone dos disquetes duplos na barra de ferramentas, conforme vimos nas **figuras 33** e **34**. Vamos criar um arquivo do tipo **HTML**, chamado **index.html**, para isto clique com o botão do mouse sobre o menu **Arquivo**, em seguida selecione o item **Novo**, ou pressione, ao mesmo tempo, as teclas de atalho **Ctrl+N**, conforme vimos na **figura 35**. Em seguida, clique com o botão do mouse sobre o menu **Arquivo**, e selecione o item **Salvar como...**, ou pressione, ao mesmo tempo, as teclas de atalho **Ctrl+Alt+S**, conforme vimos na **figura 25**. Vai abrir a janela **Salvar como**, no item **Salvar em:**, clique na setinha para baixo da caixa de seleção **combobox** e selecione **Disco local (C:)**, se você renomeou o seu **Disco local (C:)**, clique no nome do disco que você escolheu — no meu caso eu chamei de **Win10 (C:)** —, em seguida clique duas vezes com o botão do mouse sobre a pasta **projetos_livro**, clique duas vezes com o botão do mouse sobre a pasta **javascript**, em seguida clique duas vezes com o botão do mouse sobre a pasta **aplicativo_026**, no item **Nome:**, digite **index**, no item **Tipo:**, selecione **Hyper Text Markup Language**, conforme vimos na **figura 36**. Clique no botão **Salvar**. Para saber se o algoritmo foi salvo no caminho que especificamos, basta verificar no topo da janela do **Notepad++**, que mostra o caminho onde salvamos nosso arquivo **HTML**, conforme vimos na **figura 29**. Veja que o cursor do mouse está posicionado na **linha 1**, neste local digite o código abaixo:

```
<!DOCTYPE html>

<html lang="pt-BR">
<head>
  <meta charset="utf-8" />
  <title>Aprendendo Algoritmos com JavaScript</title>
</head>
<body>
      <script src="scripts/aplicativo_026.js"></script>
```

```
        <script>
                numero1 = parseInt(prompt("Digite o 1º Número:"));
                numero2 = parseInt(prompt("Digite o 2º Número:"));

                document.write("O Valor da variável numero1 é: " +
numero1);
                document.write("<br>");
                document.write("O Valor da variável numero2 é: " +
numero2);
                document.write("<br>");
                resultado = soma(numero1, numero2, resultado);
                document.write("Resultado da soma é: " + resultado);
        </script>
    </body>
    </html>
```

Observe que à medida que vamos digitando, o código vai aparecer automaticamente, em uma caixa de seleção, basta selecionar o mesmo para completar, conforme vimos na **figura 37**. Salve o aplicativo, para isto, clique com o botão do mouse sobre o menu **Arquivo**, em seguida selecione o item **Salvar**, ou pressione, ao mesmo tempo, as teclas de atalho **Ctrl+S**, ou selecione o item **Salvar todos**, ou pressione, ao mesmo tempo, as teclas de atalho **Ctrl+Shift+S**, ou clique no ícone dos disquetes duplos na barra de ferramentas, conforme vimos nas **figuras 33** e **34**. Vamos executar nosso aplicativo, para isto vamos até o menu **Executar**, observe que tem todos os principais navegadores web, vamos selecionar o item **Google Chrome**, conforme vimos na **figura 39**. Vai aparecer a janela do **Chrome**, juntamente com uma caixa de diálogo com o seguinte título **Digite o 1º Número:**, e logo abaixo uma caixa de texto para digitar o primeiro número, digite um número qualquer do tipo **inteiro**, em seguida clique no botão **OK**, e vai aparecer uma caixa de diálogo com o seguinte título **Digite o 2º Número:,** logo abaixo uma caixa de texto para digitar o segundo número, digite um número qualquer do tipo **inteiro**, em seguida clique no botão **OK**, vai aparecer uma caixa de alerta com o valor da variável **number1**, em seguida clique no botão **OK**, vai aparecer uma caixa de alerta com o valor da variável **number2**, em seguida clique no botão **OK** e veja o resultado no corpo da página **HTML**, conforme **figura 145**:

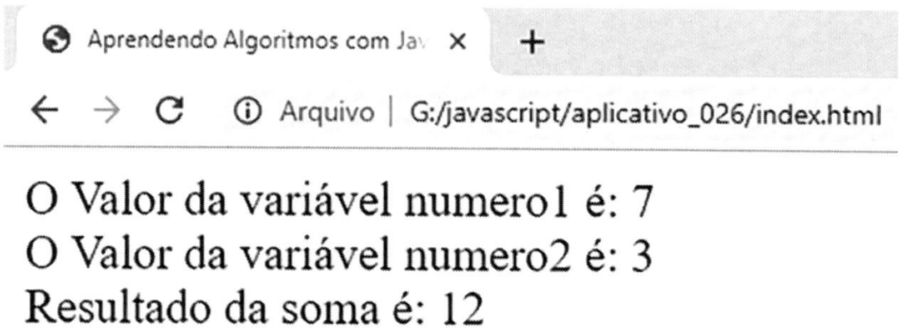

Figura 145

Cabe ressaltar que também são válidas todas as instruções que vimos nos procedimentos.

FUNÇÃO RECURSIVA

A linguagem do **VisuAlg** permite recursão, isto é o que chamamos de possibilidade de que um **subprograma** possa chamar a si mesmo. A função que calcula um fatorial de um número inteiro que recebe como parâmetro é o exemplo mais conhecido de recursividade. Veja como a **Função Recursiva**, é implementada no **VisuAlg**, vamos criar um aplicativo para o departamento de Matemática da Universidade Saber é Bom – USB, onde teremos uma função recursiva chamada **fatorial**, que vai calcular o fatorial de um determinado número digitado pelo usuário, em seguida o programa principal vai imprimir o resultado. Vamos retornar para o nosso algoritmo **algoritmo_027** no **VisuAlg**, se o mesmo estiver aberto, basta posicionar o botão do mouse sobre o ícone do **VisuAlg** na barra de tarefas do **Windows 10**, vai aparecer uma miniatura do algoritmo, conforme vimos na **figura 56**. Clique sobre esta miniatura e vamos retornar à tela principal do mesmo. Caso o **VisuAlg** esteja fechado, para abri-lo novamente, basta clicar sobre o ícone do **VisuAlg** na barra de tarefas do **Windows 10**, conforme vimos na **figura 156** no **Anexo I**, vai abrir a tela principal do mesmo, clique com o botão do mouse sobre o menu **Arquivo**, em seguida selecione o item **Novo**, ou pressione, ao mesmo tempo, as teclas de atalho **Ctrl+N**, conforme vimos na **figura 57**.

Antes de começarmos a digitar algo, vamos salvar nosso algoritmo, para isto, clique com o botão do mouse sobre o menu **Arquivo**, em seguida selecione o item **Salvar**, ou pressione, ao mesmo tempo, as teclas de atalho **Ctrl+S**, conforme vimos na **figura 4**. Ou clique no ícone do disquete no menu de ferramentas, conforme vimos na **figura 5**. Independentemente da forma escolhida para salvar o algoritmo vai abrir a janela **Salvar como**, no item **Salvar em:**, selecione **Disco local (C:)**, se você renomeou o seu **Disco local (C:)**, clique no nome do disco que você escolheu — no meu caso eu chamei de **Win10 (C:)** —, em seguida selecione a pasta **projetos_livro**, e clique no botão **Abrir** ou clique duas vezes com o botão do mouse sobre a pasta, em seguida selecione a pasta **algoritmos**, e clique no botão **Abrir** ou clique duas vezes com o botão do mouse sobre a pasta. No item **Nome:**, digite **algoritmo_028**, conforme vimos na **figura 6**. Clique no botão **Salvar**. Para saber se o algoritmo foi salvo no caminho que especificamos, basta verificar no topo da janela do **VisuAlg**, que mostra o caminho onde salvamos nosso algoritmo, conforme vimos na **figura 7**. Não se esqueça de configurar a numeração de linhas, pois é muito importante, principalmente na indicação de erros. Para isto, clique no menu **Exibir**, e selecione o item **Número de linhas**, conforme vimos na **figura 8**. Ou clique no ícone **Numerar linhas** no menu de ferramentas, conforme vimos na **figura 9**. Agora posicione o cursor no início da **linha 1**, em seguida pressione, ao mesmo tempo, as teclas **Ctrl+T**, veja como ficou, conforme vimos na **figura 12**. Pressione a tecla **Delete** do teclado, e observe que o cursor do mouse vai ficar piscando na **linha 1**, neste local digite o código abaixo:

```
algoritmo "Funcao"
// Função : Demonstrar a capacidade de recursividade do Visualg versão
2.0
// Autor : Prof. Msc Rafael Soares
// Data : 15/07/2019
// Seção de Declarações
var valor1 : inteiro

//Após a declaração das variáveis globais, define-se a função
funcao fatorial(valor2 :inteiro) : inteiro
inicio
se valor2 <= 2 entao
  retorne valor2
senao
  retorne valor2 * fatorial(valor2-1)
fimse
fimfuncao
inicio
// Corpo principal do programa
```

```
escreva("Digite um número: ")
leia(valor1)
escreva("O fatorial de ",valor1," é ",fatorial(valor1))
fimalgoritmo
```

Salve o algoritmo, conforme vimos nas **figuras 4** e **5**. Não se esqueça de fazer a indentação do código, conforme vimos nas **figuras 97** e **98**, ou pressione, ao mesmo tempo, as teclas **Ctrl+G**. É muito importante fazer a indentação do código, pois desta forma, deixaremos o nosso código mais legível. Vamos pedir para o usuário entrar com os dados, para isto, vamos alterar a exibição da janela de entrada e saída do **VisuAlg**, clique no ícone **Executar o algoritmo como DOS** no menu de ferramentas, conforme vimos na **figura 77**. Vamos executar o algoritmo, para isto vamos até o menu **Algoritmo**, e vamos selecionar o item **Executar**, ou pressionar a tecla **F9**, conforme vimos na **figura 14**. Ou clique no ícone **Executar** no menu de ferramentas, conforme vimos na **figura 15**. Veja que vai aparecer uma janela com o cursor do mouse piscando dentro de uma caixa de texto, para digitar o número, conforme vimos na **figura 109**. Digite um valor qualquer do tipo **inteiro**, em seguida clique no botão **OK**, e veja que ao finalizar será exibido o valor do fatorial na janela de visualização de resultados, conforme **figura 146**:

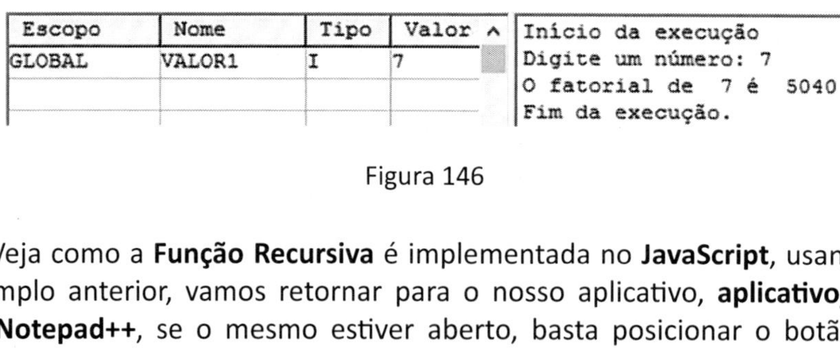

Figura 146

Veja como a **Função Recursiva** é implementada no **JavaScript**, usando o exemplo anterior, vamos retornar para o nosso aplicativo, **aplicativo_026** no **Notepad++**, se o mesmo estiver aberto, basta posicionar o botão do mouse sobre o ícone do **Notepad++** na barra de tarefas do **Windows 10**, vai aparecer uma miniatura do aplicativo, conforme vimos na **figura 61**. Clique sobre esta miniatura e vamos retornar à tela principal do mesmo. Caso o **Notepad++** esteja fechado, para abri-lo novamente, basta clicar sobre o ícone do **Notepad++** na barra de tarefas do **Windows 10**, conforme vimos na **figura 61**, vai abrir a tela principal do mesmo, antes de começarmos a digitar algo, vamos fechar os arquivos **aplicativo_026** e **index.html**, para isto clique no ícone do quadradinho vermelho com um **X** dentro, conforme vimos na **figura**

24. Vamos salvar nosso aplicativo, para isto, clique com o botão do mouse sobre o menu **Arquivo**, em seguida selecione o item **Salvar como...**, ou pressione, ao mesmo tempo, as teclas de atalho **Ctrl+Alt+S**, conforme vimos na **figura 25**. Vai abrir a janela **Salvar como**, no item **Salvar em:**, clique na setinha para baixo da caixa de seleção **combobox** e selecione **Disco local (C:)**, se você renomeou o seu **Disco local (C:)**, clique no nome do disco que você escolheu — no meu caso eu chamei de **Win10 (C:)** —, em seguida clique duas vezes com o botão do mouse sobre a pasta **projetos_livro**, clique duas vezes com o botão do mouse sobre a pasta **javascript**, e clique no ícone **Criar Nova Pasta**, conforme vimos na **figura 26**. No nome da pasta, digite **aplicativo_027**, pressione a tecla **Enter** duas vezes, conforme vimos na **figura 27**. Repita o procedimento acima e crie outra pasta, clique no ícone **Criar Nova Pasta**, conforme vimos na **figura 26**, no nome da pasta, digite **scripts**, pressione a tecla **Enter** duas vezes. No item **Nome:**, digite **aplicativo_027**, no item **Tipo:**, selecione **JavaScriptFile**, conforme vimos na **figura 28**. Clique no botão **Salvar**. Para saber se o algoritmo foi salvo no caminho que especificamos, basta verificar no topo da janela do **Notepad++**, que mostra o caminho onde salvamos nosso aplicativo, conforme vimos na **figura 29**. Clique no botão **Salvar & Fechar**. Veja que o cursor do mouse está posicionado na **linha 1**, neste local digite o código abaixo:

```
// Função : Demonstrar a capacidade de recursividade do JavaScript
// Autor : Prof. Msc Rafael Soares
// Data : 15/07/2019
// Seção de Declarações
var valor1;

function fatorial(valor2)
{
	if (valor2 <= 2)
	{
		return valor2;
	}
	else
	{
		return (valor2 * (fatorial(valor2-1)))
	}
}
```

Salve o aplicativo, para isto, clique com o botão do mouse sobre o menu **Arquivo**, em seguida selecione o item **Salvar**, ou pressione, ao mesmo tempo, as teclas de atalho **Ctrl+S**, ou selecione o item **Salvar todos**, ou pressione, ao mesmo tempo, as teclas de atalho **Ctrl+Shift+S**, ou clique no ícone dos disquetes duplos na barra de ferramentas, conforme vimos nas **figuras 33** e **34**. Vamos criar um arquivo do tipo **HTML**, chamado **index.html**, para isto clique com o botão do mouse sobre o menu **Arquivo**, em seguida selecione o item **Novo**, ou pressione, ao mesmo tempo, as teclas de atalho **Ctrl+N**, conforme vimos na **figura 35**. Em seguida, clique com o botão do mouse sobre o menu **Arquivo**, e selecione o item **Salvar como...**, ou pressione, ao mesmo tempo, as teclas de atalho **Ctrl+Alt+S**, conforme vimos na **figura 25**. Vai abrir a janela **Salvar como**, no item **Salvar em:**, clique na setinha para baixo da caixa de seleção **combobox** e selecione **Disco local (C:)**, se você renomeou o seu **Disco local (C:)**, clique no nome do disco que você escolheu — no meu caso eu chamei de **Win10 (C:)** —, em seguida clique duas vezes com o botão do mouse sobre a pasta **projetos_livro**, clique duas vezes com o botão do mouse sobre a pasta **javascript**, em seguida clique duas vezes com o botão do mouse sobre a pasta **aplicativo_027**, no item **Nome:**, digite **index**, no item **Tipo:**, selecione **Hyper Text Markup Language**, conforme vimos na **figura 36**. Clique no botão **Salvar**. Para saber se o algoritmo foi salvo no caminho que especificamos, basta verificar no topo da janela do **Notepad++**, que mostra o caminho onde salvamos nosso arquivo **HTML**, conforme vimos na **figura 29**. Veja que o cursor do mouse está posicionado na **linha 1**, neste local digite o código abaixo:

```
<!DOCTYPE html>

<html lang="pt-BR">
<head>
   <meta charset="utf-8" />
   <title>Aprendendo Algoritmos com JavaScript</title>
</head>
<body>
      <script src="scripts/aplicativo_027.js"></script>
      <script>
              valor1 = parseInt(prompt("Digite um número do Tipo
Inteiro: "));

              document.write("<br>");
```

```
            document.write("O fatorial do Nº " + valor1 + " é: " +
fatorial(valor1));
        </script>
    </body>
    </html>
```

Observe que à medida que vamos digitando, o código vai aparecer automaticamente, em uma caixa de seleção, basta selecionar o mesmo para completar, conforme vimos na **figura 37**. Salve o aplicativo, para isto, clique com o botão do mouse sobre o menu **Arquivo**, em seguida selecione o item **Salvar**, ou pressione, ao mesmo tempo, as teclas de atalho **Ctrl+S**, ou selecione o item **Salvar todos**, ou pressione, ao mesmo tempo, as teclas de atalho **Ctrl+Shift+S**, ou clique no ícone dos disquetes duplos na barra de ferramentas, conforme vimos nas **figuras 33** e **34**. Vamos executar nosso aplicativo, para isto vamos até o menu **Executar**, observe que tem todos os principais navegadores web, vamos selecionar o item **Google Chrome**, conforme vimos na **figura 39**. Vai aparecer a janela do **Chrome**, juntamente com uma caixa de diálogo com o seguinte título **Digite um número do Tipo Inteiro:**, e logo abaixo uma caixa de texto para digitar o número, digite um número qualquer do tipo **inteiro**, em seguida clique no botão **OK**, e veja o resultado no corpo da página **HTML**, conforme **figura 147**:

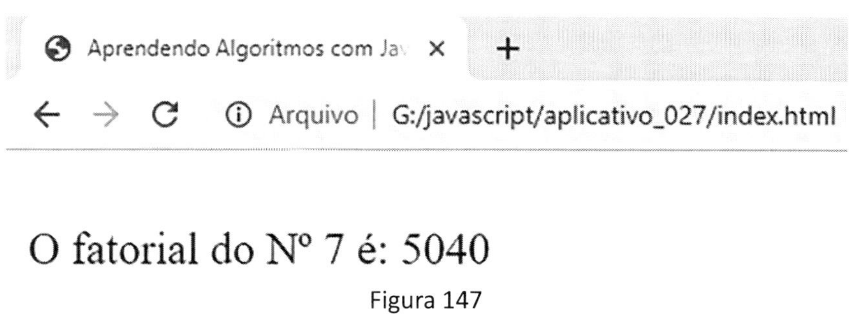

Figura 147

Chegamos ao Final

Queridas leitoras, queridos leitores. Queridas alunas e queridos alunos. Espero que tenham apreciado um pouco do conhecimento que acabei de compartilhar com vocês, pois isto não seria possível sem que vocês tivessem incentivado para que este livro fosse escrito. Algoritmos são muito importantes para o aprendizado de qualquer linguagem de programação, mesmo as linguagens que trabalham com componentes visuais como janelas, botões, caixa de texto, entre outros. Espero, realmente, ter conseguido deixar bem mais agradável o seu aprendizado com a ajuda da ferramenta **VisuAlg** e da linguagem de programação **JavaScript**.

Anexo I

INSTALAÇÃO E REQUERIMENTOS DE HARDWARE

O **VisuAlg** é um programa simples, que não depende de **DLLs**, **OCXs** ou outros componentes. Sua instalação não copia arquivos para nenhuma outra pasta a não ser aquela em que for instalado, e exige cerca de 1 MB de espaço em disco. Pode ser executado no **Windows 10** ou posterior, e tem melhor aparência com resolução de vídeo de 800x600 ou maior.

OBTENDO O VISUALG

Para baixar o **VisuAlg**, digite o seguinte endereço no seu navegador: **https://dicasdeprogramacao.com.br/download-visualg/#google_vignette**, vai aparecer a janela do site, conforme **figura 148**:

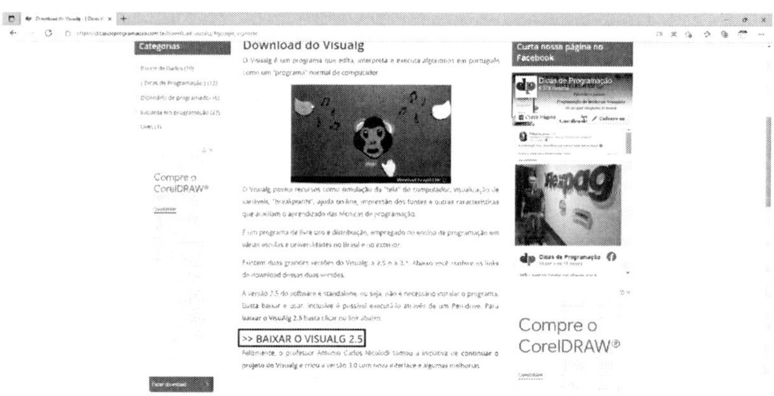

Figura 148

Role a página e clique no link **BAIXE O VISUALG 2.5** da figura acima e vai aparecer a janela de download, conforme **figura 149**:

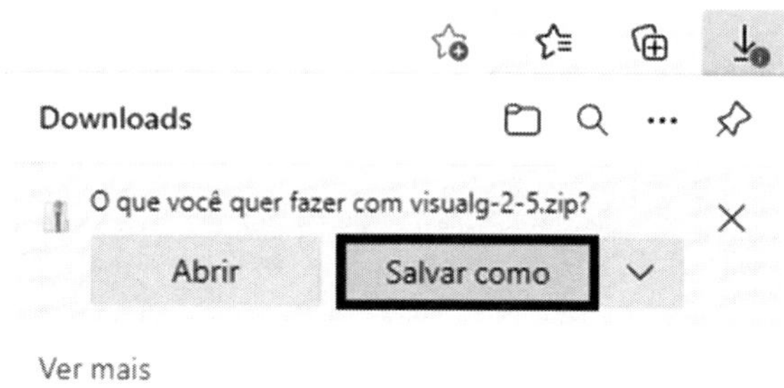

Figura 149

Clique no botão **Salvar como** da figura acima, e vai aparecer a janela **Salvar como**, no item **Organizar**, selecione **Disco local (C:)**, se você renomeou o seu **Disco local (C:)**, clique no nome do disco que você escolheu — no meu caso eu chamei de **Win10 (C:) —**, em seguida crie uma pasta chamada **VisuAlg**, para isto, basta clicar no item **Nova pasta** e digite **VisuAlg**, conforme **figura 150**:

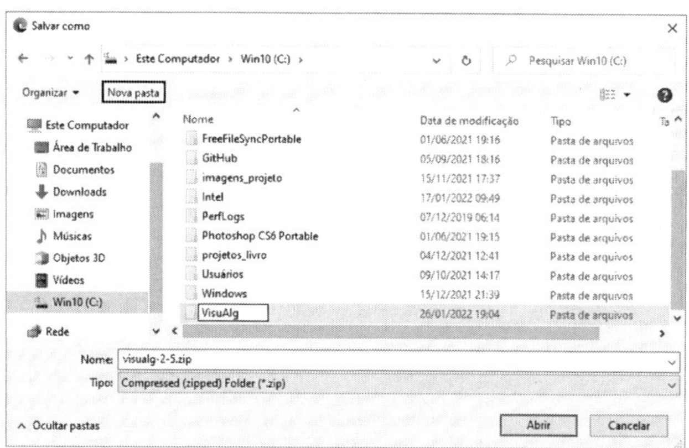

Figura 150

Em seguida pressione a tecla **Enter**, e clique sobre o botão **Abrir** da figura acima, em seguida clique no botão **Salvar**, conforme **figura 151**:

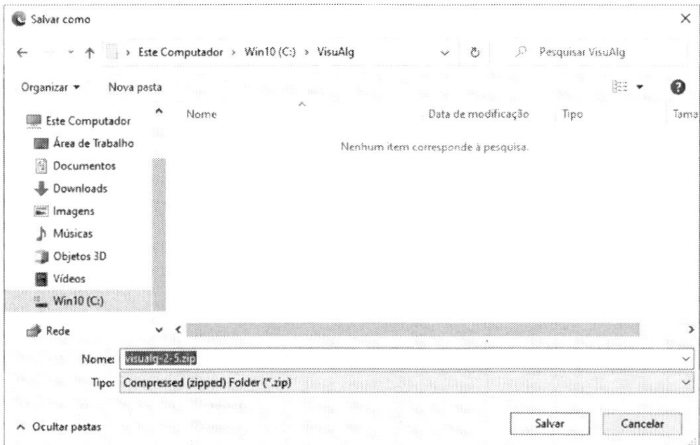

Figura 151

Aguarde o término do **download**, vai abrir uma janela no canto superior direito do navegador, conforme **figura 152**:

Figura 152

Agora vamos instalar o **VisuAlg**, clique sobre o nome do arquivo, em seguida clique no ícone da pastinha aberta **Mostrar na pasta** da figura acima, vai abrir a pasta onde salvamos o arquivo, conforme **figura 153**:

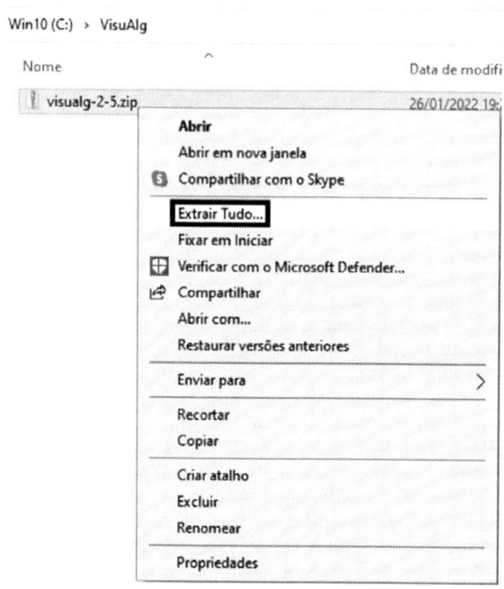

Figura 153

Clique com o botão esquerdo do mouse sobre o arquivo **visualg-2-5.zip**, em seguida clique no item de menu **Extrair Tudo...**, aguarde e vai abrir a janela **Extrair Pastas Compactadas (Zipadas)**, no item **Os arquivos serão extraídos para esta pasta:**, deve estar o seguinte caminho, **C:\VisuAlg**, conforme **figura 154**:

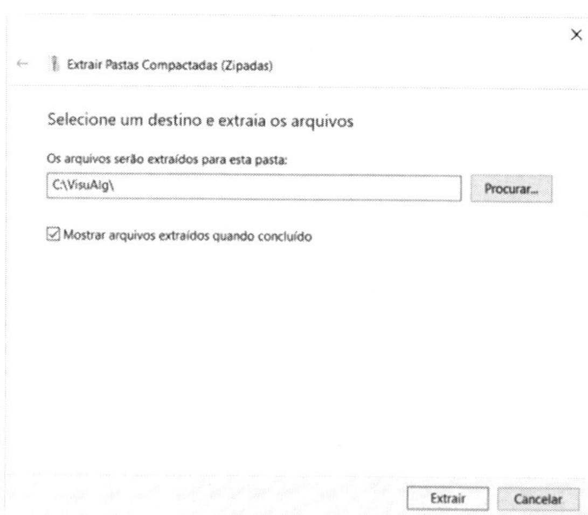

Figura 154

Em seguida, clique no botão **Extrair**, e vai abrir a pasta **VisuAlg**, com o arquivo extraído, conforme **figura 155**:

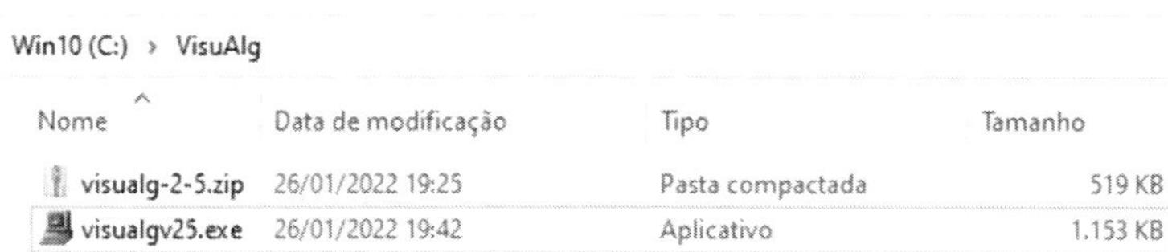

Figura 155

Observem que temos dois arquivos, vamos excluir o arquivo **visualg-2-5.zip**, para isto, clique com o botão esquerdo do mouse sobre o arquivo **visualg-2-5.zip**, em seguida clique no item de menu **Excluir**, conforme vimos na **figura 153**. Vamos nos familiarizar com o mesmo no decorrer do livro. Se você quiser conhecer um pouco mais sobre o **VisuAlg**, tem um livro de minha autoria chamado: **Aprendendo Algoritmo com VisuAlg**, da editora Ciência Moderna. Como vamos utilizar bastante o **VisuAlg**, vamos deixá-lo disponível na barra de ferramentas do **Windows 10**, para isto, clique com o botão esquerdo do mouse sobre o arquivo **visualg25.exe**, em seguida clique no item de menu **Fixar na barra de tarefas**, conforme vimos na **figura 153**. Clicar duas vezes com o mouse sobre o arquivo, vai abrir o programa direto. Veja que o **VisuAlg** agora está acessível na barra de tarefas do **Windows 10**, para abri-lo, basta clicar sobre o ícone do **VisuAlg**, conforme **figura 156**:

Figura 156

Vamos criar uma pasta chamada **projetos_livro**, e dentro dela criaremos duas pastas, uma chamada **algoritmos** e outra chamada **javascript**. Para isto abra o **Explorador de Arquivos**, que se encontra da barra de tarefas do Windows, conforme **figura 157**:

Figura 157

Selecione **Disco local (C:)**, se você renomeou o seu **Disco local (C:)**, clique no nome do disco que você escolheu — no meu caso eu chamei de **Win10 (C:)** —, em seguida clique no menu **Organizar**, clique no item **Nova pasta** e digite **projetos_livro**, conforme **figura 158**:

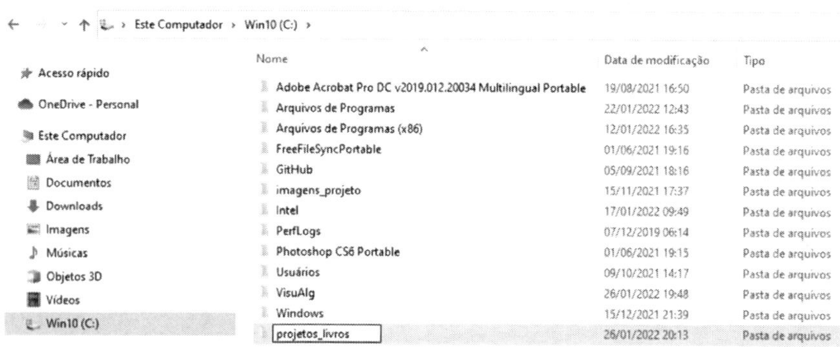

Figura 158

Em seguida pressione duas vezes a tecla **Enter**, em seguida repita o procedimento que vimos na **figura 158** para criar as pastas **algoritmos** e **javascript**, dentro da pasta **projetos_livro**. Veja como ficou, conforme **figura 159**:

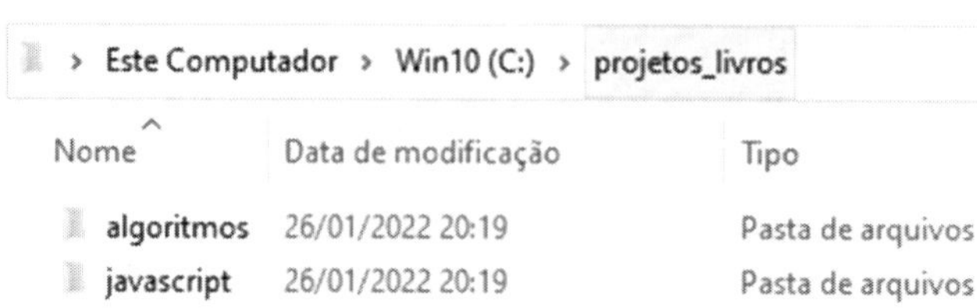

Figura 159

Desta forma, o caminho dos nossos **algoritmos** vai ser: **C:\projetos_livro\algoritmos**, e dos programas **JavaScript**, vai ser: **C:\projetos_livro\javascript**.

OBTENDO O NOTEPAD++

INSTALAÇÃO E REQUERIMENTOS DE HARDWARE

Notepad++ é um dos melhores editores de código-fonte. Ele suporta várias linguagens de programação e se baseia no Scintilla, escrito em C++ puro com win32 api e STL (que assegura uma maior velocidade de execução e com menor tamanho de emissão) com a licença GPL. Entre as funções do **Notepad++** estão o recurso **WYSIWYG**, pesquisa e substituição de texto, escolha das fontes e autocompletar. O programa é multi-documento e as expressões regulares são também suportadas, entre outros recursos. Como saber se o **Windows** é **32** ou **64-bits**? Clique com o botão esquerdo do mouse sobre o botão **Iniciar**, no menu que aparecer, selecione o item **Sistema**, conforme **figura 160**:

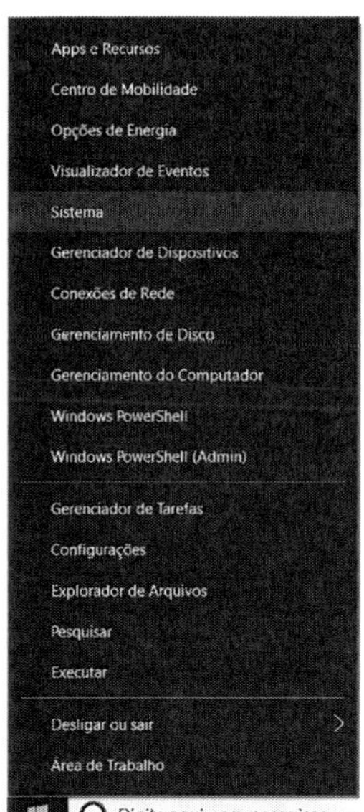

Figura 160

Vai aparecer a janela com a especificação do sistema, conforme **figura 161**:

Especificações do dispositivo

Nome do dispositivo	DESKTOP-SQE9K86
Processador	Intel(R) Core(TM) i7-7500U CPU @ 2.70GHz 2.90 GHz
RAM instalada	16,0 GB (utilizável: 15,9 GB)
ID do dispositivo	D3459BE2-EF5C-4316-B614-6DA70B842003
ID do Produto	00330-50239-36707-AAOEM
Tipo de sistema	Sistema operacional de 64 bits, processador baseado em x64
Caneta e toque	Nenhuma entrada à caneta ou por toque disponível para este vídeo

Figura 161

Para baixar o **Notepad++**, digite o seguinte endereço no seu navegador: **https://notepad-plus-plus.org/download**, vai aparecer a janela do site, conforme **figura 162**:

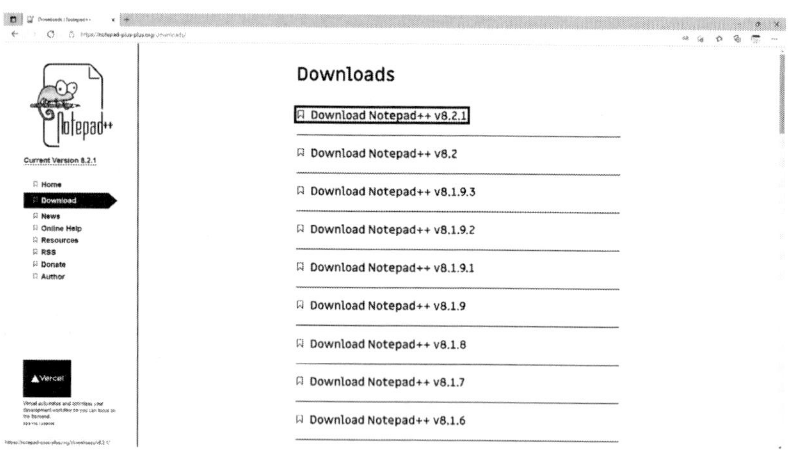

Figura 162

Clique no link **Download Notepad++ v8.2.1**, vai aparecer a janela **Download Notepad++ v8.2.1**, conforme **figura 163**:

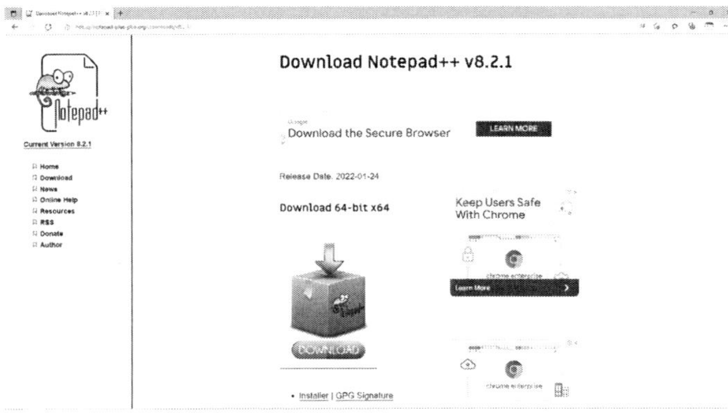

Figura 163

Estou usando o navegador **Microsoft Edge** da **Microsoft**. Clique no botão verde **DOWNLOAD**, vai aparecer a janela de download, conforme vimos na **figura 149**. Clique no botão **Salvar como**, e vai aparecer a janela **Salvar como**, no item **Organizar**, selecione **Disco local (C:)**, se você renomeou o seu **Disco local (C:)**, clique no nome do disco que você escolheu — no meu caso eu chamei de **Win10 (C:) —**, em seguida crie uma pasta chamada **Notepad++**, para isto basta clicar no item **Nova pasta** e digite **Notepad++**, conforme vimos na **figura 150**. Em seguida pressione a tecla **Enter**, e clique sobre o botão **Abrir**, em seguida clique no botão **Salvar**, conforme vimos na **figura 151**. Aguarde o término do **download**, vai abrir uma janela no canto superior direito do navegador, conforme vimos na **figura 152**. Agora vamos instalar o **Notepad++**, clique sobre o nome do arquivo, em seguida clique no ícone da pastinha aberta **Mostrar na pasta**, vai abrir a pasta onde salvamos o arquivo, conforme **figura 164**:

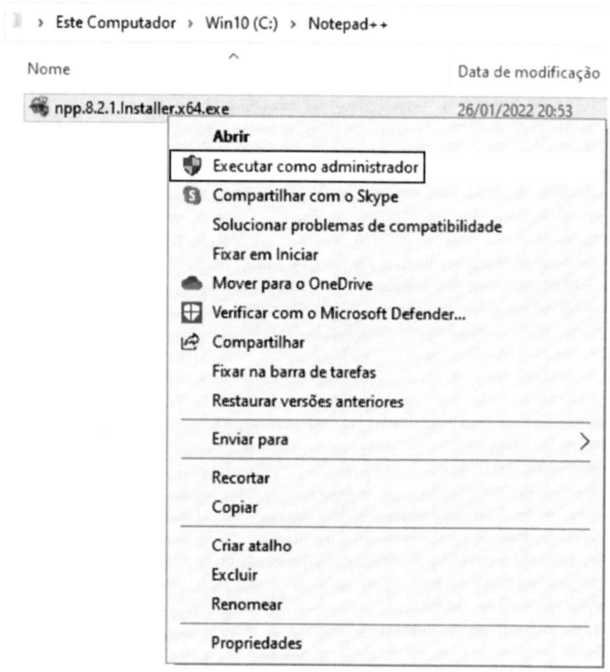

Figura 164

Clique com o botão direito do mouse sobre o **arquivo npp.8.2.1.Installer.x64.exe**, selecione o item de menu **Executar como admistrador**, conforme figura acima. Vai abrir a janela **Controle de conta do usuário**, perguntando que você quer permitir que o aplicativo faça alterações no seu computador, clique no botão **Sim**, e vai aprecer a janela **Installer Language**, conforme **figura 165**:

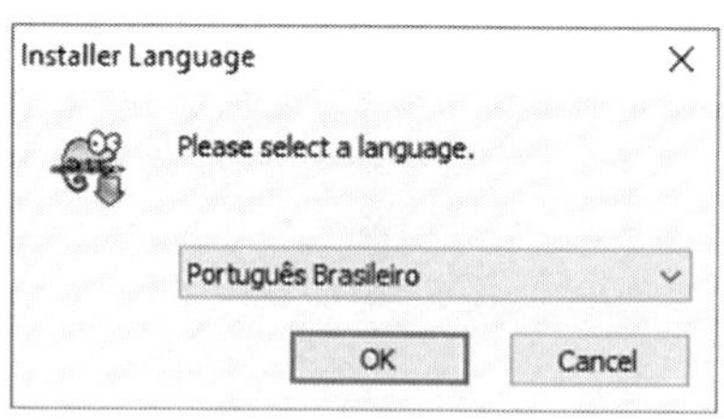

Figura 165

Vejam que já está selecionado o idioma **Português Brasileiro**, clique no botão **OK**, e vai aparecer a janela **Instalação do Notepad++ v8.2.1**, conforme **figura 166**:

Figura 166

Clique no botão **Próximo**, vai aparecer a janela **Acordo de Licença**, conforme **figura 167**:

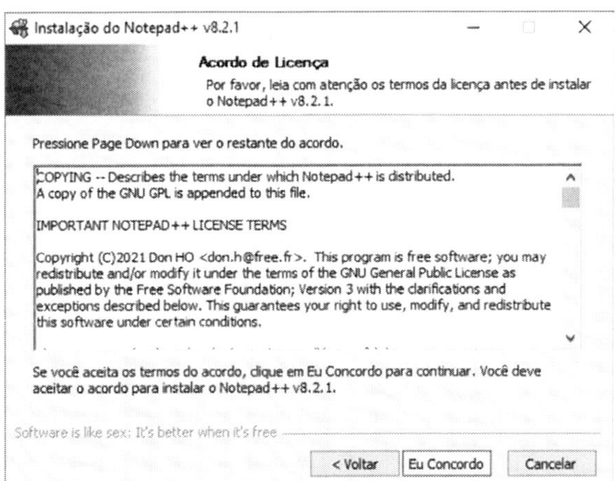

Figura 167

Clique no botão **Eu Concordo**, e vai aparecer a janela **Escolha o Local da Instalação**, conforme **figura 168**:

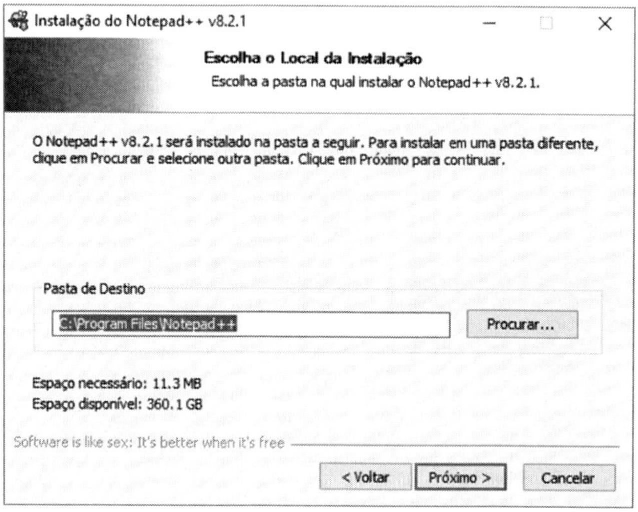

Figura 168

Clique no botão **Próximo**, vai aparecer a janela **Escolher Componenetes**, conforme **figura 169**:

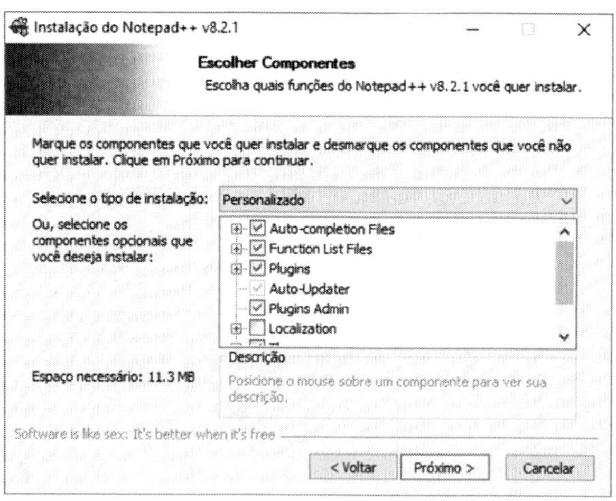

Figura 169

Clique no botão **Próximo**, vai aparecer a janela **Instalação**, conforme **figura 170**:

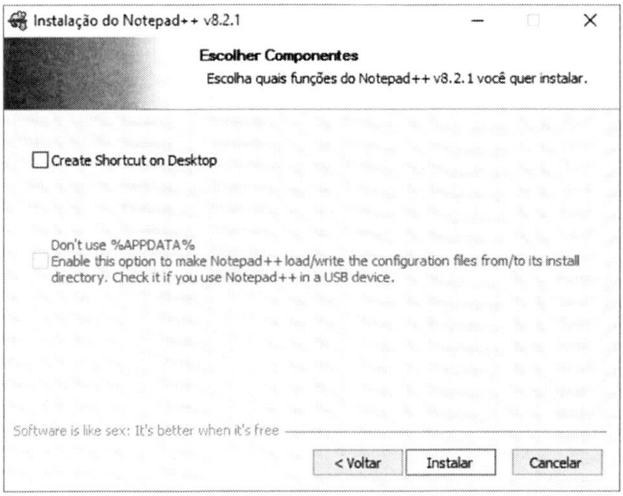

Figura 170

Aguarde o término da instalação, conforme **figura 171**:

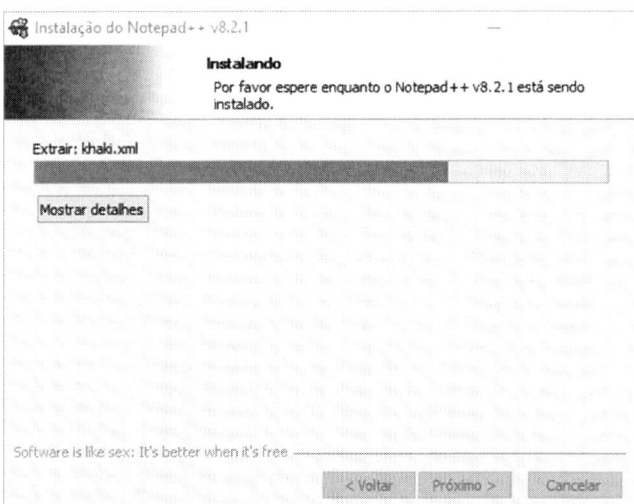

Figura 171

Vai aparecer a janela **Completando a instalação do Notepad++ v8.2.1**, conforme **figura 172**:

Figura 172

Desmarque o item **Executar o Notepad++ v8.2.1**, para isto basta clicar com o mouse sobre o quadradinho na frente do item, em seguida clique no botão **Concluir**. Vamos nos familiarizar com o mesmo no decorrer do livro. Como vamos utilizar bastante o **Notepad++**, vamos deixá-lo disponível na barra de ferramentas do **Windows 10**, para isto, digite **notepad++** na barra de pesquisa do **Windows**, conforme **figura 173**:

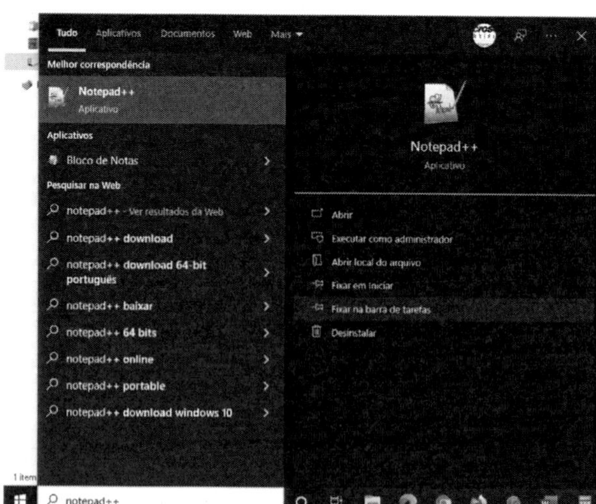

Figura 173

Na janela do lado direito, selecione o item do menu **Fixar na barra de tarefas**, conforme **figura 173**. Veja que o **Notepad++**, agora está acessível na barra de tarefas do **Windows 10**, para abri-lo, basta clicar sobre o ícone do **Notepad++**, conforme vimos na **figura 156**. Vai abrir a janela principal do **Notepad++**, conforme **figura 174**:

Figura 174

Clique no menu **Executar**, conforme **figura 175**:

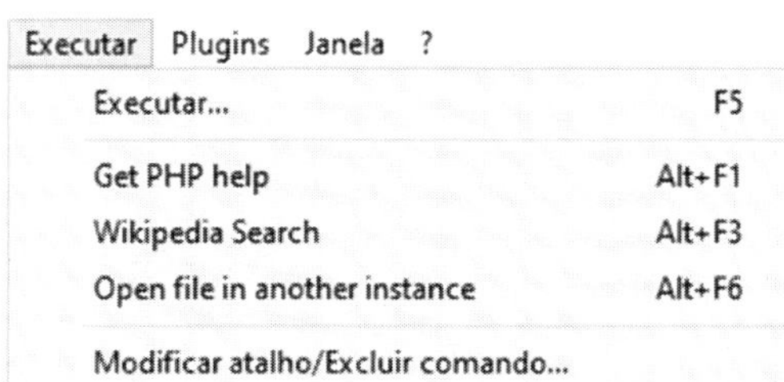

Figura 175

Observem que não tem nenhum navegador vinculado ao programa para ser executado, vamos incluí-los. Primeiro vamos instalar o **Google Chrome**, para isto, clique no subitem de menu **Executar...**, ou pressione a tecla de atalho **F5**, vai aparecer a janela **Executar...**, conforme **figura 176**:

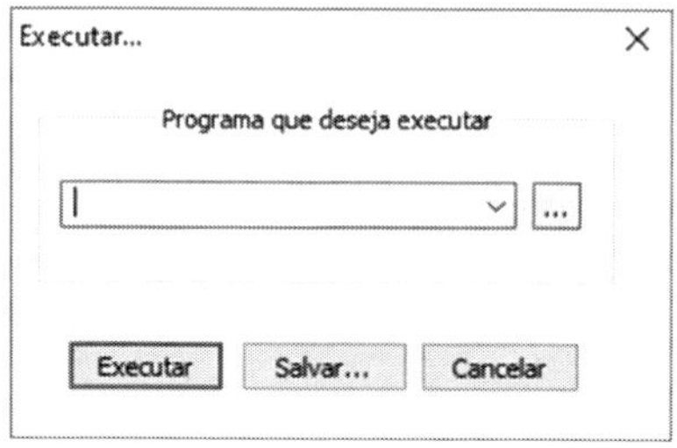

Figura 176

Na caixa de texto, onde o cursor está piscando, digite o seguinte comando, com as aspas da forma apresentada:

"C:\Program Files\Google\Chrome\Application\chrome.exe" "$(FULL_CURRENT_PATH)", veja como ficou, conforme **figura 177**:

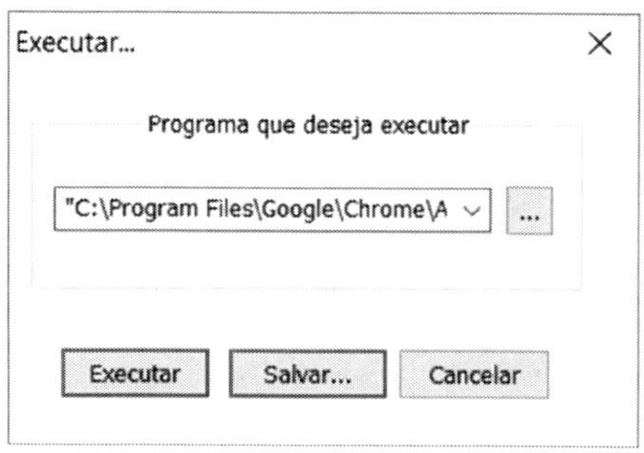

Figura 177

Em seguida clique no botão **Salvar...**, e vai aparecer a janela **Atalho**, conforme **figura 178**:

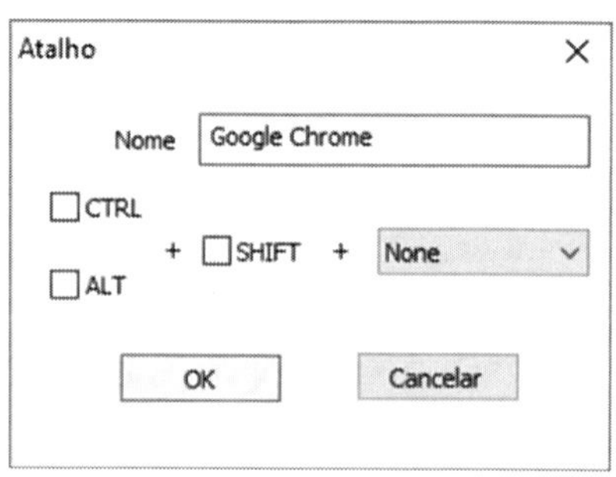

Figura 178

Na caixa de texto **Nome**, digite **Google Chrome** e clique no botão **OK**, vamos retornar para a janela **Executar...**, conforme vimos na **figura 177**. Vamos agora instalar o navegador **Internet Explorer**, para isto selecione o comando anterior que está dentro da caixa de texto, conforme **figura 179**:

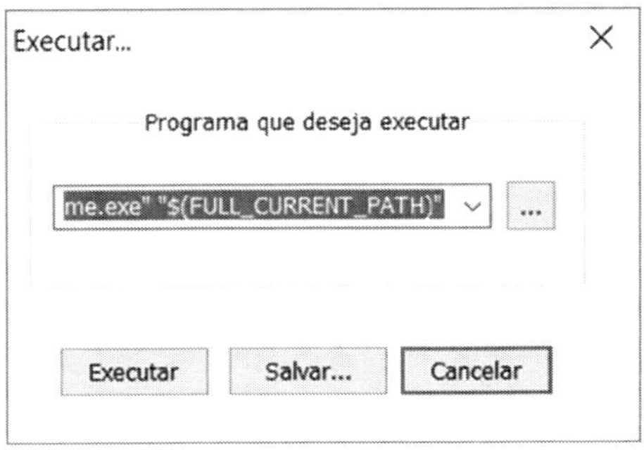

Figura 179

Pressione a tecla **Delete** do teclado, na caixa de texto, onde o cursor está piscando, digite o seguinte comando, com as aspas da forma apresentada:

"C:\Program Files\Internet Explorer\iexplore.exe" "$(FULL_CURRENT_PATH)", veja como ficou, conforme vimos na **figura 177**. Em seguida clique no botão **Salvar...**, e vai aparecer a janela **Atalho**, conforme vimos na **figura 178**. Na caixa de texto **Nome**, digite **Internet Explorer** e clique no botão **OK**. Vamos retornar para a janela **Executar...**, conforme vimos na **figura 177**. Agora vamos instalar o navegador **Mozila Firefox**, para isto selecione o comando anterior que está dentro da caixa de texto, conforme vimos na **figura 179**. Pressione a tecla **Delete** do teclado, na caixa de texto, onde o cursor está piscando, digite o seguinte comando, com as aspas da forma apresentada:

"C:\Program Files\Mozilla Firefox\firefox.exe" "$(FULL_CURRENT_PATH)", veja como ficou, conforme vimos na **figura 177**. Em seguida clique no botão **Salvar...**, e vai aparecer a janela **Atalho**, conforme vimos na **figura 178**. Na caixa de texto **Nome**, digite **Mozila Firefox** e clique no botão **OK**. Vamos retornar para a janela **Executar...**, conforme vimos na **figura 177**. Agora vamos instalar o navegador **Microsoft Edge**, para isto selecione o comando anterior que está dentro da caixa de texto, conforme vimos na **figura 179**. Pressione a tecla **Delete** do teclado, na caixa de texto, onde o cursor está piscando, digite o seguinte comando, com as aspas da forma apresentada:

"C:\Program Files (x86)\Microsoft\Edge\Application\msedge.exe" "$(FULL_CURRENT_PATH)", veja como ficou, conforme vimos na **figura 177**.

Em seguida clique no botão **Salvar...**, e vai aparecer a janela **Atalho**, conforme vimos na **figura 178**. Na caixa de texto **Nome**, digite **Microsoft Edge** e clique no botão **OK**. Vamos retornar para a janela **Executar...**, conforme vimos na **figura 177**. Agora vamos instalar o navegador **Safari**, para isto selecione o comando anterior que está dentro da caixa de texto, conforme vimos na **figura 179**. Pressione a tecla **Delete** do teclado, na caixa de texto, onde o cursor está piscando, digite o seguinte comando, com as aspas da forma apresentada:

"C:\Program Files (x86)\Safari\Safari.exe" "$(FULL_CURRENT_PATH)", veja como ficou, conforme vimos na **figura 177**. Em seguida clique no botão **Salvar...**, e vai aparecer a janela **Atalho**, conforme vimos na **figura 178**. Na caixa de texto **Nome**, digite **Safari** e clique no botão **OK**. Vamos retornar para a janela **Executar...**, conforme vimos na **figura 177**. Agora vamos instalar o navegador **Opera**, para isto selecione o comando anterior que está dentro da caixa de texto, conforme vimos na **figura 179**. Pressione a tecla **Delete** do teclado, na caixa de texto, onde o cursor está piscando, digite o seguinte comando, com as aspas da forma apresentada:

"C:\Users\profe\AppData\Local\Programs\Opera\launcher.exe" "$(FULL_CURRENT_PATH)", veja como ficou, conforme vimos na **figura 177**. Em seguida clique no botão **Salvar...**, e vai aparecer a janela **Atalho**, conforme vimos na **figura 178**. Na caixa de texto **Nome**, digite **Ópera** e clique no botão **OK**. Vamos retornar para a janela **Executar...**, conforme vimos na **figura 177**. Lembre-se, que estas configurações são do meu computador, os locais onde eu instalei os programas. Agora que terminamos de incluir todos os navegadores que precisamos, vamos fechar esta janela, para isto basta clicar no ícone do **X**, que fica no canto superior direito da mesma, conforme **figura 180**:

Figura 180

Vamos retonar ao menu **Executar**, conforme vimos na **figura 175**, e veja que agora todos os navegadores que precisamos estão adicionados, conforme **figura 181**:

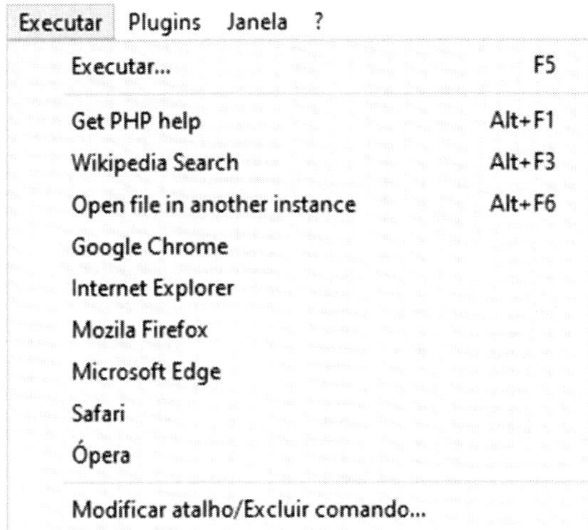

Figura 181

Para executar, basta clicar no nome do navegador. Caso vocês queiram acrescentar outros navegadores, basta repetir os procedimentos acima. Vamos fechar o programa, para isto basta clicar no ícone do **X**, que fica no canto superior direito da tela, conforme **figura 182**:

Figura 182

Ou as teclas de atalho **Alt+F4**. Este procedimento vale para qualquer janela ou programas que vocês queiram fechar.

Impressão e acabamento
Gráfica da Editora Ciência Moderna Ltda.
Tel: (21) 2201-6662